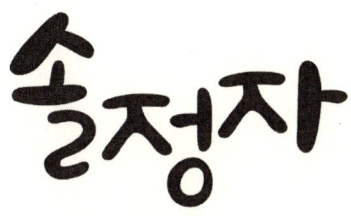

솔정자

강결수 수필집

고향 사랑, 그리고
성실하게 살아온 삶의 수채화

국립중앙도서관 출판시도서목록(CIP)

솔정자 : 고향 사랑, 그리고 성실하게 살아온 삶의 수채화 : 강걸수 수필집 / 지은이: 강걸수. -- 대전 : 오늘의문학사, 2016
    p. ;   cm

ISBN 978-89-5669-789-5 03810 : ₩15000

한국 현대 수필[韓國現代隨筆]

814.7-KDC6
895.745-DDC23   CIP2016030523

솔정자

강걸수 수필집

■ 책을 내면서

 만산홍엽으로 가을은 점점 짙어만 간다. 이제 평생을 바친 정든 직장도 떠나야만 한다. 한편으로는 홀가분하지만 아쉬움이 훨씬 더 많은 것 같다. 직장 그 자체가 스스로 보호막과 그늘이 되어 주었다. 우선 매일 갈 곳이 있어서 좋았고, 살갑게 맞이해 주는 동료들이 있었기에 출·퇴근은 언제나 즐거웠다.

 정년 후 어떻게 하면 시간을 무료하지 않게 보낼 수가 있을까, 고민 끝에 육체와 머리운동을 겸하여 혼자서도 즐길 수 있는 것을 찾아야겠다는 생각이다. 등산이나 헬스 등 운동만으로는 한계가 있을 것 같아 책도 읽고 글도 써보고 싶은 욕구들이 이 책을 내게 된 동기가 아닐까 싶다.

 문학은 마음을 닦아주고 아름다운 삶을 정리해주는 것 같다. 직장에서 가깝게 지냈던 동료들은 이제는 모두 제자리로 찾아가는 것 같다. 벌써부터 추억을 먹고 살아야 할 시점이라 할까. 글쓰기 공부를 한 지 어언 십여 년이란 세월이 다가온다.

 젊은 날 공직에 입문해 가장이 되었다. 애들은 다들 반듯이 자라주어서 고마웠고 큰애는 내 손 잡고 혼례까지 치렀으니 정말로 가슴 뿌듯했다. 하지만 홀어머니와 처부모님 모두 하늘나라로 보내드려야만 했던 아쉬움도 많았다.
 작은 흔적이나마 이 책 속에 가슴 속 깊이 묻어 두었던 사연들부터 풀어 보았다. 취학 전의 희미한 기억들도, 청소년기 때의 아련하게 가슴 아팠던 그리움도 토해냈다.

무엇보다도 38년 6개월 '나의 공직생활'에는 솔직하고 숨김없이 사실 그대로 적으려고 노력했고 직장에서 가깝게 지냈던 분들은 실명(實名)까지 거론했다. 내 감정에 너무 몰입되어 혹시 누가 되지나 않을 런지 걱정이 앞서기도 한다.

평생을 함께하는 소중한 친구들과 직장 동료들, 그리고 나를 아는 많은 분들께서 고개를 끄덕일 수 있는 글이 되었으면 하는 바람이다. 이 책은 자서전에 가까운 글이다. 내 개인의 신변잡기로 수필의 단계를 넘지 못하고 있는 것 또한 사실이다.

내 글의 원동력은 아버지다. 어렸을 때 아버지의 부재가 내 삶의 고민이자 그리움이었다. 이런 연유들이 하늘나라 사람들과 연관이 많이 되지 않았을까 하는 생각을 해본다.

공직을 영예롭게 마무리할 수 있도록 내조하여 주신 아내와 가족들에게 진심으로 감사드리며 낳아주고 길러주신 부모님과 처부모님 그리고 형님, 동생들에게도 고마움을 전한다.

끝으로 내 공직의 마지막 근무처인 송정동 주민센터 손삼승 사무장 외 직원들의 노고에 거듭 감사드린다.

2016. 만추

‖ 차례 ‖

4   책을 내면서

1부 아버지와 소

13   어린 시절의 기억
17   청소년기의 학창시절
30   내 고향 향산리
36   아버지
41   죽마고우
46   나의 공직(公職)생활
73   어머니의 작은 유언
78   아버지와 종교
82   아버지와 소
86   장모님을 보내드리면서

‖ 차례 ‖

2부 노병은 살아있다

- 99   고모와 보도연맹
- 104   작은아버지와 작은어머니
- 108   쇠죽의 계절
- 112   영감탕구
- 116   또래친구 강원회
- 121   이팝나무
- 126   메타세쿼이아
- 130   노병은 살아있다
- 133   십이 년 지기
- 138   엇부루기
- 142   철책선
- 147   내가 살아온 시대상황
- 152   우리 집 꽁이
- 156   산사의 하루

‖ 차례 ‖

3부 솔정자

163   등산과 인생
167   어부지리 상(賞)
171   강걸수
175   솔정자
179   운동
183   만리포
188   카풀
192   친구야!
195   영원한 맞수
199   번개팅
203   내 친구 복이
208   보리암
214   사리암에서 생긴 일
220   고헌 박상진 의사
227   울산작가의 '덕혜옹주'를 읽고

‖ 차례 ‖

4부 함월산 신흥사

233   무룡산과 송정동 사람들
243   함월산 신흥사
247   6월의 노송
250   작은 행복
253   태종과 세조
256   광해군과 인조
259   아름다운 주례사
262   왕이 된 광해
265   최영과 이성계
267   설과 정월대보름
272   삼국지를 읽고 나서

282   일용직 남자 | 시인 김홍대
284   발문 | 소설가 강인수

1부
아버지와 소

솔정자 · 강걸수 수필집

어린 시절의 기억

내 고향은 울주군 상북면 향산리다. 언양의 진산이라고 불리는 고헌산 끝자락인 작약봉 아래 작은 마을이다. 해발 200여 미터도 채 안 되는 작약봉을 우리들은 '구름디 만디'라고 불렀다. 40여 호 남짓이나 될까? 일가친척들만이 오순도순 모여 살았다.

내가 네댓 살 때였다. 지나고 보니 어렴풋이 떠오르는 것이 '사라호 태풍'이 아니었을까. 윗마을에 저수지가 터져 온통 물바다가 되어 온갖 것들이 떠내려가는 희미한 기억들이 가물가물하다.

논농사가 주업인 우리 동네도 조선조 오백년의 농경사회가 우리 아버지 대까지 이어진 전형적인 농촌이었다. 동네 앞들 건너에는 넓은 갱 빈이 펼쳐져 있다. 이곳은 가지산 쌀바위가 발원지인 태화강의 최상류다.

우리 동네는 산 아래로 길쭉하게 생겼는데 우리 집은 동네 한복판에 있다. 청마루에서 저 멀리 내다보면 신불산과 간월산이 바로 보였다. 잘록한 간월재도 하늘과 맞닿아 선명하게 보였고 이른 봄까지 신불산과 간월산 능선에는 하얀 눈이 늘 쌓여 있었다.

내가 대여섯 살 때까지는 우리 집도 초가집이었다. 아버지는 농한

기가 되면 마당에서 짚으로 이엉과 용마루를 엮어서 작은아버지와 함께 초가지붕을 새로 이었던 기억들이 어렴풋하다.

그러다 농촌 지붕개량사업이 한창 전개되자 우리 동네에도 기와공장이 들어 와 약 2년에 걸쳐 초가집들이 기와집으로 거의 다 바뀌었다. 초등학교에 들어갈 무렵인가 기와를 찍어내던 동사(同舍)에서 놀았던 기억들이 떠오른다.

우리 집 큰 채는 방 두 개와 부엌과 마루가 있었고 사랑채는 방 하나에 외양간이 달려 있었다. 큰 채는 목수가 지었는지 대체로 반듯한데 사랑채는 한눈에 봐도 비딱하고 울퉁불퉁 볼품이 없었다. 사랑채 지붕은 양철함석이었다. 세월 탓인지 벌겋게 녹이 슬어 보기에도 흉했다.

3남 1녀 중 나는 둘째로 태어나 우리 집에서 고등학교까지 다녔다. 큰방 옆에 있는 작은방을 머릿방이라고 했다. 군대 3년을 제외하고 결혼해서 분가할 때까지 머릿방에서 지냈다. 마당이 넓지는 않았지만 어릴 때는 마당 모퉁이에 코딱지 만한 채전(菜田)도 있었던 걸로 어렴풋이 기억난다.

채전에 붙어있는 짚 볏가리 앞 쇠말뚝 양지쪽에는 늘 어미 소가 평화롭게 되새김질을 하고 있었고, 어미 소 주위에는 송아지가 서성거리고 있었다. 그러다가 송아지가 채전에 들어가거나 해질녘 사립문을 빠져나가면 우리 형제들은 송아지를 집으로 몰아넣기 위해 총비상이 걸리기도 했다.

우리 집 바로 옆에는 산에서 내려오는 작은 도랑이 있었다. 평소에는 물이 안 내려오지만 비가 많이 오거나 장마가 들면 도랑물이 범람하기도 했다. 여동생이랑 도랑물에 발을 담가 물방아개비를 돌렸던 기억도 생생하다.

집 앞에는 동네 큰길과 연결되는 사이골목이 있었다. 그때 양 옆에는 대나무가 우거져 아치를 이루고 있었다. 전기가 없다보니 밤에는 무서워서 다니지를 못했다. 앞집에는 큰 살구나무가 있었다. 여름에 살구가 익으면 형들이랑 돌멩이를 던지거나 막대기로 살구를 털다가 혼이 나기도 했다. 떡살구라서 그렇게 시지도 않고 상큼했다. 밤새 바람에 떨어진 살구를 주우려고 새벽에 일찍 일어났다.

아버지와 고모부가 도끼 한 자루로 지으셨다는 사랑채는 방바닥부터 고르지 못해 잠잘 때도 불편했다. 자다 일어나 보면 늘 아래로 밀려 내려와 있었다. 오래전 소 값이 치솟을 때 어머니는 사랑채를 헐어버리고 콘크리트 축사를 지었지만 요즘은 축사가 아닌 형님 농기구 창고로 활용되고 있다.

추억의 사랑채는 내 머릿속에 애환과 많은 추억들이 담겨있다. 명절 때나 겨울밤에는 우리들의 놀이공간이었다. 그때 옛 친구들을 만나면 추억을 회상하면서 웃음을 짓는다.

어릴 때 밤새도록 호롱불 아래 건빵 따먹기, 화투놀이를 한 곳도 사랑채였고 복숭아서리, 고구마서리, 닭서리를 할 때의 작전본부도 역시 사랑채였다. 설날이 가까워져서 읍내 튀밥아저씨가 오면 우리는 쌀 한 홉씩을 거둬 튀긴 튀밥을 방바닥에 풀어헤쳐놓고 입안이 불어터질 때까지 먹었던 기억도 있다.

아버지의 영혼도 1년간 사랑채에 모셨다. 매월 초하루와 보름은 삭망이라고 하여 산 자와 죽은 자가 만나는 공간도 사랑채였다.

내가 태어나고 잔뼈가 굵은 우리 집은 꿈과 애환이 상존한다. 집 둘레에는 감나무가 몇 그루 있었고 집 뒤는 바로 산과 붙어있었는데 시너리 대나무가 우리 집과 산의 경계를 이루는 울타리였다. 겨울밤에 바람이 세차게 불 때면 대나무끼리 서로 부닥쳐 짜르르 짜르르 소리를 내었다.

(2013)

청소년기의 학창시절

1. **초등학교**

초등학교는 우리 동네에 있었다. 오후가 되면 풍금 반주에 맞춰 "나의 살던 고향은 꽃피는 산골"이란 동요가 우리 집까지 울려 퍼졌다. 한 살 많은 윗집 익수라는 친구가 초등학교 입학할 때 나도 학교 보내 달라고 어머니께 졸랐지만 나이도 어리고 키가 작다는 이유로 일 년 후 여덟 살에 입학했다.

코흘리개 하얀 손수건을 달고 선생님이 하나 둘 하면, 우리는 셋 넷 복창하면서 "여기는 변소"라고 따라 외쳤던 것이 초등학교 때의 가장 오래된 기억이다. 우리보다 한 해 위와 아래는 두 반이었는데 우리만 1개 반에 학생 수는 73명이었고 여학생이 서너 명 더 많았다.

초등학교 선생님만은 뚜렷이 생각난다. 1학년 김옥자 선생님은 언양 방천매기에서 다니셨고, 2학년 김종배 선생님은 교감을 겸임하면서 담임을 하셨다. 특히 3학년 때 강용식 담임선생님은 역사에는 대가이셨다. 그때 들려주신 신립 장군 이야기는 지금도 내 마음속에 살아 움직이고 있는 전설이다.

신립 장군은 조선 선조 때 함경도 주민들을 괴롭히는 두만강 건너

여진족을 일제히 소탕했고, 임진왜란 때는 물밀듯이 밀려오는 왜적 수백 명을 물리치다 충주 탄금대에서 장렬하게 전사했다고 했다. 선생님이 이 이야기를 마무리하셨을 땐 교실 안은 쥐죽은 듯 고요했고, 우린 하나같은 애국심으로 무장되었다. 선생님은 순간순간 음성의 강약을 조절해 가며 정말 실감나게 얘기하셨고 우리 역사만큼은 선생님을 따라갈 분이 아무도 없었다.

3학년 때로 기억된다. 형과 다툰 일로 어린 맘에 어머니는 너무 일방적으로 나만 나무라는 것 같았다.

억울하다고 생각했던 나는 사립문 바로 옆 감나무에 올라가 밤늦게까지 내려오질 않았다. 해가 넘어가고 어둠이 깔리자 아버지와 형은 내 이름을 불러대며 나를 찾느라 집 주변의 산과 집 안팎을 샅샅이 뒤지고 있었다.

나는 감나무 위에서 집안의 사정을 훤히 내려다보고 있었다. 정작 나를 이 지경으로 만든 어머니는 "조그만 게 밤늦으면 지가 어디 갈 건데. 좀 있으면 들어올 거야." 하며 너무나 태연해 했다. 어머니의 강한 어조와는 정반대로 애틋하게 나를 찾아다니는 아버지의 모습은 반세기가 지나도 어제 일처럼 떠오르며 눈시울이 붉어진다.

4학년 신덕임 담임선생님은 우리 동네에 사셨고 어머니와 동갑내기였다. 그때는 배고픈 시절이라 학교에서 간간이 빵을 나누어 주었다. 한번은 학교 육성회비를 내지 않은 학생들에겐 빵을 주지 않겠다는 말을 들었다. 난 육성회비를 내지 않아 빵 받는 것을 포기하고 있었는데 선생님은 잠시 망설이시다가 모른 척하면서 내게 슬쩍 빵을 건네주셨다. 엉겁결에 빵은 받았으나 찝찝했다.

반감의 표현이었던지 바로 손을 번쩍 들고 큰소리로 "선생님, 저도 육성회비 안 냈습니다." 하고는 빵을 반납하고 말았다. 그 순간 선생님이 어쩔 줄 몰라 당황해 하시던 표정은 지금도 내 머릿속에서 지워지지가 않는다.

빵을 반납한 사건을 얘기하면서 어머니께 불평을 길게 늘어놓았다. 어머니는 다음날 새벽 우물가에서 선생님을 만나셨고, 선생님은 내가 빵을 반납한 것은 올바른 행동이라는 말을 하셨다고 했다. 순간 선생님이 한없이 존경스러워졌고 가슴 뿌듯했다. 항상 정직해야 한다는 말을 입버릇처럼 강조하시더니 선생님은 그날 회비도 내지 않은 나에게만 왜 모른척하고 빵을 주셨을까?

5, 6학년 담임은 오홍윤 선생님이었다. 오학년 국어시간이었다. 처음 순서로 내가 '소가 된 게으름뱅이'란 글을 읽고 발표를 했다. 전날 집에서 재미있게 읽어서인지 자신 있게 또박또박 발표했다. 선생님께서 내게 발표를 잘했다고 칭찬해 주시던 기억이 지금도 생생하다. 연이어 내 짝지가 발표를 했는데 선생님은 도중에 그만하라고 하셨다. 내가 보기엔 짝지가 발표를 더 잘했는데 내가 먼저 했었기에 빛을 보지 못했다는 생각이 들어 미안하다는 생각이 들었다.

그 짝지 이름은 '박근대'다. 그는 집이 가난해서 초등학교 졸업 후 부산에 있는 공장으로 일을 하러 갔다. 지금도 그를 찾으려고 백방으로 노력해 보지만 행방이 묘연하다. 지난날 'TV는 사랑을 싣고'라는 프로를 볼 때마다 '내가 저명인사가 되면 꼭 그 친구를 찾아야지.'라는 생각을 한 적도 있었다.

5학년 때다. 아버지가 병중에 누워 계실 때 어머니는 용하다는 점쟁이를 다 불러들였지만 소용이 없었다. 어느 날 희뿌연 새벽녘 하현달이 서쪽하늘에 기울 때 우연히 보게 된 절규하던 어머니 모습이 자꾸만 되살아난다.

  6학년 여름이었다. 선배들의 본을 본 것인지 하루는 오전에 수업을 거부하고 남학생들만 도망을 쳤다. 당시 학년 선배들도 수업을 빼먹고 도망 간 적이 꽤 많았다. 우리도 그날 학교를 뛰쳐나와 산 너머 명동 저수지에서 멱을 감고 놀았다.

  헤엄을 잘 치는 친구들은 저수지 한복판을 왔다 갔다 했다. 나도 질세라 저수지에 첨벙 뛰어들어 열심히 헤엄을 쳤다. 저수지 한복판에 닿으니 힘은 바닥이 났고, 이쪽을 보아도 아득하고 저쪽을 보아도 아득하기만 했다. 넓은 저수지에서 멱 감기는 그날이 처음이었다. 강변에서 앉은뱅이 헤엄만 치고 놀았으니 그리 될 수밖에 없었을 것이다. 겁이 났고 당황했다. 이래서는 안 되겠다는 생각에 죽으라고 헤엄을 쳤다.

  우리는 해가 질 무렵 슬그머니 학교에 갔다. 선생님은 잔뜩 화를 머금은 채 기다리고 계셨다. 그때부터 선생님은 우리들을 운동장에 모아 놓고 주동자를 가려내는 작업을 하셨다. 먼저 운동장 동쪽 축구 골대에서 서쪽 축구 골대까지 선착순 달리기를 몇 번이나 시키셨다. 우린 서로 질세라 힘껏 뛰다보니 지쳐만 갔다. 그리고 한 시간 가량 회초리로 우리들에게 혼쭐을 내시더니 마지막에는 주동자와 선동자를 써내라고 하셨다. 결과는 두 명의 주동자와 세 명의 선동자로 총 다섯 명이 나왔다. 다행인지 불행인지는 몰라도 나는 주동자가 아닌 선동자 명단에 포함되어 있었지만 변명할 여지가 없었다. 요즘 회사로 본다면 강성 노조의 대의원 격이 된 셈이었다. 나는 데모 선동자로 분류되어 선생님의 눈에서 완전히 비껴났다.

  그로부터 6개월 후 초등학교를 졸업할 무렵인 1968년 12월 5일, 국민교육헌장이 선포되었다. 당시 교육청에서 '국민교육헌장' 선포 유인물이 나왔다. 뭐로 보더라도 나도 '국민교육헌장' 유인물을 받을 수 있었는데 선생님은 끝내 내겐 주질 않으셨다. 그때 데모 선동자로 낙인이 찍혔기 때문이라고 생각했다. 어릴 때부터 덩치는 작아도 반골 기질은 있었던 것 같다.

2. 중학교

중학교 시험 보는 날이 아버지의 일 년 상(喪)을 치는 날이었다. 전날 친척들이 우리 집에 다 모였다. 자고 일어나서 시험을 치러 가야 하나 어쩌나 망설이고 있는데 작은어머니가 시험이 우선이니 빨리 가라고 다그치셨다. 허둥지둥 달려가 간신히 시험을 칠 수가 있었다. 지금도 그 생각을 하면 아찔하다. 그때 작은어머니가 아니었더라면 내 최종학력이 초등학교였거나 아니면 한 해 후배들과 동기가 되었을지도 모른다는 생각이 들곤 한다.

시험을 치고 집에 오니 온통 침울한 분위기였다. 그때만 해도 사람이 죽으면 일 년간은 집안 빈소에 영령을 모셔 놓고 산 자와 같이 삼씨 세끼 밥을 올렸다. 매월 음력 초하루와 보름은 삭망이라고 하여 새벽에 아침밥을 차려 놓고 온 가족이 곡(哭)을 했다. 일 년이 지나면 날을 지냈다. '날'이란 영혼과의 이별 의식이다. 자정을 기점으로 가까운 가족들이 다 모여 마지막으로 천당에 가시라고 빌었다.

열흘 후 시험 발표 날이다. 집에서 십여 분 거리인 중학교에 가니 웅성거리는 소리가 났다. 학교 정문 앞 2층 교사 벽면에 합격자 명단이 붙어 있었다. 크게 쓰인 붓글씨 명단에 당연히 내 이름도 있었다. 알고 보니 떨어진 학생은 단 한 명도 없었다.

까만 교복차림으로 운동장에서 입학식을 하던 날 꽃샘추위가 기승을 부린 탓인지 교장선생님의 훈시는 그날따라 너무나 길게만 느껴졌다.

초등학교는 한 학급이었으나 중학교는 남학생 두 반에 여학생이 한 반 해서 총 세 반이었다. 같은 또래들이라 다들 쉽게 적응할 수가 있었다. 새로 접하는 영어는 처음엔 재미가 있었다. 영어선생님은 단어장을 들고 등·하교를 하도록 했다. 영어단어장을 들고 다니지 않는 친구들이 발각되는 날이면 선생님은 회초리로 손바닥을 세 대씩이나 때리셨다. 선생님은 교묘하게 친구들이 서로 감시자가 되도록 유도하셨고, 이 방법은 영어단어 공부에 확실한 효과가 있었다.

내가 중학교 2학년 때인가 어머니는 사랑채 방에다 세를 놓았다. 울산 시내서 전학 온 고등학교 선배 여학생이 자취를 했다. 하루는 남자 선배가 들어가는 것을 보고 나와 친구는 이상한 상상을 하면서 문틈으로 서로 엿보려고 밀고 당기면서 싸운 적도 있었다.

언제나 선량했던 그 친구는 강규수다. 살아생전 그와 만나기만 하면 단연 그 얘기가 주된 화젯거리였다. 아쉽게도 벌써 故人이 된 지 10여 년이 다 되어 가는 것 같다.

한번은 우리 반 친구들이 점심시간 전에 도시락을 까먹는 일이 일어났다. 영어선생님이 어떻게 아셨는지 회초리를 들고 교실에 나타나 칠판에 반듯이 'LUNCH 점심'이라고 쓰셨다. 선생님은 우리들에게 손바닥을 한 대씩 때릴 때마다 '런치 점심' '런치 점심' '런치 점심'이라고 수십 번이나 외쳤던 기억이 생생하다. 그때 영어선생님은 이재열 선생님이었고 교육 효과는 100% 발휘되었다.

영어단어를 외워 오라는 숙제를 내주시고 다음날 구두시험을 치게 하시기도 했다. 나는 달달 외웠다. 하필 그런 다음날 선생님은 으레 내게 물으셨고 나는 대부분 맞게 답했다. 그때부터 영어공부만 했다. 공부는 중위권 정도를 유지했지만 체격이나 싸움은 거의 최 하위권이었다.

중학교 1학년 때 시험 치는 날이었다. 영어는 그래도 좀 나았지만 수학은 영 자신이 없었다. 내 뒤에 있는 친구랑 영어는 내가, 수학은 그 친구가 서로 커닝을 하기로 했다. 그날 운이 좋았는지 선생님께 들키지 않고 서로 소기의 목적을 달성했다. 그 친구는 농고(農高)를 가는 바람에 한동안 연락이 없다가 사회인이 되어 처음 만났을 때 "야! 뱅열이 우리 서로 커닝 했던 거 기억나?"라고 했더니 "알고말고. 내가 그걸 어떻게 잊어!"라고 바로 답했다. 그 친구는 평생을 경찰에 몸 담았다가 2016년 6월에 정년퇴직한 이병열이다. 얼마 전 우리 애 교통사고 건으로 만나 그 때 그 얘기를 또 하면서 한바탕 웃었다.

초등학교 땐 공부만 잘하면 모든 게 덮어지지만 중학교는 그렇지가 않았다. 덩치에 밀려 스스로 위축되었고, 입학 첫날 교실에서 맨 앞줄 모퉁이에 앉은 탓에 출발부터 유쾌하지가 못했다.

중학교 2학년 때의 일이다. 남학생은 두 개 반이었다. 공교롭게도 두 개 반 담임 선생님은 뚱뚱해서 우리들 사이엔 A반 돼지, B반 돼지로 불렀다.

하루는 B반 담임선생님이 저 멀리서 걸어가고 계셨다. 친구랑 둘이서 작은 목소리로 "A반 돼지" "B반 돼지"라고 합창을 했다. 처음엔 들리지 않게 했으나 우리도 모르게 경쟁이나 하듯 점점 크게 했다. 선생님이 들으셨는지 곧장 우리에게 달려오셨다. 화를 잔뜩 내시고선 겁먹은 우리에게 "엎드려 뻗쳐!" 하시고는 몽둥이로 죽지 않을 만큼 때리셨다.

몽둥이세례를 그렇게 많이 받아본 것은 처음이었다. 일시에 당한 일이라 어쩔 수가 없었다. 선생님은 되돌아가셨고 우리 둘은 아픈 엉덩이를 어루만지며 얼마나 웃었는지 모른다. 지금도 그 생각을 하면 웃음이 안 나올 수가 없다.

3학년 초였다. 온몸이 나른하기 시작했고, 오후가 되면 착 가라앉아 만사가 귀찮았다. 병원에서도 원인을 찾지 못했다. 초등학교 다닐 때도 많이 아팠다. 비위가 약해서인지 많이 먹지를 못했고 구토가 잦았다. 영양실조가 아니면 결핵이었는지도 모른다. 부산 작은집에서 숙모의 보살핌 아래 병원을 다녔다.

할아버지뻘 되시는 원장선생님은 치료보다는 내 마음을 먼저 안정시켜주셨다. 어린 맘에도 이런 분이 진정한 의사라는 생각이 들었고, 얼마 후 집으로 다시 돌아왔다.

그래도 완치되지 않았고 계속 그 상태였다. 어머니는 집에 우환이 겹쳤다고 걱정을 많이 하셨다. 나는 걷지도 못하고 방에서만 지냈고 일 개월 정도 대소변을 받아내야만 했다. 한참 지난 후 진단 결과 급성 관절염이라고 했다.

삼 학년 일 학기 때 두 달간 결석을 했다. 이웃동네 앉은뱅이 의원이 지어준 한약으로 상태가 좋아졌다. 다리가 점점 나아질 무렵 겨우 일어서서 걸음마를 시작했고 감격스러운 그날의 기쁨은 지금도 잊을 수가 없다. 아마도 겪어 보지 않은 사람은 이해할 수가 없을 것이다.

여동생 덕기가 "작은 오빠야가 걷는다!"고 기뻐하며 어머니께 알리러 종종걸음 치며 가는 뒷모습을 생각하면 지금도 가슴이 저미어 온다. 한 이불 속에서 자랄 때가 진정한 형제인가 보다. 덕기하고는 어릴 때 고생을 같이해서 그런지 형이나 남동생보다 정이 더 간다.

결혼 전 내 성질에 못 이겨 덕기에게 손찌검을 한 번 한 적이 있다. 정말 두고두고 후회스럽다. 너그럽게 이해해 주고 항상 이 오빠를 살뜰히 챙겨 주는 덕기에게 이 기회를 통해 고마움과 용서를 구한다.

군(軍)에 가기 전 잠깐 면(面)에 근무할 때 출장길에서 그 앉은뱅이 의원을 만났다. 그는 나를 알아보시고선 면서기(面書記)가 되었다는 말을 어디서 들으셨는지 내 손을 잡고는 "정말 장하다!"며 "홀어머니 잘 모셔라."고 하셨다. 나는 그 말에 가슴이 뭉클했다. 그때만 해도 '면서기'는 어른들로부터 부러움을 샀던 것으로 생각난다.

친구들은 고등학교 진학을 위해 막바지 공부에 열을 올리고 있었지만 나는 그렇지가 못했다. 형은 부산에서 고등학교를 다니고 있었고 간혹 토요일이면 집에 오곤 했다. 해가 지고 날이 어둑어둑해질 무렵 여느 때와 같이 쇠죽을 끓이고 있는데 반가운 형이 집으로 왔다. 그날은 겨울비가 촉촉이 내렸고 날씨마저 추워서인지 외양간으로 바로 들어왔다.

두 형제가 모처럼 사이좋게 외양간에서 쪼그려 앉아 부지깽이로 아궁이를 쑤시면서 이런저런 얘기를 나누었다. 얘기 도중 형에게 나의 속내를 솔직히 드러냈다. 형처럼 고등학교는 부산으로 가고 싶지만 어머니는 부산은 고사하고 나의 고등학교 진학에는 관심조차 없다고 형에게 불만만 잔뜩 늘어놓았다.

그 당시 중학교 동기생들 중 남, 여 포함해서 반 정도는 고등학교에 못 갔으니 어머니 생각도 큰 무리는 아니었을 것이라는 생각이 들기도 했다.

나는 고민을 털어놓았고 고등학교 포기의사를 슬쩍 내비추었다. 그

랬더니 형은 "요즘 고등학교도 못 나오면 나중에 사람대접도 못 받으니 어떻게든 시골 고등학교라도 꼭 가야 한다."고 했다. 형의 충언과 도움으로 고등학교 진학 시험은 치렀고, 어떻든 형 때문에 고등학교 가는 것을 포기하지 않은 것만은 사실이다.

3. 고등학교

시골의 남녀공학 고등학교는 중·고등학교가 한 울타리 안에 한 반씩밖에 없는 처지여서 매년 학생 수를 채우기도 급급했다. 학생 수가 모자라다 보니 정원은 울산 시내에서 퇴학 또는 정학 처분을 받은 학생들을 받아 겨우 메우곤 했다.

그런데 그 해는 이상하리만큼 지원자가 많이 몰려들었다. 60명 정원에 114명이나 응시해 2:1의 경쟁률을 보였지만 떨어진다는 생각은 추호도 없었다. 하지만 어머니는 간밤에 또 꿈 얘기를 하시며 떨어질 것이라는 표정에 나는 화만 잔뜩 났다.

그 당시 고등학교 진학을 포기했더라면 과연 어떻게 되었을까, 생각만 해도 아찔해진다. 그때부터 '포기'란 내 사전엔 없다는 각오를 다지곤 했다.

고등학교는 갔지만 중·고가 같이 있는 시골학교라 고등학교 같은 기분이 들지 않았다. 공부께나 하는 친구들이 도회지 학교를 다니면서 토요일에 부산이나 울산에서 집으로 돌아왔을 땐 얼마나 부러웠는지 모른다.

고등학교 1학년 때인가. 비가 많이 오면 휴교령을 내리곤 했다. 우리 학교가 있는 곳은 태화강 상류지점이라 그 당시만 해도 홍수가 나면 폭이 넓은 하천을 횡단하는 다리가 없어 건너편 학생들은 학교에 올 수가 없었다.

　태풍이 겹쳐 비가 많이 올 때면 우리는 학교에 가기 싫어 밤새 큰비가 오도록 빌었다. 다음 날 우리의 소원대로 많은 비로 학교는 안 갔지만, 하천가에 있는 장터걸이 우리 논 닷 마지기 중에 세 마지기 정도가 떠내려 가 버렸다. 어머니와 나는 떠내려가는 논을 바라보며 허탈감에 빠져 발을 동동 굴렀다.

　나는 또렷이 기억한다. 그 날은 이후락 중앙정보부장이 북한 김일성 주석을 만나고 와서 7. 4 공동성명을 발표하던 날이었다. 그 때만 해도 라디오가 귀하던 시절이라 동네 이장 집에서 라디오를 틀어주면 집집마다 연결된 스피커로 일제히 뉴스 및 대중가요 등이 온 동네 크게 울러 퍼졌다.

　우리 집은 논농사가 많았다. 형은 부산의 작은집에서 학교를 다녔기에 일할 사람은 나와 어머니뿐이었다. 고등학생이 되고 나니 공부는 더 뒷전이었고 기다리는 것은 농사일뿐이었다. 농촌 학교는 농번기엔 가정실습 명목으로 휴교령을 내리곤 했다. 내 고등학교 시절은 진절머리가 날 정도로 일을 한 기억 말고는 없을 정도였다.

　고등학교 학년 초에는 선생님들이 자주 바뀌었다. 우리 학교를 교원 양성소라고 부르기까지 했다. 중·고등학교 육년 동안 교사(校舍)를 증축할 때면 학생들이 오후에는 학교 앞 들 건너 강변의 모래나 자갈을 대야에 퍼다 날랐다. 한 번 나르면 왼쪽 손목에 인주로 표시를 해 주었다. 한 번 나갈 때마다 다섯 번 정도 모래나 자갈을 퍼 날랐던 것 같다.

　고등학교 때도 역시 공부하고는 거리가 멀었다. 2학년 초였다. 대학을 갓 졸업한 국어선생님을 좋아했던 것 같다. 약간 뚱뚱한 편이었으나 얼굴은 아담하게 잘 생긴 여선생님이었다. 그녀에게 잘 보이려고 국어공부만 했다. 그때가 내가 이성에 눈을 뜨는 시기였던가 보다. 선생님 역시 석 달을 채우지 못하고 전근을 가셨다. 짧은 기간이었지만 아름다운 상상에 젖어 보곤 했다.

시골학교였지만 3학년이 되자 공부께나 하는 친구들은 대학 간다고 다들 분위기들이 심상치가 않았다. 나도 덩달아서 공부하는 대열에 끼어 여름방학 때 도회지 학원에 갔다. 핵심영어와 수학정석을 수강신청하고 강의를 들어봤지만 도무지 따라 갈 수가 없었다. 학원비만 날리고 도중에 포기하고 말았다. 그 해는 예비고사도 보질 못했다. 떨어질 것이 불을 보듯 뻔했기 때문이다.

1975년 2월 고등학교를 졸업하고 2년 동안 농사일을 돕다가 공부에 대한 미련이 남아서 다시 부산으로 갔다. 도중에 포기하지 않으리라는 각오를 단단히 하고 학원수강 등 독서실에서 일 년을 보냈지만 결국 봉사 기름 값을 대주는 꼴이 되고 말았다. 비록 대학은 못 갔지만 공부하는 대열에 합류했다는 것이 지나고 보니, 많은 도움이 된 것 같았다.

차선책은 공무원 뿐이었다. 형편없는 실력이었는데도 운이 좋았는지 1978년 3월 5급 을류(9급)공무원 시험에 합격했다. 그 해 5월 부산 양정동에 있는 경남공무원교육원 컨테이너 막사에서 한 달간 합숙교육을 받았다.

쉬는 시간이 되면 교육원 바로 아래에 있는 헌병대에서 힘겹게 하루 종일 기합 받는 군인들을 보면서 희희낙락 했고 식사시간 때는 서로 밥을 먼저 먹으려고 '다다닥' 소리를 내어가며 가파른 계단을 겁 없이 뛰어 다니기도 했다.

근면, 자조, 협동이란 새마을운동 기치 아래 좁은 운동장에 집합, 먼저 보건체조를 하고 새벽 구보로 하루를 열었다. 낮엔 대강당에 200여 명이 모여 공무원으로서의 기초소양 교육을 받았다. 저녁식사를 마치고 밤 10시가 되면 개인별 하나, 둘 번호를 붙여 인원 점검을 하는 점호를 취했다. 군대식이나 다름없었다.

한 달간의 교육을 마친 후 고향 面에 발령받았을 때 어머니께서 기뻐해주시던 환한 얼굴과 대견해 하시던 모습들이 어제 일처럼 떠오른다.

(2016)

내 고향 향산리

'고향' 하면 어머니가 생각난다. 내 맘의 안식처다. 언양에서 석남사 방향으로 24호 구 국도로 십여 분 달리다 보면 육교가 나오고 육교 바로 옆에 올해 폐교가 된 향산 초등학교가 있다. 여기가 내 고향 향산리다.

산자락에는 우리 조상님들이 묻혀있는 선산이기도 하며 나지막하게 솟은 봉우리를 우리는 작약봉이라 불렀다. 작약꽃에서 풍기는 향기 좁자와 뫼 山자를 붙혀 향산이라고 이름을 지었다고 한다.

우리 동네, 내가 어릴 때는 40여 호 남짓 되었는데 연일 정씨(鄭氏)와 학성 이씨(李氏) 두 집만이 타성이고 나머지는 우리 일가들인 진주 강씨 집성촌이다.

향산마을 하면 우선 동사(洞舍) 뒤 동네 안길 가장자리에 서 있는 자연석에 새겨진 '건설비'가 생각난다. 내가 일곱 살 무렵인가. 지금은 거의 고인(故人)이 다 되셨지만 그 당시는 동네 청장년으로 뒷산에서 '영차 영차' 하며 목도로 자연석을 메고 온 기억들이 생생하다. "건설비 1962년 청조회"라고 쓰여 있다. 그 당시 우리 마을의 역동성을 대변하듯 70년대 새마을 운동이 한창 불이 붙을 때 전국에서 우리 동네가 새

마을 시범마을에 선정 되어 타지에서 많은 분들이 견학을 오곤 했다. 이미 오래 전에 두 분 모두 고인(故人)이 되셨지만 마을이장은 강영대 아제였고, 새마을 지도자는 필자의 작은아버지이신 강정준씨였다. 두 분이 중심이 되어 마을 주민들과 힘을 합쳐 새마을운동의 전진마을로 전국에 이름을 떨치기도 했다.

마을 바로 뒤 '안골새'라는 골짜기에 샘물이 솟아나는 약물탕이 있었다. 물이 엄청나게 차가워 한 여름에는 어른들이 땀 떼기를 죽이려고 등목에 바가지로 물을 끼얹기도 했고, 또 우리들은 매일 점심시간이 가까워 오면 주전자를 들고 약물탕에 물을 받으러 갔다.

약물탕 물을 담아 올 때면 주전자는 땀을 뻘뻘 흘렸다. 그 물에 밥을 말아먹으면 그렇게 시원할 수가 없었다. 약물탕은 남녀노소가 이용하는 우리 동네의 명소였다. 요즘은 간이 상수도 물탱크가 자리 잡아 그 옛날의 정취를 느낄 수가 없어 많이 아쉽다. 약물탕 하면 땀 떼기와 땀 흘리는 주전자가 떠오른다.

우리 문중의 입향 어른이신 강이인 할아버지는 사백여 년 전 북구 농소 달천에 사시다가 돌아가셨다. 그의 부인이신 제주 고씨가 아들 강계현를 데리고 향산으로 이사 와서 강씨 집성촌을 이루었고, 강계현 할아버지는 찰방공이라는 벼슬을 했다고 한다. 찰방은 조선조 중기에 역(驛)을 관리하는 종육품의 벼슬로 요즘으로는 역장이다.

우리 동네 향산리는 옛날에는 효자리(孝子里)라고도 불렸다고 한다. 효자가 많이 났기 때문이다. 24호 국도와 접해있는 솔정자에는 효자리(孝子里)와 효열비(孝烈碑) 비석이 세워져 있다.

효자리 입석은 1910년 입향조 강이인의 9세손인 강상황 할아버지의 효행을 기리기 위해 후손들이 세운 것으로 자연석에 '孝子里'라는 글자를 새겨둔 입석이다. 당시 조선총독부로부터 효열상금 10원을 받았다고 했다. 이후 1989년도에는 우리 마을의 뜻있는 분(강정업, 강중만, 강정준, 강장회)들에 의해 후손들에게 효를 본받으라는 의미에서 효자리(孝子里) 입석 옆에 효열비(孝烈碑)를 세웠다.

효열비는 효자와 열녀를 기리는 비석이다. 강상황 할아버지의 효행과 그의 아내 최씨가 지극정성으로 남편을 섬긴 것을 기념한 것이다.

내용인즉 이렇다. 〈괴질에 걸린 아버지를 낫게 하려고 의원을 찾았는데 의원은 인육을 먹으면 낫는다고 해서 아들 상황이 자신의 허벅다리를 자기 손으로 베어내 국을 끓여드렸다. 그래도 아버지의 병이 낫지를 않아 다시 의원을 찾았는데 인육이 적다고 해서 다른 한쪽 허벅다리마저 베어내 다시 국을 끓여드렸다.〉 아들 강상황은 효행을 실천했고, 그의 아내 최씨 부인은 남편이 위독할 때 손가락을 잘라 피를 내 먹여 훗날 열녀로 선정됐다고 했다.

효자·효부가 난 마을을 대변하듯 우리 마을에는 여든 살이 훌쩍 넘은 최차선 할머니가 계신다. 수 년 전에 작고하신 시어머니 박화순 할머니가 아흔 살이 넘도록 평생을 공경하며 효를 다하였다.

최씨는 우리 강씨 집안에 시집 와서 얼마 되지 않아 남편을 잃고 유복자인 딸 하나를 낳아 훌륭하게 성장시켰다. 최씨는 젊은 시절부터 동네어른들을 내 부모처럼 대했고 고부(姑婦) 간에도 사이가 아주 좋아 동네사람들로부터 칭송이 자자하여 군(郡) 내까지 소문이 났다. 그로 인해 정부로부터 많은 효행상을 받았다.

우리 문중에서는 오성과 한음으로 더 잘 알려진 백사 이항복 선생이 보낸 '고서간찰첩'을 보관하고 있었다.

수 년 전의 일이다. 백사 이항복 선생이 우리 입향조 강이인(1580~

1606)에게 보낸 자필의 '고서간찰첩'을 KBS 진품명품에 출품해 옛 물건의 가치를 알아본 적이 있었다. 감정위원으로부터 일천만원이라는 평가를 받았다. 그 후 강이인의 후손인 우리 선조들과 이항복 선생의 후손들인 경주 이씨들과 주고받은 편지도 감정을 의뢰한 결과 오십만원이란 평가를 받았다.

무려 사백여 년이 훨씬 더 지난 이 귀중한 문중 고서를 귀중하게 여기고 지금껏 잘 보관해 왔으나 영구적 보관에는 한계가 있다고 판단해 문중회의를 거친 끝에 현재는 울산박물관에 기증해 울산광역시에서 관리하고 있다.

우리 문중에서 보관하고 있는 이 편지는 1592년 임진왜란으로 거슬러 올라간다. 임진왜란이 일어난 해 입향조 강이인 할아버지는 13세의 어린 소년이었다. 왜적이 소년 강이인에게 "너의 소원이 무엇이냐?"라고 묻자 소년 강이인은 한자로 "너의 머리"라고 답했다가 일본에 포로로 잡혀가 8년 동안 고초를 당했지만 끝까지 굴복치 않고 절의를 지켰다.

백사 이항복은 일본으로 가는 사신에게 "나의 문하생 강희주의 아들 강이인이가 일본에 포로로 잡혀갔는데 수소문 해 살아있거든 본국으로 데려오라."는 서신을 줬다고 한다. 그 사신은 일본에 가서 마침내 강이인을 찾아 조선으로 데려왔다. 청년 강이인이 조국 땅을 밟은 곳이 학성공원 앞 포구였다. 때마침 강씨 성을 가진 병마절도사가 강이인을 맞이하여 한양의 가족들이 모두 죽었다는 소식을 전하게 된다.

강이인은 한양으로 가지 않고 훈련원 대장 고처겸의 딸 제주 고씨와 결혼해 아들 강계현을 낳고 27세에 병사했다. 그 후 아들 강계현은 향산리 기계 유씨 집안의 딸과 결혼했고 어머니 고씨와 향산리로 들어와 살았다. 그때부터 향산마을에 진주 강씨가 번창하게 되었다고 한다. 울산의 입향조는 강이인 할아버지고, 향산마을의 입향조는 그의 아들 강계현 할아버지라고 해도 틀린 말은 아닌 것 같다.

우리들은 강이인 할아버지는 달래 할배고, 강계현 할아버지는 찰방공 할배라고 한다.

초기에는 기계 유씨와 진주 강씨가 한 동네에 살았으나 점차 기계 유씨가 떠나고 강씨 일가들만 이백여 호까지 번창했다고 한다. 그러나 요즘은 40여 호 중반 정도만 우리 강씨 일가들이다.

울산의 입향조이신 강이인 할아버지의 묘소는 농소 달천에 있었다. 이십여 년 전 할아버지의 묘소가 달천지방공단에 편입되면서 아들 강계현 할아버지가 잠들어 있는 덕현리 문중 선산으로 이장되었고, 강계현 할아버지의 부인인 향산 함박골 기계 유씨 할머니의 묘소도 덕현 문중 선산 할아버지의 곁으로 이장하였다. 덕현 문중 선산에 입향조 할아버지와 그의 아들 강계현 할아버지를 나란히 모셔놓아서 우리 후손들이 보기에도 참 좋다.

우리 동네의 법정마을 이름은 향산리이지만 행정구역상으로는 향산리와 능산리 두 개 마을로 나누어져 있다. 능산 마을도 우리 일가의 집성촌이다. 능산이 향산보다 조금 먼저 정착했다고 한다. 강계현 할아버지가 우리 향산으로 오시게 된 것도 능산 일가들이 있었기 때문이라는 추측을 하기도 한다.

확실한지는 모르지만 향산과 능산의 가까운 촌수가 36촌이라고 한다. 상북면의 인구분포도를 보면 우리 강씨 일가와 동래 정씨가 쌍벽을 이루고 그 뒤를 김씨가 잇는다. 특히 선거 때만 되면 향산과 능산은 똘똘 뭉쳤고 지금도 단합이 잘되고 있다. 이래서 피는 물보다 진하다고나 할까.

　고향에서 태어나 줄곧 향산마을을 지키고 계시는 분으로는 오랫동안 우리 향산 문중의 큰 어른이신 강장회(88세) 아제를 비롯하여 현재 노인회장을 맡고 있는 강대곤 형님도 문중과 동네를 위해 많은 일들을 하시고 계신다.

　또한 강영남 아제도 우리 동네를 위해 정말 궂은일을 많이 하셨다. 온갖 어려움들을 이겨내고 지금은 동네 좌장으로 자리를 굳히고 있어 너무나 보기 좋으시고 오랫동안 동네 이장을 했던 영화, 영모 아제와 채부 형 등 모두 존경할 분이시다.

　그리고 사십여 년 전 우리 동네로 이사 오신 한철문 친구도 우리 일가(一家)처럼 서로 돕고 잘 지내고 있다. 현재 이장이신 봉수 동생과 함께 내 고향 향산을 잘 지키고 있다. 이외에도 가까운 언양이나 울산에서도 애향심을 가지고 고향을 지키는 분들도 많이 계신다.

　필자도 내 고향 '향산'을 떠나온 지 올해로 30년이 훌쩍 지났다. 이제부터라도 내 마음의 안식처인 '고향사랑'에 많은 힘을 쏟아야겠다.

(2016. 7)

아버지

어른만 되면 아버지가 되는 줄 알았다.

나를 아버지라 불러주는 아이들이 있었기에 나는 이십여 년 간 아버지로 살아왔다. 그런데 아들을 군에 보내면서 지금까지 껍데기 아버지로 살아왔다는 것을 알게 되었다. 무늬만 아버지였다는 발견은 내가 진짜 아버지로 승화되는 소중한 기회가 되었다.

훈련소를 나와 집으로 오면서 운전대는 앞을 향하고 있었지만 마음은 수도 없이 뒤를 돌아보았다. 나는 아들의 까까머리 모습을 집에 올 때까지 붙잡고 있었다. 아들 역시 나의 뒷모습을 놓지 못하고 오래 붙잡고 있었을 것이다. 마치 내가 오십 년 가까운 세월 아버지를 붙잡고 사는 것처럼.

아버지에 대한 기억은 몇 안 된다. 형과 싸워서 억울했던 내가 집안에 있는 감나무에 올라가 밤늦도록 내려오지 않자 나를 애타게 찾아다니던 아버지의 모습이 어제 일처럼 생각난다. 또 한 번은 앞집 아버지 친구 분이 담 너머로 아버지 택호를 부르며 아버지를 찾았고 나는 아버지 택호를 따라 말하며 대답했던 기억이 난다.

"호 돼이 어디 갓 노?"

"호 돼이 나무하러 가심 더"

이 일로 나는 야단을 들었던 기억이 난다. 그리고 병석에 누워계셨던 아버지의 모습이다. 나를 찾아다니며 안타까워하던 아버지 얼굴, 내게 꾸중하던 아버지 얼굴, 그리고 핼쑥했던 아버지 얼굴이 내 기억의 전부다.

내가 초등학교 오학년 때였다. 늦가을 무렵 휘영청 밝은 보름달을 앞세우고 아버지는 하늘로 가는 급행열차를 타셨다. 어머니의 다급한 목소리와 작은아버지께서 비통해하시는 음성이 기차의 경적소리 만큼 크게 들렸다.

아버지 상여가 나가는 날 동네사람들은 우리 형제들을 보고 상주가 저리 어려서 어떡하느냐고 애석해 하시던 모습이 지금도 눈에 선하다. 상여가 동네를 한 바퀴 돌며 떠나갈 때 나는 알 수 없는 꽃 냄새를 맡을 수 있었고 그 냄새는 지금까지 기쁘거나 슬픈 날마다 내 코끝에서 찡하게 난다.

아버지가 병석에서 마련해 두었던 유택으로 떠나는 날 겨울을 재촉하는 가을비가 내렸다. 차디찬 땅속 집에 두고 온 아버지를 지금까지 나는 놓지 못하고 붙들고 있다.

사춘기를 겪으면서 아버지가 너무나 보고 싶었다. 그러던 어느 날 꿈속에 아버지가 나타나셨다. 눈이 펄펄 내리는 산 중턱에서 곤룡포를 입고 근엄한 자세로 바라보고 있었다. 말은 없었지만 아버지는 나를 무척 애처롭게 바라보고 계셨다. 그 순간, 아버지께서 나의 오른 손바닥에 커다란 관인을 찍어 주었다. 그 후, 나는 아버지가 주신 그 꿈을 붙잡고 미래의 꿈을 키웠고 지금까지 천직이라며 아버지가 점지해 주신 관직생활을 하고 있다.

아버지가 안 계신 집안 형편으로 나는 내가 원하는 만큼 공부를 할 수 없었다. 그러나 직장생활을 하면서도 공부에 대한 미련은 늘 가지고 있었다. 그래서 늦은 나이로 다 못한 공부를 시작했고 지난해 마지막 결실을 얻었다. 졸업장을 아버지 상석에 올려놓고, "아버지 늘 제 마음에 계셔 주시고 보살펴 주셔서 고맙습니다." 라고 큰 절을 올렸다.

빨리 가신 아버지의 몫을 단단히 챙기고 계시는 듯 어머니는 쟁쟁하시다. 여든의 나이 탓일까. 가끔은 온화하고 따뜻한 어머니의 얼굴에서도 질곡과 아픔이 언뜻언뜻 보인다. 형제 중에서 어릴 때 어머니와 가장 오래 생활한 나는 어머니의 모습에서 삶을 낱낱이 읽을 수 있다.

부모의 사랑을 받아야 할 시기에 어머니 곁에 있었던 나는 어머니의 화풀이 대상으로만 생각됐다. 그럴수록 아버지 생각이 간절했다. 외지로 나가 고등학교를 다녔던 친구들이 주말이 되어 집으로 돌아오는 모습들을 볼 때마다 얼마나 부러웠는지 모른다. '아버지가 살아 계셨더라면…' 하는 생각을 수도 없이 했다. 내 꿈은 어머니를 도와야 하는 농사일로 모두 접어야만 했다. 철이 없던 시절엔 아버지에 대한 그리움으로 어머니를 원망하기도 했다. 그런 것들이 나를 사색하는 사람으로 만들었고 내가 강해지는 계기가 되었다.

내가 군에서 제대한 지가 30여년이 지난 이 시점에 내 아들이 군에 간다니 기분이 묘하다. 요즘 군이야 옛날에 비견할 바가 아니지만 그래도 아들을 보니 안쓰럽다. 또 한편으로는 국방의 의무를 한다는 생각에 자랑스럽기도 하고 대견스럽다. 입영시간이 가까워 오자 아들은 불안한 기색이 역력했다.

"넌 잘 할 수 있을 거야." 하면서 안심을 시켰지만 떨리고 불안한 것은 아비인 나도 마찬가지다. 이렇게 부자간에는 한마디의 말로도 서로 통하는 것이 있다. 지금까지 살면서 단 한 번도 아들과 이렇게 끈끈히 교감을 해본 적이 없다. 최초로 아들과 나눈 '무언의 대화'이자 '가슴의 대화'였다.

사랑을 많이 받은 사람이 사랑할 줄 안다는 말이 있다. 나는 부모님의 사랑을 많이 받지 못했던 것 같다. 그런 까닭인지 자식들에게 많은 사랑을 주지 못한 것이 아닌가. 그것이 늘 마음에 걸렸다. 이곳에서 아들과 길게 헤어진다고 생각하니 마음 한 구석이 아리고 또 아렸다. 그 옛날 아버지가 나를 두고 떠나가실 때 그 마음을 지금 나의 마음에 비길 수가 있겠냐마는 아마도 이러했으리라 짐작을 해본다.

군의 배려로 아들의 입소식을 지켜볼 수 있었다. 아들이 맨 앞줄에 서 있다. 그 많은 장정들 중에서 내 아들만 확대되어 보였다. 입소식이 끝날 때까지 확성기에서 흘러나오는 말들은 전혀 들리지 않았고 아들만 봤다. 나는 마음속으로 아들에게 많은 말을 했고 아들 역시 나에게 많은 대답을 했을 것이다. 우리는 묵언의 약속을 했다.

아들을 남겨두고 돌아오는 길에 나는 아버지의 유택에 들렀다. 잡초가 무성하였지만 아버지 유택을 내 머리 속에 저장하려고 유심히 바라보았고 봉분을 만져보았다. 어머니가 돌아가시면 아버지의 유택은 없어질 것이다. 어머니와 함께 화장하여 합장할 예정이다. 벌초 등 관리문제를 두고 결정한 사항이지만 나는 내심 많이 슬프다.

이곳은 내 마음의 쉼터였고 아버지와 간간히 대화를 나누었던 곳이다. 어쩌면 머지않아 붙들고 있던 아버지를 놓아야 할 것이다. 그것은 아버지가 내게 무언으로 격려를 해 주셨듯이 내 아들에게 내가 알짜배기 아버지 노릇을 해야 한다는 숙제 같은 것일지도 모른다.
  아버지가 된다는 것은 내 아버지를 진정으로 이해할 줄 알고 아버지의 속내를 알아차릴 줄 알 때 아버지가 되는 첫 걸음일 것이다.

(2010. 8. 2)

죽마고우

고향엔 죽마고우가 두 명 있다. 내 유년시절, 낮엔 냇가에서 물고기도 잡고 밤엔 수박, 복숭아, 참외 서리도 하면서 자연을 벗 삼아 놀았다. 산과 들에는 찔레, 진달래, 피기, 송기, 풋밤, 산딸기, 망개 등의 자연 간식들이 손만 뻗치면 지천에 깔려 있었다.

일곱 살쯤 되었을까. 여느 때처럼 셋이서 함께 놀았다. 그런데 유난히 부산을 떨었던 한 친구가 우물에 빠지고 말았다. 우물은 아주 깊었다. 무척 당황한 우리는 우물 속을 들여다보며 우왕좌왕했다. 그때 번개처럼 떠오른 것은 어른들에게 알려야겠다는 생각이었다. 둘이서 손을 잡고 구령을 붙였다.

"하나, 둘, 셋."

"기회 빠졌심더!"

목청이 터지도록 외쳤다. 마침 동네 대철이 형이 지나가다 웃을 수도 울 수도 없는 우리의 상황을 보고 얼른 우물에 빠진 친구를 건져냈다. 그 형이 아니었더라면 그 친구는 기억 속에서 아스라이 사라졌을 것이다. 그때 죽을 뻔했다가 겨우 목숨을 건진 친구는 이후에도 개구쟁이 짓을 많이 했다. 친구는 죽음에 대해 별로 두려움이 없어 보이는 것처럼 행동했다. 우리는 무서워서 할 수 없는 일도 친구는 스스럼없이 했다.

우린 여름이 되면 매일 소를 먹이러 간다. 소뿔때기에 '이까리'를 감아 강이나 산에 소를 올려 보내고 나면 소는 까마득하게 잊어버리고 우리들의 세상이 된다. 강변에서 멱을 감기도 하고 저수지에 '빤데돌'을 던지면서 깔깔 웃기도 했다. 수중보와 연결되는 땅 밑 깊숙이 돌로 쌓은 수로가 있었다. 한 사람이 겨우 기어들어갈 수 있는 좁은 수로였다. 안으로 들어갈수록 좁아지는데 친구는 칠흑 같은 캄캄한 수로 끝까지 기어들어갔다. 어른들은 그 안에 이무기가 살고 있다고 못 들어가게 하는데도 그 친구만은 듣지 않았다. 나도 그 친구 뒤를 따라 한 번 들어가 보았는데 아무것도 안 보여 정말 무서웠다. 그때 문득 나는 죽음이란 걸 느꼈고 소름끼치도록 무섭다는 생각이 들었다. 그러나 그 친구는 매일 혼자 들락거렸다. 아마도 나보다는 훨씬 담력이 컸던 모양이다.

산에 소를 올리는 날이면 형들과 전쟁놀이도 하고 새끼로 만든 '짚공'으로 천연잔디가 깔린 무덤 주위에서 공차기를 하는 등 시간 가는 줄 몰랐다. 배가 고프면 '밀사리'를 하거나 남의 집 감자나 고구마를 캐어 구워먹기도 했다.

그 사이 소는 고삐가 풀린 채로 온 산천을 휘젓고 다녔고 우리 역시 고삐 풀린 망아지가 되어 온 산천을 우리들의 놀이터로 삼았다. 간혹 소들이 전답에 들어가 쑥대밭을 만들어 주인에게 들켜 혼이 날 때면 우리는 소를 나무에 묶어 놓고 속된말로 소에게 욕을 해댔다.

"이노무 소 새끼."

소를 마구 때리기도 했다. 화가 난 소가 복수라도 하듯이 한 번씩 산

속에서 자취를 감출 때도 있었다. 소를 잃어버리면 온 마을 사람들에게 비상이 걸린다. 밤새 온 산을 헤매고 다니면서 소를 찾아다닌 적도 한두 번이 아니었다.

우리는 별의별 놀이를 다 했고 사건을 저질렀다. 그러다가 중학교를 졸업하고부터는 죽마고우 삼총사가 사실상 해체되고 말았다. 이렇게 나의 유년기는 셋이서 함께한 추억들이 전부나 다름없다.

내 나이 오십 중반에 들어 뒤를 돌아본다. 우물에 빠진 그 친구는 이미 고인이 된 지 10여 년이 지났다. 친구는 집안 형편이 어려워 중학교 졸업 후 기술을 배운다고 도회지로 떠났다. 명절 때면 주인아저씨가 준 용돈이라면서 사탕과 빵을 건네는 등 선심을 많이 베풀기도 한 친구였다. 셋이서 양지바른 산기슭에서 화투놀이를 하면서 종알대던 기억도 생생하다.

그 친구는 갖은 고생을 다 했다. 남의 집 허드렛일부터 시작해서 끝에는 목수가 되었다. 인테리어 현장 일을 하다가 중매로 아담한 처녀와 결혼을 하여 오누이를 낳고 오순도순 잘 살았다. 고생이 끝인가 싶어 보기가 참 좋았다.

그런데 우연찮게 그 친구가 폐암으로 대학병원에 입원했다는 소식을 듣게 되었다. 곧장 병원으로 달려갔더니 친구는 이미 사경을 헤매고 있었다. 공기 탁한 작업현장에서 일하며 몸을 돌보지 않은 탓인 것 같았다. 나를 보더니 반가운 얼굴은 간데없고 숨을 몰아쉬었다. 가슴까지 숨이 차오르는 것 같아 맘이 너무 아팠다. 고무풍선에 숨을 몰아 넣듯이 가슴을 헐떡이면서 간신히

"우에… 알… 고… 왔… 노?"

겨우겨우 이어가며 말하는 모습은 차마 눈뜨고 못 볼 지경이었다.

죽음이 이렇게도 고통스럽구나하는 생각을 하니 내게 당면하지도 않은 죽음이 내 가슴을 압박해 왔다. 잠결에 가는 사람들도 많다는데 그 친구는 왜 그렇게 고통스럽게 가는지 마음이 너무 아팠다. 어린나이에 동생들의 학비를 감당했고 희생을 감내하면서도 성실했던 내 소중한 친구였기에 그의 말에 나는 온몸이 저려 왔다. 친구가 이승을 떠나 저승 가는 그날 길목에서 나는 친구를 배웅했다. 죽어서 다시 만날 수가 있는지 없는지는 알 수가 없지만 남은 친구와 마음속으로 구령을 붙여 보았다.

'하나, 둘, 셋.'

'기회 빠졌심더.'

저승에서 삼총사가 다시 부활되기를 기대하며 먼저 가는 친구를 향해 '우리도 곧 뒤 따라가마'를 중얼거리고 나니 나도 모르게 눈물이 스르르 흘렀다. 50년 전에는 우물에서 눈물이 고함으로 나올 만큼 씩씩했는데, 지금은 눈물도 나이가 들었는지 있는 그대로 흘러내리고 만다.

고향 집에 가면 친구 모친이 내 손을 꼭 잡는다. 아들 생각이 나는 모양이다. 모친이 나를 보면 아들이 생각나듯 나는 소주를 잘 마시거나 특히 트로트를 잘 부르는 사람을 보면 친구가 생각난다. 생전에는 그 친구가 술 한 병이면 나는 한 잔이었다. 늘 그렇게 대작했다. 노래방에서 트로트만은 그를 능가할 친구가 아무도 없었다. 작은 덩치에도 세상을 통째로 소화시킬 수 있는 아량을 가진 친구였기에 아마 저승에서 누구보다도 편하게 살고 있을 것이다.

인생의 기찻길에는 죽음이라는 역이 있다. 살면서 우리가 마음대로 할 수가 없는 것들이 너무 많듯이 죽음이라는 역이 우리 인생 선로에 있는 한 그 역을 피해갈 수가 없다. 생과 죽음은 내 의지와는 상관이 없다. 다들 주어진 운명 속에 살아가고 있을 뿐이다. 기쁘고 좋은 날에 보조를 맞추듯 슬프고 고되고 힘든 날들도 많다. 이를 극복하고 잘 산다는 게 그리 호락호락한 것만은 결코 아닌 것 같다.

주위에 가까운 분들도 많이 떠나갔다. 친구도, 존경했던 직장상사도, 그리고 아버지처럼 따르던 앞집 아제도 다들 말없이 떠나가셨다. 보고 싶은 얼굴들이 하나 둘 스친다. 저승 가면 만날 수가 있는 사람들일 것이라는 기대를 하고 나니 한결 마음이 가볍다.

(2011)

나의 공직(公職)생활

공직에 첫발을 디딘 것은 1978년 7월. 그러나 발령 후 한 달 남짓 만에 군(軍)에 입대했으니 공직생활을 본격적으로 시작한 것은 제대 후인 1981년 5월부터라고 해야겠다. 군에서 '말년병장'이 되면 사회에 나가 무엇을 할까 걱정을 많이 하는데 나는 그런 걱정은 없었다.

1. 상북면 복직

복직 첫날 산불이 났다는 소식을 듣고 마땅한 옷도 없고 해서 예비군복을 입은 채 상북면사무소로 출근했다. 면장과 대부분의 직원들은 산불 진화에 동원되었고 총무계장과 주민등록 담당자 두 분만 사무실을 지키고 있었다.

내가 태어나고 잔뼈가 굵은 상북면은 영남의 알프스다. 가지산, 신불산, 간월산, 고헌산 등 1,000미터 고지 이상의 높은 산들이 병풍처럼 둘러싸고 있다. 내 유년의 기억 속의 영남알프스는 겨울 내내 산등성이마다 불길이 줄을 지어 장관을 이루었다. 그때는 나물을 채취하기 위해 누군가가 일부러 불을 지른다는 소문이 나돌았다. 산불이 나야 억새나 잡초들이 타 버려 이듬해 햇빛을 흠뻑 받아 나물들이 지천에서 잘 자란다고 했다.

  옛말에 "신불산 나물 없인 언양장도 안 선다."고 했다. 복직하던 그해 대형 산불이 영남알프스 일대를 많이 태웠다는 기억만은 지울 수가 없다.

  복직 후 재무계에 근무하면서 농지세를 부과할 때의 일이다. 그때만 해도 겨우 계산기 한 대가 전산화의 전부였다. 농지세를 부과하려면 경작지인 논에 직접 가서 한 평 크기의 벼를 탈곡해서 그 양을 표준삼아 농지세를 부과해야 했다. 규정대로 부과했더니 예년에 비해 세수가 엄청나게 늘어났다.

  농지세를 부과하자 이장 한 분이 노발대발하며 달려왔다. 작년에 비해 배나 올랐다면서 농지세를 반으로 줄여 달라는 것이다. 이장이 직접 보는 앞에서 계산기로 금액 산정에 대해 투명하게 설명했더니 그는 거듭 '전년도'란 말만 되풀이했다.

  일 년 정도 재무계에 있다가 총무계의 사회업무로 보직이 바뀌었다. 요즘이야 기초수급자의 생활비는 현금으로 통장에 입금시켜 주지만 그 시절은 쌀이나 보리쌀 같은 현물을 저울에 달아서 지급했다. 섭씨 40도가 오르내리는 푹푹 찌는 양철지붕 창고에서 현물을 저울에 달거나 양곡을 실은 군청(郡廳) 덤프차가 오면 직원들과 60킬로그램짜리 쌀 포대들을 끙끙대며 내린 후에 창고에 쌓으면서 땀을 뻘뻘 흘린 기억들이 아직도 생생하다.

  그러다 총무계로 자리를 옮기면서 면(面) 전체 공문서를 다루고 군청 직원들과 교류도 넓혀가며 많은 것들을 배웠다. 재무나 사회 등 단위업무는 혼자서도 처리할 수 있었지만 총무는 면의 살림살이도 챙겨야 했으므로 직원들의 도움과 협조가 반드시 필요했다. 구성원들이 일을 잘 할 수 있도록 지원하는 업무였다. 항상 면장 주위에 서성이면서 겨울에는 수시로 난로에 기름을 넣어야 했고 손님들이 찾아오면 박카스나 커피 및 담배 심부름도 해야 했다. 자질구레하게 눈에 보이는 일은 다 내 업무라고 생각했다.

2. 울주군 보건소

4년을 면에서 보내다 보니 지루했고 희망이 안 보였다. 명분인지는 모르지만 군(郡) 전입고사를 거쳐 울주군보건소에서 1년간 경리업무를 보았다. 보건소 계장은 면사무소 계장과는 달리 너무나 무서웠고 엄격했다.

면에서는 면장만 상관으로 보였고 다른 상급자는 높은 분이라는 생각이 들지 않았다. 면장이 하도 무서워 '히틀러'라는 닉네임을 붙여주기도 했다. 그러다 보니 면장만 신경 썼지 부면장 이하 계장들은 안중에도 없었다.

3. 울산시 반구동

보건소에서 일 년 정도 근무할 때다. 울산시 인구가 50만이 넘어서면서 구청제(區廳制)로 바뀌면서 나는 1985년 7월 울주군에서 울산시로 강임된 상태인 9급으로 넘어오게 되었다. 시청 6층 대강당에서 백여 명에게 사령장을 주는데 나는 9급이라 최고 꼴찌로 발령장을 받았고 발령지는 중구소속 동구출장소 전하동이었다. 한 달도 채 안되어 8급 승진 겨우 원복 되어 전하동에서 중구 반구동으로 발령이 났다.

반구동에서 약 3년을 근무하였으며 직원들의 나이또래가 비슷했고 정도 많이 들었다. 1987년 7월 초대형 태풍 '셀마'가 전국을 강타했을 때는 반구로터리 일원이 허리까지 물에 잠겼다. 새벽녘에 핸드마이크로 주민들을 깨우러 다녔던 일도 있었고, 반구로터리 지하다방 몇 곳에서 양수기로 물을 퍼냈던 기억들도 생생하다.

보슬비가 오는 날에는 전봇대에 덕지덕지 붙은 불량광고물을 제거하러 다녔고, 때로는 어쩔 수 없이 망치(해머)를 들고 무허가 건물을 철거하기도 했다. 겁에 질린 아이들이 "아저씨 한 번만 봐주세요."라고 할 때는 마음이 아팠고 '직업을 잘못 선택했나?'라는 생각이 들기도 했다.

1987년 6월 항쟁에 뒤이은 6.29선언 후 10월에 직선제 개헌안을 놓고 국민투표를 실시할 때는 선거인명부를 수기로, 그것도 한자(漢字)로 먹지를 몇 장씩이나 넣어 손가락사이가 아프도록 꾹꾹 눌러 써야만 했다. 그 당시 선거업무가 떨어지면 며칠간은 밤을 새운 기억도 있다.

30여 년 전의 일이다. 그때만 해도 국민투표라고 찬성률을 올려야 한다며 투표마감시간이 임박해오면 위로부터 쓸데없는 지시가 내려오기도 했다.

그리고 노사분규의 시발점은 울산에서 시작되었다고 해도 과언이 아닐 것이다. 1987년 9월로 기억된다. 오후 두시 정돈가 구청에서 현대중공업 파업 노동자들이 효문사거리를 통과하고 있으니 현장 동향을 파악하라는 지시가 떨어졌다. 곧바로 오토바이를 타고 진장동과 우리 동의 경계지점인 '체육의 다리'로 나가보니 벌써 초대형 중장비 수백 대를 이끌고 라이트를 켜고 수천 명이 머리에 붉은 띠를 두르고 체육의 다리를 막 건너 반구 로타리로 향하고 있지 않는가. 마치 삼국지의 황건적이 연상되듯 정말 무시무시했고 그렇게 장엄하고 웅장한 영화 같은 장면은 그날 처음 보았다.

그들은 오후 늦게 시청을 점거했다. 그 날 저녁뉴스에 시민들로 부터 많은 빈축을 샀다는 보도가 나오기도 했다. 요즘이야 백만, 이백만이 모여도 대부분 평화적 시위로 끝나지만 그 날의 시위현장은 과격한 행동으로 분위기가 많이 삼엄했던 걸로 기억된다. 그 때 쌍 라이트를 켜고 초대형 중장비와 수많은 노동자들이 행진해 오던 것을 직접 목격했을 땐 유명했던 영화 '벤허'의 명장면이 떠올랐다.

호연지기를 키운답시고 구반 산악회(한백회전신)를 조직하여 주말마다 영남알프스의 산을 차례차례로 샅샅이 뒤진 일도 있었다. 매일 밤 장판도 제대로 깔려있지 않은 코딱지만 한 숙직실에서 옹기종기 모여앉아 새벽녘까지 고스톱을 치는 일도 많았다.

그 당시 반구동사무소는 임용득 동장님과 임종철 사무장이 계셨는데 임종철 사무장과는 그 후 같은 부서는 아니었지만 오랫동안 시청(市廳)에서 같이 근무를 했었다. 정년 후 얼마 살지 못하고 고인(故人)이 되신 지도 7~8년이나 된 것 같다.

임종철 사무장하면 내가 처음 엑셀 차(車)를 뺐을 때 나랑 둘이서 88고속도로를 타고 지리산 노고단으로 드라이브 간 기억들이 스친다. 훤칠한 외모와 잘 생긴 인물에 의리 있는 상사라 많이도 아쉽다.

내게 공직의 고향이 어디냐고 묻는다면 내 고향 상북면도 아니고 반구동이라고 감히 말하고 싶다. 그때의 정을 잊지 못해 반구동 옛날 직원들과 '반구팔우회'라는 모임을 만들어 지금도 석 달에 한 번씩 만나고 있다.

정년을 넘긴 회원은 허남대, 김병오, 류준수, 강수상이고 현직에 있는 회원은 강걸수, 박경란, 이태희, 김남희로 모두 합쳐 8명이다. 누구 하나 순박하지 않은 회원이 없다. 사회친구는 고향친구나 학교친구와는 달리 정년과 동시에 바람처럼 떠나가기 마련인데 이 모임만큼은 영원히 같이하고 싶다는 것이 나의 바람이다.

4. 울산시 동구청

반구동에 있을 때의 일이다. 보통 동사무소에서 1~2년이면 구청으로 발령이 나는데 나는 연고가 없어 그런지 매번 인사에서 누락되었다. 그러던 중 동구출장소가 동구청으로 승격된다는 소식을 듣고 나는 동구로 가겠다고 자원했다. 운 좋게도 곧바로 동구청 세무과로 발령이 났다.

그 당시 동구청 인사 담당자는 나와 절친한 고향친구였다. 동구 전입 3개월 만에 7급으로 승진이 되었다. 파격적인 인사였다. 면(面)에서 군(君)보건소 전입 시 9급으로 강임되었다가 시(市)로 넘어와서 8급으로 원상복귀는 되었지만 그때 강임의 영향으로 공무원 동기들보다 4~5년이나 뒤처져 있었다. 그런데 동구로 오자마자 석 달 만에 7급으로 승진했으니 친구 덕을 톡톡히 본 셈이었다.

이 친구는 공무원 동기에다 고향친구이자 '영원한 맞수'다. 일주일에 두세 번은 만나 꼭 바둑을 둔다. 남구청 행정지원국장으로 명퇴해서 현재 '울산광역시 내일설계지원센터'의 센터장을 맡고 있는 박계완이란 친구다.

5. 울산시청

동구에서 3년을 근무하던 중 1991년 시청 가정복지과로 발령이 났고 노인 업무를 담당했다. 그 당시 A동에 있었던 노인복지시설인 A양로원 이전 문제와 관련해 바로 내 직속상관이던 A계장이 구속되었다.

나는 실무자로서 훈계를 받았고, 구명을 위해 A지방법원에서 증인까지 섰지만 내 주장은 끝내 받아들여지지 않았다. 결국 A계장은 옷까지 벗게 되어 마음이 무척 아팠다. 어떻든 부정한 돈에 연루되었다는 것이 원인으로 작용했다. 나는 뇌물에 절대 현혹되지 않겠다고 다짐하는 계기로 삼았다.

가정복지과에서 1년 정도 있다가 건설과로 옮겨 토지보상 업무를 맡았다. 공업탑로터리 바로 인근 두왕로 상 일부 도로부지에 대한 부당이득금 반환 청구소송을 담당하게 되었다.

수십 년 전 공업탑로터리에서 조금 떨어진 두왕로 왕복 6차선 차도를 개인 소유의 땅이라고 주장하는 것을 수상히 여긴 나는 토지 브로커의 소행임을 확신하고 몇 날 며칠 시(市) 문서창고를 다 뒤져서 몇십 년 전의 보상 서류를 찾아내기도 했다.

6. 제35회 경남도민체육대회

사회진흥과에 근무할 때의 일이다. 김영삼 정부 시절인 1995년 체육 업무를 담당하고 있을 때 시·군이 통합되면서 군청 직원들이 시청으로 많이 넘어왔다. 사람 좋기로 소문난 신형우 과장과 한성준 계장을 만난 것도 바로 그 무렵이었다. 1996년 5월 7일부터 10일까지 4일간 '하나 된 경남, 세계로 미래로!'라는 슬로건 아래 제35회 경남도민체육대회가 울산시에서 열리기로 되어 있었다.

그때 나는 체육지원계 차석으로 엘리트 체육 업무를 보면서 경남도민체전 업무도 맡게 되었다. 총괄실무 책임자로서 나를 받쳐주던 7급 직원 K씨와 타자수 여직원 한 명을 합쳐 셋이서 체전업무를 담당해 나갔다.

총괄계획서 수립을 위해 포항시청을 찾아가 벤치마킹을 하는 등 혼신의 노력을 다했다. 사무실에 있을 때나 퇴근을 한 뒤에나 깊은 생각과 고민을 거듭하다보니 어느 시점에는 총괄계획서가 완성되었다는 확신감이 들었다.

완성된 계획서에 따라 분야별로 시행하기 위해 시장이 주재하는 부서장 회의를 서너 번 거치다보니 많은 것들이 내 머리에 쏙 들어왔다. 일을 하다 난관에 부딪히면 시장에게 보고해서 대책회의에 부치면 해결이 안 되는 것이 없었다. 행사가 잘되고 잘못되는 것은 생각의 깊이에 따른다는 생각도 가지게 되었다.

4억 원의 예산으로 행사 전반을 관장했다. 체전이 다가오자 시내 곳곳에 현수막이 걸리고 체전 분위기가 무르익어 갔다. 마치 내 붓끝에서 울산시정이 움직이는 것 같았다.

개막식 때의 일이다. 계획대로 곳곳에서 마스게임이 펼쳐지고 마지막으로 종합운동장 메인스타디움에 태극기 물결과 함께 정수라의 '아! 대한민국' 노래가 울려 퍼졌다. 고생한 보람이 있었고 참으로 가슴 뭉클한 순간이었다.

울산예총 협조 하에 섭외한 주현미, 현철, 윤수일, 한혜진 등 당시의 쟁쟁한 가수들의 축하공연은 분위기를 한층 더 고조시켰다.

요즘 큰 행사는 태스크포스 팀을 만들거나 기획사에 맡기지만 그때만 해도 대부분은 실무자가 전문가의 자문을 받아 직접 기획하고 계획을 수립해서 시행했다. 공무원 재직 기간 동안 가장 보람되고 큰 성과였다고 생각하며 자랑스러운 기억으로 남아 있다.

이는 나를 적극적으로 믿고 밀어 주었던 신형우 과장과 한성준 계장이 있었기에 가능했다. 특히 신형우 과장은 윗분들의 결재만큼은 시원스레 잘 받아 주었기에 일을 아무리 많이 해도 싫증이 나지 않았고 정말로 신이 났다.

7. 2002년 월드컵 유치

도민체전을 준비하면서 2002년 월드컵 유치 업무도 같이 추진했다. 모든 체전 팸플릿에 '2002년 월드컵은 한국에서, 울산에서!'라는 슬로건을 담아 월드컵을 시민들에게 알리는 데 혼신의 노력을 다했다.

그때 한·일 두 나라는 2002 월드컵을 서로 유치하려고 각축전을 벌였다. 도민체전이 마무리되던 시점인 1996년 5월 31일 스위스 취리히 FIFA 총회에서 제17회 월드컵을 한·일 양국에서 공동으로 개최하는 것으로 결론이 났다.

월드컵 역사상 2개국이 공동개최하는 것은 유례없는 일이었다. 일본은 3년 전부터 월드컵 유치에 뛰어들었으나 우리나라는 뒤늦게 출발해서 이룩한 쾌거였기에 더욱 기쁠 수밖에 없었다. 비록 내가 하위직이었지만 처음부터 끝까지 월드컵 유치 업무를 관여했기에 자부심 하나만은 대단했던 것으로 기억한다.

개막식은 서울에서, 결승전은 일본에서 개최하기로 양국의 합의가 이뤄지자 이젠 월드컵 업무가 발등에 떨어진 불이 되고 말았다. 월드컵 개최 도시 선정 등 대국민 담화문이 발표되자 시정의 최대 관심사는 단연코 월드컵 울산 유치 업무였고 심완구 시장은 신형우 과장을 'FIFA과장'이라고 불렀다.

그 무렵 큰 행사들을 치르는 데 있어 겸손함은 어디로 갔는지 우쭐한 생각과 얄팍하고 형편없는 자존심이 앞서 사람 좋기로 소문난 A과장에게 무례하게 대드는 일이 일어났다. 곰곰이 생각해보니 '계란으로 바위치기'였던 것 같다.

 못된 술의 힘으로 용서받지 못할 큰 실수까지 저지르고 말았다. 이 지면을 통해 진정어린 용서와 사과의 말씀을 정중하게 올리고자 한다. 내가 지금까지 살아오면서 저지른 가장 큰 실수였고 두고두고 후회를 하고 있다.

 1995년 도민체전을 치르고 2년 정도 월드컵 업무에 전념하다 광역시 승격을 눈앞에 둔 1997년 2월 6급으로 승진, 중구성남동으로 발령이 났다. 시의회 K의장 지역구가 성남동이었기에 내가 성남동으로 발령이 난 것 같았다. K의장과는 생활체육을 담당할 때 친하게 지냈다. 성남동 사무장으로 6개월 정도 근무하던 1997년 7월 15일, 울산시와 울주군을 합쳐 1군 4개 구청으로 구성된 울산광역시 승격의 경사를 맞게 되었다.

 광역시 승격과 동시에 나는 시청 문화관광체육과로 발령이 났다. 광역시 승격 이전에 내가 담당했던 2002년 월드컵 업무의 연속성을 위해 시(市) 인사부서에서 그 자리로 다시 발령을 낸 것 같았다.

 그때부터 본격적으로 2002년 월드컵 유치 업무 담당자가 되어 문화관광부에 신청서를 제출하는 등 바쁘게 움직였다. 월드컵 개최 도시의 조건은 국제규모의 축구장과 국내·외 선수 및 임원들의 숙박시설을 갖추는 것이었다. 축구장은 새로 건축하면 되지만 말이 광역시지 기초도시나 다름없는 여건에서 숙박시설을 짧은 기간 안에 확보하기란 여간 어려운 일이 아니었다.

 고민 끝에 경주보문단지가 승용차로 우리 시와 한 시간도 채 되지 않는다는 점에 착안해 경주시청의 도움으로 경주보문단지 내 호텔을 활용한다는 전제 하에 월드컵 유치 도시 신청서를 제출했다. 그랬더니 문화관광부 관계자로부터 긍정적인 답변이 돌아왔다.

경주보문단지 내 여러 호텔 및 경주시청과의 협약 체결 업무 등으로 분주하게 움직였고 경주시에서도 적극적으로 환영하는 분위기였다. 우리 시가 월드컵 유치 도시로 유리한 점수를 받은 이면에는 정몽준 FIFA(국제축구연맹) 부회장이 울산 출신이라는 프리미엄도 작용했던 것 같았다.

그 뒤로는 국내 경기의 울산 유치에 적극적으로 뛰어들었다. 울산은 부산과 인접해 있어서 지역 안배 차원에서 볼 때 불리했지만 광역시라는 점을 최대한으로 활용했다. 창원, 청원, 포항 등 몇몇 시는 스스로 포기하거나 탈락을 맛보았고 울산을 포함해 10개 도시가 한·일 월드컵 개최 도시로 결정되었다. 이제는 2002년 울산 월드컵의 경기장 위치와 구장 형태가 풀어야 할 숙제였다.

실무선이나 체육관련 단체에서는 중구 남외동 운동장을 국제규모의 종합구장으로 확장해서 월드컵 경기장으로 활용하자는 안이 지배적이었다. 심완구 시장이 최종 낙점을 한 끝에 현재의 울산체육공원에 축구전용구장을 건립하기로 가닥이 잡혔다. 결정 과정에서 난상토론과 논란이 거듭되었다.

지금의 울산체육공원은 부산 방향에서 오면 울산의 관문인 문수로 상의 옥현사거리에 약간 못 미쳐 오른쪽 8차선 대로와 붙어 있다. 격동저수지가 중간에 있었고 그 일대는 산으로 둘러싸인 그린벨트 지역이었다. 처음 군용 헬기로 공중 답사에 나섰다. 그 일대 28만여 평 부지에 축구전용구장을 포함한 체육공원을 조성하기로 결정이 났다.

2002년 월드컵까지는 불과 5년밖에 남지 않았다. 전국 설계 공모를 거쳐 포항제철 계열사인 POS-AC에서 축구전용구장 건설을 맡게 되었다. 행정 절차를 진행하기 위해 건축직 공무원인 K사무관과 함께 서울 포스코 등지로 출장 다닌 일들이 주마등처럼 스친다.

축구전용구장으로 결정할 당시에는 반대론도 만만찮았다. 부산, 대구도 향후 활용도 측면에서 전용구장이 아닌 종합구장을 건립하는데 도시 규모가 훨씬 작은 울산에서 축구전용구장을 조성한다는 것은 사리에 맞지 않다는 이유 때문이었다. 그럼에도 축구전용구장을 조성하기로 결정한 것은 심완구 시장의 밀어붙이기식 행정에 밀린 탓이라고만 생각했다.

실무자인 나는 은근히 걱정이 되었다. 시장의 독선을 막지 못하고 축구전용구장을 무리하게 조성한다면 향후 상응한 책임이 따르지 않을까 하는 생각마저 들었다. 혹시 있을지도 모를 청문회에 대비해 결정과정 등을 상세히 기록하고 문서화해서 자료로 남겨 놓았다.

그때 담당 계장은 내무부 출신으로 광역시 승격 당시 울산시로 전입해서 처음 월드컵 업무를 보았던 신동길 사무관이었다. 그는 그 무렵 월드컵 업무로 심완구 시장의 신임을 얻어 내무부 전입 동기들 중에서도 가장 선두주자라는 평을 들었던 것으로 기억된다. 지금은 남구 부구청장으로 재직 중이다.

월드컵 하면, 그 때만 해도 완전히 생소한 업무였다. 4~5년 동안 월드컵 유치부터 월드컵구장 부지 선정 및 구장 형태를 종합구장으로 할 것인지 아니면 축구전용구장으로 할 것인지 결정에 있어 처음부터 끝까지 관여해서인지 다른 업무에 비해 애착이 많이 갔다.

지금 이 시점에 울산체육공원 월드컵 축구전용구장을 보면 참 다행이라는 생각이 든다. 울산은 현대라는 프로축구단이 있어서 축구전용구장으로서의 활용가치가 충분하기 때문이다.

심완구 시장은 기존의 남외동 운동장을 국제규모의 종합운동장으로 확장하기도 했다. 지금 생각해 보면 심 시장의 안목은 우리와는 확실히 달랐다. 그는 28만여 평의 체육공원 안에 축구전용구장은 물론 보조구장, 실내수영장, 야구장, 양궁장, 산책로까지 들어설 수 있도록 여건을 갖추어 놓았다.

울산대학교 개교 30주년 기념 철 페스티벌 행사 때에 시(市)에서 울산대학교에 예산 일부를 지원했더니 '월드컵 대형 축구공' 철 작품 한 점을 우리 시로 기증해왔다. 우리 실무진에서는 월드컵구장 내 포토 존에 설치코자 검토하였으나 최종 결재과정에서 심완구 시장은 월드컵구장을 전국에 알리려면 월드컵구장 안보다는 밖인 월드컵구장과 가까운 문수로 대로변에 세워야 한다고 했다.

곰곰이 생각해보니 심 시장의 말이 맞았고 보는 눈과 시야가 넓었다. 대부분의 시장들은 대개가 실무자의 의견에 따르기 마련인데 내가 겪은 심완구 시장은 많은 분야에서 예리했다. 지금도 월드컵 대형 축구공이 서있는 그곳을 지나다보면 그때 일들이 떠오르곤 한다.

그밖에도 심완구 시장은 울산대공원 조성, 실내체육관 건설, 외곽도로 개설 등 굵직굵직한 사업들을 펼쳤고 '광역 울산'의 큼직한 밑그림들을 참 많이도 그렸다.

8. 처용문화제, 문화상

그러다가 문화관광체육과가 문화관광과와 체육지원과로 분리되었고 나는 문화관광과로 발령받아 담당 업무가 체육에서 문화예술로 바뀌었다. 문화관광과는 문화체육국의 주무과로서 얼마 지나지 않아 나는 국 차석이 되었고, 담당업무는 처용문화제와 울산시 문화상을 5년 정도 맡게 되었다. 문화관광과는 얼마 안가서 또다시 문화예술과와 관광과로 분리되었고 나는 여전히 주무과인 문화예술과에 그대로 남게 되었다.

그 당시 처용문화제는 공설운동장, 태화강 둔치, 체육공원, 문화공원 등에서 번갈아가며 4일간 열리는 종합축제 행사로서 적어도 두세 달 전부터 준비를 해야 하는 시(市)에서도 비중이 큰 업무였다. 처용문화제 사무처가 신설되어 거기까지 관장하다보니 업무범위가 넓어만 갔다.

문화상은 시(市)에서 가장 권위 있는 상(賞)으로 학술 등 8개 분야로 1명씩을 엄선해서 400만 원씩의 시상금을 지급했으므로 대상자를 선정할 때는 신중을 기했다. 일간지에 공고하여 신청자가 접수되면 사실여부를 확인하고 분야별 심사위원을 구성하는 등 신경이 많이 쓰였다. 심사위원을 위촉한 후 극비로 한다는 게 여간 어려운 일이 아니었다. 심사위원을 알려달라는 로비도 많이 들어오는 등 8개 분야별로 수상자가 결정되면 뒷말이 무성하기도 했다.

떨어진 분들께서 간혹 심사위원 위촉부터 잘못 되었다는 등 항의 전화도 많이 왔다. 하여튼 경쟁자도 많았고 보통 업무는 아니었던 걸로 생각난다. 요즘은 조례 개정을 거쳐 '문화상'과 '시민의 상'을 합쳐 '시민대상'으로 통합하여 자치행정국에서 시행하고 있다.

이런저런 노력과 문화예술단체의 적극적인 지원과 성원에 힘입어 그 옛날 강임의 영향으로 신규임용 동기들보다는 많이 처졌지만, 그래도 6급 승진 동기들 중에서는 A모씨와 함께 비교적 빠르게 사무관에 승진할 수 있었다. 이는 박맹우 시장이 나를 잘 봐준 덕분에 내 능력에 비해 빨리 사무관으로 승진할 수 있었다고 생각한다.

박맹우 시장은 광역시장이 되기 전 우리 내무국의 국장이었고, 정말 자상한 분이었다. 체육 업무는 종목별 체육행사 때마다 시장의 '인사문안'을 작성해야 한다. 내가 쓴 인사 문안을 국장에게 먼저 보여주면서도 슬며시 어깨너머로 훔쳐보면 내가 봐도 말이 되지 않는 경우가 많았다.

박맹우 국장은 담배 연기를 내뿜으며 굵은 만년필로 거의 다 수정을 하면서도 짜증을 부린 적은 한 번도 없었다. 그때마다 박맹우 국장은 다 고쳐 놓고는 항상 내 이름을 불러 주었기에 언제나 마음 편한 동네 형님 같은 생각이 들곤 했다.

박맹우 국장은 하위직 공무원들에게 덕을 많이 베풀었고 울산광역시장에 당선된 것도 후덕한 성품 덕분이 아니었을까 하는 생각을 가끔씩 해본다. 시민들의 성원으로 3선 연임까지 했기에 행정의 연속성과 탄력을 바탕으로 '에코폴리스 태화강'의 기적도 이루어낼 수 있었다는 생각을 지울 수가 없다.

내가 이 시점에서 박맹우 시장에게 잘 보이려고 이렇게 아부 같은 글을 쓰는 것은 결코 아니다. 그 당시 내가 느꼈던 사실 그대로 숨김없이 솔직하게 쓰려고 노력했다는 점을 밝히고 싶을 뿐이다.

뒤돌아보면 남들보다 뛰어나지는 않았지만 묵묵히 주어진 일에는 성실하게 임했다고 생각한다. 1991년 울산시청에 첫발을 디딘 이후 일반시 7급 차석 7년, 광역시 6급 차석 7년 등 총 14년을 시(市)에서 차석으로만 근무했다.

이른바 '요직부서'는 거치지 못했지만 제35회 경남도민체전, 2002년 월드컵 유치, 처용문화제 및 문화상 등 굵직굵직한 시 단위 문화행사들을 담당했고 많은 일들을 별 무리 없이 추진했다고 자평하고 싶다.

9. 북구 송정동장, 과장

2004년 6월에 지방행정사무관으로 승진했다. 내가 원하는 곳은 고향 울주군 상북면이었다. 울주군은 자리가 없다고 해서 2004년 7월 북구 송정동장으로 발령이 났다. 시청에서 국(局) 주무계 차석으로 있다가 일선 동장이 되고 보니 동(洞)을 중심으로 한 봉사단체 관리가 주된 업무였다.

그 당시는 주민자치위원들이 교체되는 시점이어선지 탈락되는 자치위원들의 원성이 많았고 쉽게 정이 들지도 않았다. 일선 기관장이라는 동장 직위가 결코 쉽지만은 않았다.

내 고향은 일가들만 모여 사는 40여 호 남짓 되는 진주 강씨 집성촌이다. 이상하게 내무공무원은 나 하나뿐이었다. 동네 아제나 형님들은 "고향 상북면으로 왔으면" 하는 말들을 자주 하곤 했다. 특히 내 의사와는 전혀 관계없이 동네 어른들은 우리 일족인 K의원께서 문중회의나 선거철이면 우리 동네를 자주 찾았었다. 그 때마다 동네 아제들은 K의원에게 나를 면장으로 올 수 있도록 부탁한다는 말들도 많이 한다고 했다. 물론 인사치레라는 것도 잘 알고 있지만 나 자신도 어머니가 살아 계셨기에 그 미련을 버리지 못하는 것 또한 엄연한 사실이었다.

2006년 구청 재난관리과장을 하면서도 고향 울주군 상북면으로 가야겠다는 생각에 A 군수부터 먼저 찾았더니 겉으로는 흔쾌히 받아들이는 것 같았다.

A 군수가 울주군수로 부임하기 직전에 시(市) 정무부시장 직을 맡고 있을 때 결재를 받으러 두세 번 들어가 본 적이 있어서인지 군수도 금방 나를 알아보는 눈치였다. 대화 끝에 A 군수로부터 '시(市)에서 보내 주면 군(郡)에서는 받아 주겠다.'는 다짐을 받았다.

그래서 용기를 내서 박맹우 시장을 찾아갔다. 처음에는 A 군수 얘기는 안 하고 울주군으로 보내 달라고 했더니 박맹우 시장은 대뜸 "알았다."고 했다. 순간 나도 모르게 기분이 들뜬 나머지 A 군수도 나를 받아 주기로 했다고 말했더니.

"A 군수가 널 보내 주나?" 하면서 나를 나무랐다. 그때서야 "아차! 잘못 말씀드렸구나." 하는 생각이 들었다. 성의로 가져 간 발렌타인도 전하지 못한 채 찝찝한 심정으로 발길을 돌려야만 했다. 괜스레 A 군수 얘기를 끄집어내는 바람에 일을 그르쳤다고 생각했다.

상북면장에 더 이상 목을 매지 않겠다고 각오를 다진 것은 바로 그때부터였다. 그렇지만 나는 확신한다. 그 일을 계속 추진했더라면 박맹우 시장은 나를 분명히 울주군으로 보내 주었으리라고 말이다.

그래서 북구에서 공직을 마무리하기로 결심했다. 짧게는 1년, 길게는 3년 단위로 재난과장, 경제교통과장, 복지지원과장, 의회사무과장, 보건행정과장을 차례로 거쳤다. 북구청 내에서 부서장만 정확히 십 년을 한 셈이다.

10. 희망근로사업

복지지원과장의 전신인 생활지원과장 때의 일이다. 2009년 6월부터 신바람 나는 희망근로사업이 시작되었다. 취약계층의 한시적 생계지원책인 임금을 상품권으로 지급해서 취약계층은 물론 재래시장과

골목상권도 살리자는 두 가지 목적을 담고 있었다.

9월 1일부터 68개 사업장에 800여 명의 근로자들을 매일같이 투입하는 희망근로사업은 일 년 가까이 지속되었다. 기존의 공공근로사업과는 달리 생산적이고 창의적인 사업들을 발굴할 수 있었다. 동천강 둔치를 활용한 '청보리 재배단지 조성, 재생자전거 활용·수리, 메밀밭 조성, 동천강 제방겸용도로 이팝·벚나무 심기' 등 많은 일들을 처리했다.

특히 하헌주 계장이 제안한 강동사랑길 조성사업도 희망근로사업의 업적 중 하나였다. 사랑길 조성에만 그치지 않고 주인석이라는 걸쭉한 작가를 섭외해서 스토리텔링 책자도 만들었다. 의외로 반응이 좋았고 전국에 사랑길을 알리는 데 눈부신 공을 세운 셈이 되었다.

내 개인적으로 주인석 작가는 처음으로 내게 수필공부를 지도해주신 사부님이시기도 하다. 내가 수필공부를 3년 정도 한 시점이라 업그레이드 단계에서 헤어지게 되었다. 계속해서 주인석 작가에게 수필지도를 받았더라면 많은 도움이 되지 않았을까 하는 생각은 지금도 변함이 없다.

사업 현장을 뛰어다니며 동분서주한 기억들이 인상 깊게 남아있다. 그 당시 나를 포함하여 하헌주 주무계장, 초금희 계장, 실무자인 윤상식 주무관 등 우리 네 사람은 손발이 척척 맞아떨어졌다. '신바람 나는 희망근로사업'을 성공적으로 마무리했다고 자신 있게 말하고 싶다.

11. 북구 의회사무과장

2012년 1월 1일 의회 사무과장으로 발령이 났다. 전혀 뜻밖이었다. 인사는 뚜껑을 열어 봐야 안다고는 하지만 보통 하루 전에는 알기 마런인데 의회 발령은 게시판에 뜰 때야 비로소 알았다. 의회는 구청과의 가교 역할을 하기에 의원들과의 관계도 돈독해야 하는데 나는 이런 점에서는 늘 부족하다고 생각했다. 나를 의회사무과장으로 발령 내리라곤 전혀 예상치 못했다.

어떻든 의회 발령 후 며칠 지나고 보니 너무나 자유로웠다. 인사권자는 구청장이지만 일단 발령이 나면 의회는 구청과는 별도의 독립기관이므로 구청의 지휘선상에 있지 않다. 구청의 주·월간 보고회나 또 다른 각종 보고회에 일절 참석치 않아 너무나 편했다. 의원들과 잘 지내면 만사형통이란 생각이 들었다. 동유럽 해외여행도 갔다 오고 회기가 끝날 때마다 설악산, 한라산, 전라도, 강원도 등 전국 어디든 안 가 본 데가 없을 정도로 많이 돌아다녔다.

2년 6개월 동안 의회에 있으면서 비회기 중에는 신간 단행본은 물론 삼국지, 객주, 카라마조프의 형제들, 초한지, 조선왕조사 등의 책을 참 많이 읽었다. 지나고 보니 글쓰기 공부에 도움이 많이 되었다. 의회는 구청 집행부와는 달리 도서구입비 예산이 별도로 책정되어 있어 내가 원하는 책은 마음대로 구입할 수 있었다.

제5대 전반기 말기의 안승찬 의장과 후반기의 윤치용 의장과는 임기가 끝날 때까지 함께 보냈다. 두 분 의장과 정윤석, 강진희, 이수선, 이홍걸, 이혜경 의원에게도 진심으로 감사를 드린다. 의회 사무과장으로 발령내어주신 윤종오 구청장께도 감사의 말씀을 올린다.

38년 6개월의 공무원 생활 기간 중 가장 마음 편하게 발 쭉 뻗고 출·퇴근했던 시기가 의회 사무과장 할 때였던 것 같다. 5대 의회를 끝으로 보건소 행정과정으로 발령이 났다.

12. 보건소

'메르스'라는 신종 감염병이 전국을 강타할 때였다. 조급한 내 성질 때문에 심성 좋기로 소문난 메르스 담당여직원을 울렸다. 이유인즉 눈 코 뜰 새 없이 바빠 죽을 지경인 그 여직원에게 내가 묻는 말에 제대로 된 답을 못 한다고 다그친 결과였다.

지금 생각해보면 내 자신이 너무 한심하다는 생각이 든다. 하지만 그 순간뿐, 언제 그랬냐는 듯 금방 평상시처럼 대해준 그 담당 여직원에게 이 기회에 정말 죄송하다는 말을 전하고 싶다. 언제나 밝은 미소와 정감이 넘쳐 흐르는 모습, 이제 가면 언제 다시 볼 수 있으려나.

또 한 번은 성격이 올곧아 보이는 보건소 최고 막내 서무담당자 K 직원이 내게 하소연을 하는 것이 아닌가. 나이 많은 여직원 한 분이 별것도 아닌 서무 일에 자주 발목을 잡는다는 이유였다.

그 순간 30여 년 전 내가 면(面)에서 서무 볼 때 공휴일 당직 편성 건으로 동료 직원이랑 다투었던 생각이 떠올랐다. K 직원에게 서무란 원래 여러 직원들을 상대하는 업무라 직원들과 마찰이 일어나는 것은 어쩜 당연하다고 차분히 설명했다.

너에게 발목을 잡는다는 그 분은 나이로 보면 너에게는 이모뻘이나 되는 연배인데 인내하는 법을 먼저 배워야 한다고 조용히 타일렀다. 그리고 대체로 처음 시작하는 새내기 직원들은 대부분 모가 나기 마련인데 그 모난 부분들을 닳고 닳아 둥글게 만들어야 됨을 강조했다. 그래야 시청이나 다른 부서에 가더라도 일을 무난히 처리할 수 있지 않겠는가라고 말했더니 내 말에 공감이 되었는지 곧바로 "알겠습니다!"라고 인사를 꾸뻑하고 제자리로 가는 것이 아닌가.

그리고 1년 후 인사발령이 나 헤어질 때 회식자리에서 서로 술잔을 권하면서 "그간 과장님 밑에서 인생 공부 많이 하고 갑니다." 라고 했을 때 정말 흐뭇했다. 살다보면 이런 좋은 기억들이 오래 가는 것 같다.

메르스 여파인지 보건행정과장자리는 기술 전문직으로 대체해야 한다는 말들이 오고 가더니 때 마침 2016년 1월 정기인사에서 보건소 과장 자리는 행정 직렬은 없어지고 보건·간호·의료기술 직렬만으로 바뀌었다. 만약 그때 보건소 행정직 과장 자리가 없어지지 않았더라면 나는 보건소에서 공직을 마무리 했을 것이다. 내 자리는 보건직렬 과장에게 넘겨주고 나는 최 일선 동(洞)으로 자원했다.

13. 두 번째 송정동장

2016년 1월 사무관 첫 발령지인 송정동장으로 다시 발령이 났다. 송정동과는 전생에도 인연이 있었는지 두 번째로 맡게 된 것이다. 옛날 통장, 자치위원 등 아는 분들이 많아서 마치 고향에 온 기분이었다. 현재의 동장 직에 크게 만족하고 있다. 1년이란 눈 깜짝할 기간이다.

14. 제18호 태풍 "차바" 강타

자서전겸 수필집 준비 차 학습휴가 기간 중 태풍 '차바'가 울산을 강타했다. 2016년 10월 5일 새벽부터 물 폭탄이 퍼붓더니 북구 매곡동 374mm, 울산공항 280mm, 울주군 삼동면 319mm, 시간당 최대 139mm로 71년 만에 울산을 삼켜버렸다고 전국에서 떠들썩하다. 휴가를 반납하고 출근하는데 우정삼거리와 상방사거리 등 시내 곳곳이 온통 물바다로 변했다.

평소 30여 분이면 충분한데도 한 시간도 더 걸려 겨우 사무실에 도착한 뒤 피해가 심각하다는 화동 수해현장으로 달려가니 무룡산에서 쏟아지는 흙탕물이 주택가를 덮치고 있었다. 3년 전 태풍 삼바 때 범람한 그곳에서 똑같은 현상이 벌어지고 있었다. 그곳 주민들은 구청 등 관계기관과 국회의원들에게 몇 번이나 건의했는데도 똑 같은 일이 되풀이 되었다고 분통을 터트리고 있다.

그 외에도 송정댐이 터진다고 인근 주민들이 송정초등학교로 대피했고, 철로가 끊겨 동해남부선이 불통되는 등 피해가 엄청나게 컸다. 무룡산에서 쏟아지는 흙탕물은 복개천으로 흘러가지 않고 인근 주택가를 덮쳐 화봉사거리 일대 지하층에 황토물이 꽉꽉 차는 등 시가지 전체가 검붉은 황토물로 아수라장을 방불케 했다. 산에 있던 잡목들이 갑작스런 홍수로 떠내려 와 복개 천 입구 우수받이를 꽉 막아 버린 게 원인이었다고 인근 피해주민들의 원성은 대단했다.

약 열흘간 피해 복구 작업을 하면서 항의 전화도 많이 받았다. 어떤 분은 동장이 피해가 심각한 개인 상가지역에 한 번 나와 보지 않는다는 이유로 동에 찾아와 중앙에 보고를 한다는 등 나를 완전히 죄인 취급한 분도 있었다. 어떻든 서로 화해는 하였지만 씁쓸했다.

울산 전체에 3명이 사망하고, 태화시장은 쑥대밭이 되었고, 태화강 십리대밭도 완전히 뻘밭이 되었다. 울주군 반천현대아파트와 삼동초등학교는 하천가에 있어서인지 삽시간에 아파트 지하주차장 및 학교 전체가 물에 잠겨 큰 피해를 입었고, 그 외에도 강동에 저수지가 터지는 등 대안동 농로가 수십 개소나 끊겼고 태화강 둔치에 주차해 둔 차들은 지붕만 보일 뿐 완전 침수되는 등 시내 전체가 마비되고 말았다.

대곡댐을 조성하고 난 뒤 최근 십사오 년은 자연재해가 거의 없었는데 이번 '차바' 태풍은 피해가 너무 큰 것 같다. 숱한 기간 동안 산불, 설해, 한해, 수해 등 수많은 자연재난을 겪었지만 이번이 최고로 큰 재앙인 것 같다.

이웃 강동 대안동 어느 축산농가에서는 한우 43마리 중 15마리가 폭우에 떠내려갔다고 했다. 그중 다섯 마리는 살아서 돌아왔고 한 마리는 죽은 사체로, 나머지 아홉 마리는 실종되었다고 한다.

특히 살아서 돌아온 다섯 마리 중 한 마리는 강동 앞 바다까지 떠내려갔다가 구사일생으로 헤엄쳐 살아왔다고 했다. 소를 사람에 비유하여 "한 마리는 구사일생으로 살아서 돌아왔고, 아홉 마리는 실종되었다."고 했을 때 우리는 폭소를 자아내기도 했다. 이는 관할 동장이 전 동장이 모인 가운데 웃자고 한 말이지만 틀림없는 사실이었다.

이리 저리 피해현장을 뛰어다녔고 구청 직원들은 매일 4~50명씩 투입되었다. 현대자동차 노조원, 군인, 의경, 동 사회단체에서도 자발적인 봉사와 협조로 피해 복구는 서서히 마무리 되어 가지만 피해의 상흔은 너무 큰 것 같았다. 이제 비상근무를 하고 싶어도 할 수 없는 시간들이 점점 다가오고 있다.

2016년 제18호 태풍 '차바'는 현직 공무원으로서 나의 마지막 비상근무로 기억 속에 오랫동안 남아 있을 것 같다.

15. 성찰

일 년간 동(洞)에 있으면서 점심은 직원들이 번갈아가며 매일 사무실에서 준비한다. 동 직원들이 한 식구가 되어 점심시간은 정말 오붓하고 행복한 시간이다. 점심을 먹을 때는 가벼운 업무 이야기도 하지만 어떨 땐 나의 인생사나 그간의 공직 경험들을 들려줄 때도 있다. 다들 신기한지 솔깃하게 들어 주는 직원들이 너무나 고마웠다.

퇴임 준비를 위해 자서전겸 수필집을 준비할 때면 저녁은 물론 야참까지 챙겨 주는 따뜻한 직원들의 배려심은 평생 잊지 못할 것 같다.

일 년 정도 빨리 동장으로 나왔으면 하는 아쉬움도 없지 않았다. 하지만 나를 직장 상사라고 깍듯이 예를 다하는 손삼승 사무장과 김정희, 모선홍, 김현기, 이순교, 김윤경, 이이경, 이슬아, 이지혜 주무관, 그리고 복지도우미로 근무하는 김현주, 나미경씨 등 직원들에게 진심으로 감사를 드린다.

나는 이렇게 생각한다. 직원들에게는 올바르게 처신을 해야만 참다운 권위가 생긴다고 말이다. 힘을 과시해 옳지 못한 행동을 할 때는 결국 자신도 망치고 권위도 잃게 된다는 것을 늘 염두에 두곤 했다.

북구에서 정확히 12년 6개월 동안 구청 과장과 송정동장을 지내면서 희망근로사업 외에는 별로 내세울 것이 없다. 하지만 부서장으로 일을 잘 할 수 있도록 직원들을 늘 가슴으로 대했다는 생각만은 버릴 수가 없다.

직원들에게 '형이야, 아우야'하며 서로에게 볏단을 져다 날라 주었다는 초등학교 때 읽은 '의좋은 형제' 이야기를 자주 들려주곤 했다. 서로 배려하고 양보할 때만이 믿음이 생기고 조직이 활성화 된다는 것을 입버릇처럼 강조했다.

결재를 할 때 직원들을 칭찬하고 격려해 주면 돌아가는 직원들의 발걸음이 그렇게 경쾌할 수가 없다는 사실을 몸으로 느낄 수 있었다. 물론 직원들을 나무랄 때도 있었지만 반드시 퇴근 시간 이전에는 아픈 감정을 풀어 주려고 애를 썼다. 직원들을 심하게 야단치고 나면 내 마음 또한 많이 아팠다.

구청에 있을 때 시(市)로 올라갈까 하는 마음도 있었지만 승진된다는 보장도 없고 1~2년 서기관으로 승진해 봤자 무슨 의미가 있을까 하는 생각이 들기도 했다. 북구에서 마무리하기로 결심을 하니 한결 맘이 편했다.

북구에 있으면서 4년제 대학을 졸업할 수 있었고, 영산대학교 평생교육원을 1년간 수료한 덕에 2급 사회복지사 자격증도 취득할 수 있었다. 무엇보다도 3년 동안은 매주 토요일 오후 4시부터 6시까지 경주 동리목월문예창작대학에서 수필 심화반 과정을 수료했고, 그 밖에도 아카데미 인문학 수업을 들으며 틈틈이 글쓰기 공부도 했다. 본격적으로 글공부 시작 오륙 년 남짓, 지난 2016년 7월에 '한국수필'을 통해 수필가로서 문단에 정식 등단한 일이 가장 큰 결실인 것 같다.

나는 '인과응보'라는 말을 자주 인용한다. 돌이켜보면 시(市)에서 14년간 실무자로서 수많은 행정의 노하우를 터득했다. 속담에 '알아야 면장을 한다.'라는 말이 있듯이 어떤 일에 부닥쳐도 늘 자신감이 있었다.

북구청에서 동장과 과장이 되고 보니 모든 것이 훤하게 다 보였다. 북구(北區) 근무 12년 6개월은 행복한 '내 인생의 정상'이었다고 감히 말하고 싶다. 이상범, 강석구, 윤종오, 박천동 네 분의 훌륭한 구청장과 함께한 시간은 더없이 소중하고 행복한 날들이었다. 특히 1년을 남겨둔 짧은 시점에서 나를 송정동장으로 발령 내어주신 박천동 구청장께 다시 한 번 고마움을 전한다.

이제 얼마 후면 공직을 떠난다는 생각을 하니 가슴이 아려 온다. 전산화가 전무했던 시절 검은 등사기 하나로 공문서를 만들어 자전거를 타고 일일이 이장 집을 찾아가며 돌리던 기억이 지금도 생생하다.

시대가 많이 변했다. 스마트폰 하나면 안 되는 게 없는 세상으로 바뛰었고, 반세기 만에 민주화도 일등 선진국 수준에 도달했다. 그 대열에 미력하나마 일조했다는 긍지와 자부심을 가지고 싶다.

우리 집에서 북구청까지는 15킬로미터 정도다. 삼일교를 막 지나면 활짝 핀 벚꽃에서 봄을, 확 트인 활주로의 단풍잎에서 가을을, 드물긴 해도 하얀 설경에서 겨울을 감지할 수 있다. 철철이 옷을 갈아입는 가로수에서 계절의 변화를 피부로 느끼게 되는 것이다.

나는 운이 좋다고 생각한다. 내가 무사히 영예롭게 정년을 마칠 수 있었던 것은 아내와 가족들의 헌신이 있었기에 가능했다. 또 한편으로는 하늘나라에 계신 부모님이 지켜준 덕분이라고도 생각한다. 사춘기 어릴 적 꿈속에서 붉은색 곤룡포를 입고 나타나시어 내 오른쪽 손바닥에 붉은 관인을 찍어주시던 아버지의 그 현몽 때문에 지금의 내가 존재한다고 생각한다.

지난 세월 속에 힘이 들고 가슴이 답답할 때면 아버지를 찾았다. 이상하리만큼 그곳에만 가면 마음의 평정을 되찾곤 했다.

그간 38년 6개월의 공직생활(公職生活)을 돌이켜보니 숱한 기억들이 새록새록 되살아나면서 한없이 숙연해진다. 내 인생의 나이도 벌써 길가에 떨어진 노랗게 물이 든 은행 나뭇잎처럼 겨울의 문턱에 와 닿은 것일까.

(2016. 11)

소망의 길이어라

리 헌 석(詩人, 저자의 친지)

그리움으로 별을 닦는다.
먼 옛날 신단수 감돌던 노래가
푸르게 살아나서
산을 넘어 달리리라
강을 건너 달리리라
그대를 향한 뜨거운 소망으로
여기, 길을 연다.
그대와 나의 맑은 눈빛이
새 역사를 쓰면
어둠 사이로 무지개가 솟으리.
가슴에 묻은 시련도
고운 꽃으로 피어나리.
길은 언제나 반가운 만남이려니
찾아오는 사람이나
떠나는 사람이나
고향처럼 살가운 것이려니
이제 여기,
하늘처럼 눈부신 약속의 땅에
정겨운 소망을 심는다.

어머니의 작은 유언

가슴이 철렁 내려앉았다. 만감이 교차한다는 말은 이를 두고 하는 것일까. 어머니가 2014년 5월 2일 5시 5분에 운명하셨다. 예상이 된 일이었지만 막상 어머니를 다시 볼 수 없다는 생각을 하니 주체할 수 없는 중압감이 밀려왔다. 새벽녘 시 외곽 요양병원에서 돌아가시다보니 우리 4남매는 어머니의 임종을 아무도 지켜주지 못한 불효자가 되고 말았다.

엊그제 아들 경동이랑 갔을 때도 눈만 꽉 감고 계셔서 '어머니, 경동이 왔으요.'라고 불러보았지만 내 말을 듣고 있는지 만사가 귀찮은 건지 알 수가 없었다. 일 년 남짓 전 요양등급 1급 판정을 받고 노인전문 요양원과 병원을 번갈아 오가며 입·퇴원을 반복하다가 끝에는 막내가 있는 서울삼성병원에서 입원하셨다가 폐렴으로 판정받아 서울요양병원에서 3개월 정도 계시다가 다시 울산으로 내려와 한 달여 만에 요양병원에서 숨을 거두셨다.

어머니는 2차 대전 때 원폭이 투하된 히로시마에서 어린 시절을 보내다 해방 직후 현해탄을 건너왔었다고 하셨다. 대가족을 이끌고 외할아버지는 우리 동네와 조금 떨어진 처가 곳에서 살았다고 하셨다.

외할아버지가 사진사로 활동하여 가족들이 겨우 목숨만은 연명할 수 있었다고 하셨다.

외할아버지는 끼니를 해결하기 위해 갑자기 어머니를 아버지에게 시집을 보냈다고 하셨다. 신혼의 꿈도 채 가시기 전에 아버지는 일제 강제징용에 끌려가서 전쟁 물자를 운반하는 등 갖은 고생을 다하셨다고 한다. 대부분은 전쟁과 난리 통에 거의 죽어서 돌아왔지만 아버지는 하늘이 돌봤는지 살아서 오셨다고 했다.

그 후 아버지는 대대로 이어온 가난에서 벗어나려고 작은아버지와 힘을 합쳐 매년 전·답을 사다시피 해서 몇 년 만에 동네에서 2등가라면 서러울 정도로 재산도 많이 일구었고 송아지도 몇 마리를 사서 배내기로 주었다고 했다. 어머니는 이 시기가 가장 행복했던 시기였다고 하셨다.

내가 어릴 때 어머니는 2~3년 주기로 편도염을 앓으셨다. 편도염이 오면 어머니는 한 열흘 정도는 물 한 모금 넘기지 못하고 굉장히 괴로워하셨다. 집안 분위기는 온통 먹구름으로 가득 찼다. 그 당시 편도염의 특효약은 구렁이알이었다. 구렁이알을 목 안에 품으면 편도염이 빨리 낫는다는 민간요법을 알게 되어 효과를 많이 보신 것 같았다.

편두염이 곪아터지는 날이면 어머니는 물론 우리들도 날아갈 듯 좋았다. 곧바로 물동이를 이고 물을 길어 밥을 짓는 어머니의 그 환한 모습들은 지금도 잊을 수가 없다. 아버지가 온 동네 사방팔방 수소문하여 구렁이알을 구하려고 애를 쓰기도 했던 기억들이 생생하다.

아버지는 3남 1녀 자식들을 남긴 채 우리 곁을 떠나가셨다. 그때 어머니는 서른여덟이셨다. 형은 중학생이었고, 나는 초등학교를 다녔으며, 여동생은 7살, 막내는 겨우 3살이었다. 기계화가 안 된 탓에 농사

일은 전부가 수작업이라 끝이 없었다. 그 때 머슴 살던 일꾼들은 울산 현대조선소와 자동차 공장이 생기면서 용접공으로 가버렸다. 우리 집도 예외는 아니었다.

할아버지가 독자였고 내겐 할머니 같은 고모님 한 분과 작은아버지 두 분이 계셨다. 조상을 섬기는 4대 봉제사는 어머니 몫이었다. 바쁜 농번기에도 어김없이 제사는 찾아왔다. 낮에는 힘든 농사일로, 밤에는 제사를 준비하느라 어머니의 할 일은 태산만 같았다.

작은아버지 두 분도 형은 집안의 장손으로 대했고, 어머니 또한 외할아버지의 영향으로 유교 집안에서 자란지라 장남은 집안의 기둥이라며 수 없이 얘기하곤 하셨다.

성인이 되고 세월이 지나고 보니 한 집안의 장남 의무는 너무나 큰 것 같다. 선대 조상 묘지관리, 제사, 묘사, 벌초 등 집안의 대표로서 많은 사촌형제들까지 아우르며 대·소사를 챙기는 것은 전부 형의 몫이었다. 우리 형은 지금도 농사를 지어 멀리 있는 동생들까지 일일이 쌀을 보내 주는 등 부모 역할을 충분히 하고 계신다.

어머니는 강했고, 내가 넘어설 수 없는 태산 같은 존재였는데 언제부턴가 서서히 기력이 다해 가는 것 같았다. 어머니를 처음 요양원에 모셔놓고 오던 날 "내가 뭐 그리 잘못 했냐?" 하시던 그 말씀은 내 평생 잊히지 않을 것 같다.

몇 달 동안은 의식이 또렷해서 주말이면 어김없이 요양원을 찾았다. 다행히 요양원은 집 근교 산속에 있었다. 나지막하게 이런저런 옛날 얘기도 나누곤 했다. 날씨가 좋은 날이면 담요를 무릎에 덮어 요양원 정원 이곳저곳을 휠체어로 밀고 다니며 사진도 찍어주고 꽃구경도 시켜 드렸다. 밖의 공기가 맑다며 간간이 하얀 이를 드러내며 환한 모습을 보이기도 하셨다. 지나고 보니 9개월 정돈가 그 때가 어머니하고 가장 많이 소통했고 행복했던 것 같다.

내 부덕으로 제대로 한 번 어머니를 모시지 못한 것이 너무나 가슴 아프고 후회스럽다. 내 손으로 옷 한 번 사드리지 못 했고, 내 돈으로 여행 한 번 보내드리지 못한 것이 내 작은 가슴에 회한의 판화로 남게 될 줄이야.

어머니에게 갈 때 거의 빈손으로 갔다. 기력이 떨어진 어머니가 얼마나 먹겠나 하는 생각도 들었지만 무엇보다 여동생 덕기가 어머니 먹을 것은 자기가 다 챙긴다는 말을 자주 했기 때문이다.

덕기는 어머니가 요양원 가기 전부터 매주 어머니 목욕을 시켜 드렸고 철철이 옷도 사 드렸다. 지금 생각해보니 살아생전에 형님내외는 어머니 곁에서 사흘이 멀다 하고 병원에 모시고 다니는 등 장남의 역할을 충분히 다했고, 막내는 공부를 썩 잘해 항상 어머니의 자랑거리였지만, 나는 내 가슴에 천둥과 먹구름이 몰려 올 때면 어머니를 찾아가 걱정거리만 잔뜩 안겨준 불효자였다.

덕기는 어머니가 좋아하는 먹을 것과 필요한 물건들을 챙겨갔다. 같은 방을 쓰는 할머니랑 사이좋게 잘 지내는 것 같아 보기 좋았다. 룸메이트 할머니는 내가 갈 때마다 여동생이라고 몇 번을 말했건만 "누나가 다녀갔다."는 말을 종종 했다. 후덕한 동생의 얼굴에서 동생이 아닌 누나라는 생각이 들지 않았나 하는 생각을 해본다. 하루는 요양원에서 어머니가 뜬금없이

"걸수야 내 죽거든 부조 돈으로 우리 덕기 별도로 50만원 챙겨 줄 수 있나?"라는 말씀을 툭 던지셨다. "어머니, 약속 꼭 지킬게요. 얼마 되지도 않은데 뭐 내 돈으로 줄게요." 어머니와 새끼손가락으로 약속을

했고 요새 아이들처럼 손바닥으로 복사까지 했다. 어머니가 평소 덕기의 고마움을 우회적으로 표시한다는 것을 나는 잘 알고 있다.

어머니 49제 때다. 어머니와의 새끼손까락으로 맺은 작은 약속은 지켰다. 하늘나라에서 어머니도 분명 지켜보셨으리라. 내 부덕으로 그날 나는 평소보다 많이 취했었고 횡설수설 했던 기억들이 스칠 때면 많이도 후회스럽다.

하지만 어머니를 요양원에 보내드리는 날, 그 심정의 글로 문단에 등단도 했다. 어머니가 하늘나라에서 나에게 '수필가'라는 새 옷도 입혀주셨다. 어머니 생전에는 아버지가 나를 지켜주었듯이 이제부터는 어머니가 나를 지켜 주시리라.

(2014)

아버지와 종교

　내 종교는 아버지다. 내 곁에는 항상 믿음과 버팀목 역할을 해주시는 아버지가 계시기 때문이다. 내 마음속에 어떤 동요가 일어날 때마다 나는 아버지를 찾는다. 아버지와 간간이 대화를 나누며 절을 올리는 습관이 몸에 배어 있다. 그럴 때마다 아버지는 나지막한 목소리로 나를 격려해 주시고 포근하게 감싸 주시는 듯하다.
　아버지는 모르고 삼년, 알고 삼년, 육년 동안 암으로 시름시름 앓으셨다. 큰 병원이라 이름난 곳은 모두 찾아가 진료를 받아 보았지만 소용이 없었다. 마지막엔 사흘이 멀다 하고 용하다는 무당들을 다 불러 모았다. 온 동네가 떠나가도록 북과 징을 치면서 날이 훤히 샐 때까지 굿판을 벌였다. 끝내 무당들도 소용없다면서 몸부림쳤던 어머니의 모습이 지금도 생생하다.
　아버지는 자리에 누워 천장만 바라보면서 혼자 힘겨운 시간들을 보내셨다. 저승의 문턱에서 지난날들을 회상하며 만감이 교차했을 것이다. 그러나 무엇보다도 우리들을 가장 많이 생각하셨을 것이다. 어린 자식들을 두고 어떻게 눈을 감았는지 그때는 아무것도 몰랐지만 내가 아이들의 아버지가 되고 나서야 알았다.

어머니는 농사일로 지치고 아버지는 병마로 지치셨다. 막내가 처음으로 벽을 붙들고 일어서는 순간 고개를 돌리면서 살짝 웃는 모습이 어머니 눈과 딱 마주쳤다. 어머니는 기뻐서 어쩔 줄 몰라 하셨지만, 오늘내일 하는 아버지 생각에 금세 천당과 지옥을 넘나드는 어머니의 그 표정은 내 평생 지워지지 않는 가장 슬픈 기억으로 남아있다. 어머니는 기쁜 일이든 슬픈 일이든 항상 아버지가 마음에 걸리셨을 것이다.

어머니는 꿈에서 저승사자를 만났다고 하셨다. 담벼락을 부수고 아버지를 모셔 가려고 했단다. 어머니는 간곡하게 호소한 끝에 저승사자를 돌려보냈다고 하셨다. 아버지를 먼저 보낼 수 없는 어머니의 간절하고 처절한 울부짖음이었을 것이다. 아버지는 뿌리가 뽑힌 나무처럼 점점 시들어가셨지만 정신만은 너무나 또렷해 보였다. 어머니의 마지막 절규를 아버지는 가슴으로 떠안을 수밖에 없으셨을 것이다.

아버지가 숨을 거두시자 맨발로 뛰어 이웃 친척 아저씨와 조금 떨어진 작은아버지에게 아버지의 죽음을 알리던 어머니의 다급한 행동은 지금도 눈에 선하다. 두 동생을 끌어안고 통곡하시던 어머니, 삼우제 날 아버지 빈소에서 목 놓아 우시던 어머니를 보고 동네 사람들도 같이 눈시울을 적셨던 기억들은 결코 잊히지 않는다.

아버지가 우리 곁을 떠나시던 그날 새벽 어머니께서 또 꿈 이야기를 하셨다. 대문 앞에 주춧돌을 심을 구덩이를 잘못 파서 다시 파 보니 그곳에는 자수정이 소복이 들어 있었다는 말씀이셨다. 지난밤 꿈이 너무나 생생하다고 두세 번을 반복하셨고 어머니는 오늘 무슨 특별한 일이라도 생기지 않을까 하면서 몇 번이나 고개를 갸우뚱거리셨다.

아버지께서 새 집으로 이사 가시던 그날은 겨울을 재촉하듯 새벽부터 비가 내렸고 날씨마저 추웠다. 아버지를 꽃상여에 모실 때 방바닥에는 검붉은 피가 홍건히 고여 있었다. 아버지가 우리들에게 이승에서 마지막으로 정을 떼고 떠나시는 것만 같았다. 꽃상여가 동네를 한 바퀴 돌더니 구성진 상여소리와 함께 솔정자를 지나 마을 앞 도로로 향했다. 어머니와 우리들을 남겨놓은 채 아버지가 점점 멀어지는 것 같아 마음이 착잡해지고 가슴이 아려왔다.

아버지의 꽃상여는 마을 고개를 넘어 구불구불한 농로와 산길을 헤쳐 새 집에 도착했다. 아버지의 묘 자리는 먼저 간 상여꾼들이 미리 파 놓았다. 작은아버지께서 유심히 살펴보더니 잘못 팠다고 하셨다. 시끌벅적하던 분위기가 갑자기 조용해졌다. 어제 묘 자리를 표시해 놓은 지점이 아니라는 것이다. 어지럽게 말들이 오고갔지만 예리한 눈썰미를 가진 작은아버지의 주장대로 원래 자리에 편히 모실 수가 있었다.

아버지가 누워 계신 토광묘 관 위에는 붉은 명주천이 덮여 있었다. 나는 어른들이 시키는 대로 상복 허리춤에 흙을 담았다. 그리고 아버지 관 위에 흙을 쏟았다. 그 순간, 이제 아버지가 차디찬 땅속에 묻히는구나 하는 생각이 들었다. 어른들은 사정없이 삽질을 했고, 아버지의 새 집은 서서히 완성되어 갔다.

전날 밤 주춧돌을 심을 구덩이를 다시 팠다는 어머니의 꿈과 아버지의 묘 자리를 다시 팠다는 사실을 두고 어린 나에게도 꿈과 현실이 너무나 일치한다는 생각이 들었다. 우리 동네에서 아버지의 새 집은 마지막 남은 명당이라고 소문이 났었다. 누군가가 아버지 누울 자리를 탐을 내어 윗부분의 말뚝을 뽑아 아래쪽에 꽂았다는 소문이 나돌기도 했다.

아버지의 새 집은 처음엔 마을의 최고 어른이 들어가기로 되어 있었지만 그분에겐 운이 닿지 않았는지 아버지의 자리가 되었다. 아버지가 그곳에 묻히고 싶다고 은근히 말씀을 하셨기에 어머니는 문전옥답 세 마지기 값인 쌀 열 가마니의 돈으로 구입하셨다. 아버지께서 탐을 낸 이유가 있었다. 추수가 끝나면 문중 묘사를 지낸다. 문중 최고의 어른 아래 묻히면 우리 형제들이 묘사 때 아버지를 찾겠지 하는 생각이셨을 것이다.

아버지의 집은 언제나 포근했다. 문중 묘사를 지내고 나면 항상 내 동생들과 아버지 무덤의 잔디에 앉아 아버지에 대한 그리움을 속으로 삼켰다. 소 먹이러 가거나 나무하러 갈 때도 그곳에 앉아 쉬어 가기도 했다. 한겨울에 눈이 내려도 아버지 집 앞마당은 늘 눈이 녹아있었고 따뜻했다.

종교란 인생을 바르게 살아가는 지침서라고 생각한다. 나는 살면서 어렵고 힘든 고비가 닥칠 때마다 내 마음의 안식처를 찾는다. 그 중심에는 항상 아버지가 계시기 때문이다.

오늘처럼 문득 아버지가 떠오르는 날이 종종 있다. 이럴 땐 아버지에게 가고 싶다. 밤이 깊어도 어머니가 오시지 않아 혹시나 싶어 나 혼자 아버지에게 가 보았던 그 날처럼.

(2011)

아버지와 소

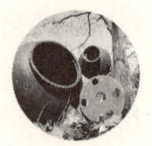

소 입에는 호오리가 씌워져 있었다. 호오리는 소가 쟁기를 끌 때 논두렁 풀을 뜯어먹지 못하도록 새끼로 엮어 만든 일종의 소의 마스크다. 농사철이 되면 '이랴, 워~띠, 이라~로' 하는 아버지의 목소리는 온 들판을 떠들썩하게 했다. 소는 한 마디 대꾸도 없이 아버지의 말에 따라 일만 할 뿐 그 무던한 모습은 내 유년기에 뿌리 깊게 내려져 있다.

소는 아버지 말을 잘 알아들어 논밭을 갈았고, '질메'로 볏단과 보릿단을 운반했다. 보리씨를 파종하고 흙을 골고루 덮을 때 '괜서리'도 끌었다. 나는 그때 흙먼지를 뒤집어쓰면서 괜서리를 타곤 했다. 소에게 고함지르는 아버지와 엉덩이를 실룩거리며 일하는 소 사이에서 내 유년기의 한 페이지는 또 한 번 채색되어 가고 있다.

아침저녁으로 설거지물에 여물과 등겨를 섞어 끓여 주면 소는 워낭소리와 함께 흑흑거리며 맛있게 잘도 먹었다. 겨울밤에는 소에게 '삼정'을 입혀 주었다. 삼정은 짚으로 만든 것으로 소 등에 걸쳐주는 네모난 옷이다. 여름밤에는 모깃불을 놓아주거나 모기장 대용으로 막을 쳐 주기도 했다. 소가 잠을 잘 자도록 푹신하게 짚을 깔아 주는 아버지의 모습을 보고 사람과 소 사이에도 정이 있다는 것을 내 유년에 알게 되었다.

　아버지는 외양간의 배설물을 날마다 깨끗이 치워 주었다. 그리고 소를 몰고 개울가로 가서 소의 몸에 물을 퍼부어 주며 목욕도 시키고 솔로 등을 긁어 주기도 했다. 목욕이 끝나면 소는 나무그늘 아래에서 아버지가 베어다 준 풀을 먹었다. 오후가 되어 산이나 강변에 방목을 하면 소들은 좋아서 어쩔 줄을 모르고 이리저리 뛰어다니기도 하고 간혹 뿔을 맞대어 서로 싸움을 하거나 장난을 치기도 했다.

　비 오는 날이면 우산을 쓰고 소를 개천에 넣어 풀을 뜯어먹게 했다. 소가 혀로 날름날름 풀을 먹는 모습을 지켜보면 내 배가 부르기도 했다. 비록 어릴 때 일이지만 쇠죽을 끓이기 위해 여물을 썰고 나무를 했고 풀을 베어 오는 등 일상생활을 늘 소와 함께 했다.

　겨울이면 양지쪽에 비스듬히 누워 한가로이 되새김질하는 소의 모습에서 여유로운 전형적인 농촌 전경이 연상되기도 했다. 나는 이미 유년기에 평화로움을 배웠다.

　송아지가 6개월 정도 되면 중소가 된다. 아버지는 소에게 코뚜레를 끼웠다. 코뚜레는 소의 양 코 사이를 뚫어 나무를 끼운다. 뾰족한 대나무로 코의 생살을 찔러 관통시키면 소는 아프다고 괴성을 지르고 난리다. 처음엔 피가 나고 아파서 이리저리 뛰지만 시간이 지나면 잠잠해진다. 뚫린 부위가 아물기 까지 약 한 달 정도가 지나면 코뚜레를 하고 이까리로 쇠말뚝에 묶는다. 소가 코뚜레를 한다는 것은 일종의 성년식이다. 성년이 된다는 것은 어려운 고비를 넘겨야 함을 나는 유년에 알게 되었다.

　코뚜레를 한 지 두세 달이 지나면 아버지는 소에게 길을 들인다. 소의 목에 질메를 얹은 다음 무거운 폐타이어를 달아서 큰 길을 오가며

'이랴, 워~띠, 이라~로' 하면서 일주일 정도 연습을 시킨다.

'이랴'는 오른쪽으로, '워~띠'는 왼쪽으로 가자는 말이다. '이라~로'는 한 바퀴 돌라는 말이다. 반복 훈련을 시킨다. 아버지와 소가 어느 정도 소통이 되면 아버지는 소를 몰고 논으로 간다. 처음에는 소가 발버둥을 치기도 하지만 아버지는 절대 물러서지 않는다. 한 달 정도 이런 과정을 되풀이하면 소는 순순히 아버지의 말을 잘 듣게 된다.

일소로서 인정을 받아야만 우시장에 가서도 제값을 받는다. 이렇게 자란 소는 재산목록 1호였다. 일 년에 한 번씩 새끼를 낳아 송아지가 되면 시장에 팔았고, 그것이 목돈이 되었다. 소 한 마리를 팔면 한 학기 대학등록금이 될 정도의 거금이었다.

소도 사람과 별반 차이가 없다. 우시장으로 가는 날 새끼와의 이별은 가슴을 아프게 한다. 팔려간 새끼를 못 잊어 하는 어미 소는 약 보름 동안 새끼를 찾으면서 밤새도록 하염없이 운다. 슬피 우는 어미 소를 바라보며 아버지 원망도 많이 했다. 나는 이별의 슬픔을 너무 일찍 알아버렸고 그것은 내 유년기에 너무나 강하게 각인되어 있다.

새끼를 잊을 정도가 되면 소에게도 배란기가 온다. 쇠말뚝에 매어둔 소가 빙빙 돌면서 원초적인 성적 본능을 참지 못하며 음~마 음~마 하면서 큰소리로 운다. 아버지는 그걸 알아차리고 즉시 윗마을 황소한테로 몰고 간다. 그땐 아버지가 '상각'이 되는 셈이다.

소를 몰고 가면 황소는 암소의 성기를 보고 하늘을 보면서 슬쩍 웃는다. 한두 번 올라타면 끝이 난다. 사람들은 빙 둘러서 구경을 하는데 어린 나도 그 광경을 지켜보면서 소에게도 사랑이 있다는 것을 알았다. 짜릿한 그 광경이 내 유년을 벗어나게 하는 한 장면으로 남아 한 페이지가 되었다.

  내 유년기에 만난 소는 내가 살아가는 동안 내 삶에 수도 없이 등장했다. 일하는 소, 인정의 소, 평화의 소, 희망의 소, 소통의 소, 사랑의 소로 남아 있다. 소는 고향이고 향수다. 아버지를 그리워 할 수 있는 매개체다. 아버지와 소, 그리고 나는 지상에서 가장 아름다운 가족이었다. 내 유년에.

(2013)

장모님을 보내드리면서

아카시아 꽃이 활짝 핀 초여름 어느 날 마음씨가 착하고 고우신 나의 장모님께서 하늘나라로 가셨다. 고향 면사무소 근무 시절 지인의 소개로 장모와 사위로 인연을 맺었던 분이다. 장모님께서는 훌륭하신 장인어른을 만나 1남 5녀의 자식을 낳아 어려움 없이 사시다가 아들 내외, 큰딸, 셋째딸(아내), 넷째딸이 지켜보는 가운데 2009년 기축년 4월 10일(음력) 오전 9시 10분에 임종하셨다.

장인어른께서는 5년 전인 2004년 4월 19일(음력)에 돌아가셨다. 그때는 내가 사무관 승진 교육 기간이어서 장인어른 장례식에는 참석하지 못했다. 장인어른이 장모님보다 정확히 5년 10일 먼저 떠나가신 셈이다.

장모님께서는 언제나 다소곳하며 천사 같은 분이셨다. 반면 우리 어머니는 청춘에 홀로되어 질곡의 삶을 살아오셨기 때문인지 강직하셨다. 어머니도 장모님과 동갑내기로 올해 81세이시다. 현재는 심장이 좋지 않아 얼굴이 많이 부어 있고, 간혹 병원신세를 지시지만 고향집에서 아직은 혼자 계신다. 2~3년 정도는 거뜬히 살아계실 것으로 믿어진다.

나는 평소에 장모님께 기본적인 도리도 다하지 못한 보통 이하의 사위였다. 다만 생존해 계실 때도 장인어른은 훌륭하신 분이고 장모님은 마음씨가 한없이 착한 분이라는 생각에는 아직도 변함이 없다. 외동아들인 나의 처남(손위처남이며, 현재 농소2동장)을 예의바르게 정말로 잘 키우셨다. 난 그렇지 못했다. 철부지 어린 나이에 아버지를 여읜 탓인지 어른 모시는 예절을 잘 몰랐다.

어느 날 장모님께서 나를 겨냥해 "우리 석(처남)이는 저러지 않았는데." 하시던 말씀이 지금도 잊히지 않는다. 그 말씀은 아들은 예의바른데 사위는 그렇지 않다는 의미였다. 난 그 당시에도 충분히 이해했다. 남에게 절대 싫은 말씀을 안 하시는 분인데 그런 말씀을 하신 것은 아들과는 너무나 차이가 난다는 뜻이었다. 좌우간 나는 처남과는 모든 면에서 비교가 안 되었다.

처남은 누구에게나 겸손하고 예의가 발라, 나는 남들에게 양반이라고 자랑을 많이 하곤 한다.

새벽에 장모님이 위독하시다는 연락을 받고 집사람이랑 병원으로 달려갔다. 이미 처형이 먼저 와서 지키고 있었다. 산소호흡기에 의존해 숨을 가쁘게 몰아쉬고 계셨다. 하루 전날 내 딸 수영이가 서울에서 내려와 외할머니를 같이 뵈러 갔을 그때와 별 다름이 없었다. 월요일 아침이라 아내와 처형은 병원에 있었고 난 출근을 했다. 아마 이게 딸과 사위의 차이인지도 모른다. 사무실에 출근해서 1시간 정도 지났을까. 아내의 울음소리와 함께 방금 운명하셨다는 전화를 받았다. 이미 각오하고 있었기에 별 동요는 없었지만 착잡한 심정이었다. 곧바로 병원으로 향했다. 빈소가 차려지고 장례절차가 의논되었다.

오후 5시에 입관 의례 절차를 밟았다. 장인어른 입관 때와 별 다름이 없었다. 칠성판에 누워 계시는 장모님은 너무나 편한 모습이었다. 불과 몇 시간 전에 숨을 몰아쉬며 고통스러워하시던 그 모습은 간 곳 없고 편안히 잠든 모습 그대로였다. 자식들이 지켜보는 가운데 몸을 깨끗이 닦은 후 삼베 수의를 입혀드렸다. 마지막으로 장모님 얼굴을 보는 순간이다.

고우신 장모님의 얼굴을 쓰다듬어 보았다. 시간이 지나서인지 이미 몸은 싸늘했다. 이 시간만 지나면 장모님을 영원히 볼 수가 없다. 아내가 '인자 엄마라고도 불러 볼 수 없다.'면서 통곡을 한다. 평소에 내가 아내에게 잘못이 많았다는 생각이 울컥 든다. 원래 부모가 죽으면 자식은 부모보다는 자기 자신의 처지를 생각하면서 많이들 운다고 한다. 장모님께 잘 해드리지 못했다는 착잡한 생각뿐이다. 입관 절차는 1시간 정도 진행되었다.

이젠 성복제를 올릴 시간이다. 성복제는 빈소에서 상복을 입는 절차다. 큰사위는 아들과 함께 굴건제복 차림이었고 그 이하 사위는 백관과 같이 두루마기를 입었다. 장례기간 중 큰소리가 나지 않게 서로 큰절을 주고받았다. 많은 의미가 내포되어 있는 것 같다. 장례기간 중에 가족끼리 옥신각신하지 말라는 의미인 것 같다. 입관도 성복제도 끝났다.

손아래동서는 모든 입출금을 담당하는 속칭 장례위원장이다. 지난번 장인 상 때도 잘 맡아서 처리했다. 문상객 접대와 음식 준비, 장례예식에 관한 계약 및 부조금 관리 등 집행에 관한 사항은 모두 손아래동서가 맡아서 처리했다. 나는 석수장이와 함께 장인어른 산소에 가서 장모님 모실 장소를 안내했다. 묘 단장을 할 석수장이는 한마을에 사는 분이라 장인, 장모님을 잘 알고 있었다. 생존해 계실 때 많은 선행을 베푸신 분이라고 칭찬을 해주었다. 사위로서 기분이 무척 좋았다.

나는 5년 전 교육기간 중 장인어른이 돌아가시기 이틀 전에 꿈을 꾸었다. 새벽안개가 자욱한 산허리 바로 아래에는 저수지가 있었고, 평평하게 정리된 산에 장인어른이 움막집에서 우장을 입고 새벽에 몸을 움츠리고 나오시면서 나를 보시는 순간 사지를 떠시면서 "강 서방 어디 갔다 인자 오노?" 하시면서 나를 반갑게 맞이하셨다. 너무나 현실과 같은 꿈이었다. 그래서 좋은 일이 있나보다 하면서 그날은 무심코 복권을 한 장 사고 말았다. 그리고 이틀 뒤 집사람으로부터 장인어른이 돌아가셨다는 전화를 받았다.

마지막 시험을 앞두고 장인어른 초상에 참석했다. 1박 2일의 연가를 내고 초상에 참석하고 발인 전날 상경했다. 그리고 교육을 마치고 곧장 장인어른 묘소를 찾았다. 공교롭게도 장인어른 묘소는 며칠 전 꿈속에서 장인어른을 만났던 바로 그 장소였다. 산소를 둘러보니 묘소 뒤편에 수로가 만들어져 있어 집사람에 물어보았더니 지관이 산소에 물이 생길 우려가 있어 일부러 물길을 돌려놓았다는 것이었다. 문득 꿈속에서 장인어른이 추워서 몸을 떨고 있는 모습이 생각나 마음에 걸렸다. 아무리 생각해도 그때 그 꿈속의 장소와 일치한 것이 너무나 이상했다. 장인, 장모님 산소는 다들 명당이라고 한다.

장인어른은 고향에서 태어나 소학교를 졸업하고 성장한 후 생을 마감하실 때까지 선산과 조상을 성심으로 모신 분이다.

묘 단장 책임자 격인 석수장이는 장인어른 묘소 봉우리를 다시 손보아야 하고 상석은 장모님이 돌아가신 년, 월, 일자만 새로 새겨 넣으면 되고, 주위 잡목 제거 등의 일은 상주가 원하는 대로 가능한 한 다 해주겠다고 시원스레 말했다. 당연히 장모님은 장인어른 오른쪽에 나란히 모시기로 했다. 장지에서 돌아와 처남과 동서들에게 말씀을 드렸다. 장례의식은 4일장으로 결정되었다. 지관이 3일장은 잡히지 않는다고 했기 때문이다.

첫날 저녁 시간부터 손님들이 밀리기 시작했다. 주로 처남과 나의 손님이 대부분이었다. 30여 년간 한 직장에서 근무하다보니 처남 손님이 내 손님이고 내 손님이 처남 손님이었다. 손님이 올 때마다 곡을 하고 절을 올리고 상주들에게 인사를 나누고 음식을 올리고 서로 술을 권하다보니 술에 약한 나는 보통 고역이 아니었다. 처남은 4일 동안 곡기를 끊고 손님들이 주는 술로 버티는 것을 보면서 대단하다는 생각이 들었다. 물론 주는 술을 다 받아 마신 것은 아니겠지만 큰 상주라서 그런지 전혀 흔들림 없이 책임감을 다하는 처남 내외분이 정말 존경스러웠다.

첫날 낮에는 입관, 성복제, 장례절차 논의 등으로 보내고 밤에는 밀려오는 조문객을 맞이하다보니 자정이 훨씬 지나서야 잠을 청할 수가 있었다. 절기가 초여름이라 낮에는 여름 날씨였지만 밤에는 차가운 기운이 감돌았다. 모두들 뜬눈으로 밤을 지새운 것 같았다.

둘째 날은 어린이날로 공휴일이어서인지 별로 조문객들이 많지 않았다. 처가의 장인어른 형제분은 4남 2녀로 사촌들과 육촌들도 있어 그분들이 많이 도와주고 있었다. 점심 시간대부터 저녁 시간대까지는 줄곧 문상객이 이어졌다. 둘째 날도 자정이 훨씬 지나서야 잠을 잘 수가 있었다. 사무실에 전날 추웠다는 얘기를 했더니 보일러를 켜 주었다. 그래서 다들 잘 잤다는 얘기였다.

셋째 날은 수요일이었다. 그날도 오전에는 별 손님이 없었는데 점심시간을 기점으로 오후 내내 밤늦게까지 조문객들이 밀렸다. 그중에는 직장동료는 물론 초, 중, 고 동기들까지 몰려들어 이래저래 한 잔씩 하다 보니 술이 꽤나 취했다. 또 손님이 밀리면 곡을 해야 하고 서로 절과 예의를 갖추어야 한다. 반복적인 행동을 되풀이하다보니 자정이 훨씬 지났다. 대부분 술주정하는 몇몇 외에는 보이지가 않는다. 집사람이 피곤한데 집에 가서 눈 좀 붙이고 오자고 한다. 약간의 술기운은 있었지만 차를 몰고 신복로터리를 통과하니 다행히도 음주 측정을 하는 경찰은 없었다. 아무래도 집에서 자니 훨씬 개운했다.

넷째 날은 출상하는 날이다. 새벽 5시 40분경 집에서 출발했다. 우리 집에서 병원까지는 20여 분 거리다. 반천의 구 톨게이트에 도착하니 고속도로변에 아카시아 꽃이 만발해 있고 진한 향이 코를 찌른다. 집사람이랑 빈소에 들렀다. 6시가 조금 지났음에도 모두 일어나 출상 준비로 분주했다. 도착하자마자 마지막으로 장모님 영전에 아침밥을 올렸다. 출상 시간은 8시 반이다. 시간이 다 되어 친손주가 영정사진을 안았고 우린 그 뒤를 따라 발인실로 향했다. 발인실에는 이미 장모님이 모셔져 있는 관과 제물이 준비되어 있었다. 간단한 발인절차를 마치고 난 후 나를 포함한 6명이 장모님의 관을 들어 영구차에 옮겨 실었다. 장지까지는 불과 20여 분 거리다. 장인어른이 태어나신 고향은 신불산 기슭 아래인 삼남면 가천리 장제마을이다.

영구차가 앞서가고 우리는 개인차를 이용해 줄지어 따라갔다. 평소 장인, 장모님께서 늘 다니시던 장제마을 길목 도로 아래에는 아담한 저수지가 있고 길 언덕에는 수백 년이 되었음직한 미루나무들과 오래되고 빛바랜 소나무들이 울창해서 참 보기에 좋았다. 회자정리의 법칙에 따라 이제 자연으로 돌아가는 장모님께 미루나무도 소나무도 다들 반겨 주었으리라고 생각해 본다.

연도 변에는 아카시아 꽃이 만발해 진한 향기를 내뿜고 있었다. 이윽고 장인어른의 본가인 장제마을 노인정 앞에 도착했다. 장모님 친구와 친척 분들이 노제에 참석하기 위해 기다리고 있었다. 성걸이 모친이(장모님과 뒷집) 먼저 장모님 영전에 술을 올리셨다. 그 할머니는 눈시울을 적시면서 "이보게, 먼저 가게. 나도 곧 뒤 따라 가마." 하셨고 그 말에 다들 마음이 숙연해졌다. 어차피 인생은 죽음을 향해 달려간다. 조금 먼저 간다는 것뿐이다. 한 번 가면 다시 오지 못한다. 살아있는 자에겐 그게 안타까울 따름이다.

내 어릴 때 생각이 떠오른다. 나의 아버지는 초등학교 5학년 때 위암으로 돌아가셨다. 아버지의 기억이라곤 병석에서 누워있는 모습뿐이다. 사춘기를 겪으면서 아버지가 한없이 보고 싶었다. 아버지가 살아 계셨더라면 하는 생각을 수도 없이 했다. 어느 날 꿈속에서 아버지를 보았다. 우리 집 뒷산 중턱에서 곤룡포를 입고 근엄한 자세로 나를 바라보고 계셨다.

때는 겨울이라 눈이 펄펄 내리고 있었다. 나에겐 아무 말도 없으셨지만 아주 애처롭게 바라보시는 눈빛이셨다. 그 순간 아버지께서 나의 오른 손바닥에 큰 관인을 찍어 주셨다. 지금도 그 꿈을 잊을 수가 없다.

성인이 되어 곰곰이 생각해 보면 현재 나를 있게 해주신 것도 아버지의 보살핌과 음덕 덕분이라는 생각이다. 아버지는 비록 어릴 때 우리 곁을 떠나가셨지만 하늘나라에 가서서 우리들을 잘 지켜주고 계시다는 확신을 갖게 되었다.

그게 나의 정신적인 지주가 되었다. 속이 상하고 마음이 아플 때나 승진할 때나 기쁠 때도 언제나 아버지 산소에 가서 절을 올리는 습관이 몸에 배어 있다. 금년 봄 뒤늦게 야간대학교를 졸업했다. 졸업장을 아버지 상석에 올려놓고 "아버지 보살펴 주셔서 감사합니다." 절을 올렸다. 생이 마지막 다할 순간까지 꿈속에서 도와주신 아버지에 대한 효행은 계속할 것이다. 장모님 영정 앞에서 우리 아버지가 잠깐 생각이 났다.

장모님 노제를 모셔도 시간이 남는다. 이제 9시가 약간 지났다. 하관 시간은 11시. 장지인 묘소 입구까지 영구차는 이동하고 도보로 20분 거리여서 걸어가기로 했다. 길가에 아카시아 꽃내음이 진동하고 찔레꽃도 많이 피어 있었다.

소 먹이러 다니던 어린 시절이 생각나서 찔레를 씹으면서 산길을 걸어갔다. 찔레도 옛날 그 맛이었다. 장인, 장모님 산소 주변은 온통 밤나무 숲이었다. 모두 다 장인어른께서 심어놓으신 밤나무들이라고 했다. 아내랑 처제는 학교 갔다 오면 밤 따러 다녔다고 평소에도 얘기를 많이 했다.

산소 바로 위의 운구차가 우리를 기다리고 있었다. 거기까지 길이나 있어 길모퉁이에 빈소를 차렸다. 우린 산소를 향했다. 이미 처삼촌 진두지휘 아래 장인어른 묘소를 새로이 단장하고 있었고, 산소 훨씬 아래까지 비스듬히 잘 닦아놓았다. 바로 밑 저수지까지 잡목을 잘 정리해서인지 전망이 참 좋았다. 장인어른 산소도 새로 단장하니 안정감도 있어 보이고 더 좋았다.

지관의 지시대로 장모님이 묻히실 청곽을 포클레인으로 팠다. 난 유심히 보았다. 5년 전 꿈속에서 떨고 계시던 장인어른이 생각나 혹시 청곽 내에 물이 생기지 않나 하는 생각이 들었기 때문이다. 아무리 살펴봐도 물기는 없었다. 빨간 황토에 토질도 참 좋았다. 청곽도 완료되었다. 지관이 11시 반에 하관식을 한다고 하면서 원숭이띠와 토끼띠는 가능한 하관하는 모습을 보지 않는 게 좋다고 일러주었다. 나는 병신생 원숭이띠인지라 아내가 보지 말라고 해서 멀리서 지켜볼 수밖에 없었다.

하관식은 가장 슬픈 의례다. 마지막 가는 장모님의 영전에 슬픔과 생전의 모습들이 스쳐지나갈 뿐이다. 내 어릴 때 아버지의 하관식이 떠오른다. 나의 아버지는 지금부터 42년 전 음력 10월 보름날에 돌아가셨다. 그 시기가 대개 입동 전후여서 그런지 꽤나 추웠다. 내가 입은 상주 옷에 흙을 퍼 안아다 아버지 관 위에 부은 생각이 떠올랐다.

장모님 하관식도 바로 곁에서 보지는 못했지만 처남도 이런 유사한 절차를 거쳐 하관식을 마무리했을 것이다. 하관이 끝나자 묘 언저리에 석곽을 둘러싸고 봉우리를 만들었다. 상주들을 불러 묘를 다지라고 한다. 그리고 노잣돈을 올리라고 한다. 우린 만 원씩 내서 미리 준비된 새끼줄에 돈을 꽂아 주었다. 인부들은 신이 나서 봉분을 멋지게 단장해 주었다. 사위인 내가 봐도 묘 터가 너무 좋아 보였다. 나는 이 세상에서 우리 아버지 산소가 제일 좋은 줄 알고 있었는데 장인, 장모님 산소는 그 이상이다.

장인, 장모님의 산소는 신불산 아래 양지바른 산기슭에 있다. 그 왼쪽 아래에는 저수지가 있고 또 그 아래에는 부산으로 가는 국도와 경부고속도로가 보인다. 멀리는 문수산과 남암산, 더 멀리로는 양산의 천성산과 원효산도 보인다. 전에는 장인어른 묘소 하나만 있어서 외로워 보였는데 장모님과 함께 짝을 이루니 안정감도 있고 훨씬 더 좋아 보인다. 장인, 장모님의 묘지 단장이 완료될 무렵 상주들은 묘 주위를 세 바퀴씩 돌았다. 그리고 우리들은 야전에 차려놓은 빈소에서 마지막 예를 올리고 탈상까지 마쳤다.

묘지 단장 책임자 격인 왕검석재 김 사장에게 주변 마무리를 끝까지 잘해 달라는 부탁을 하고, 처이모님을 모시고 우리들은 신평 어느 식당에 모여 그간의 일들에 대해 의견을 주고받았다. 끝까지 함께해 주신 처이모님께 감사하다는 인사를 올렸다. 이모님이 놀라실까봐 박 서방은 청심환까지 준비하는 등 세심한 배려도 빠뜨리지 않았다.

처이모님은 평생을 혼자 사시면서 장모님은 물론 처부모 형제들과 가족처럼 지내신 각별한 사이이시다. 이참에 나도 처이모님이 살아계시는 동안은 장모님에게 불효했던 것을 조금이나마 갚을 생각으로 살아야겠다고 다짐을 해본다.

큰상주로서 아들로서 크나큰 효심으로 지극정성을 다한 규석 처남 내외분에 대한 존경스러운 마음은 예나 지금이나 변함이 없다. 당연히 손아래동서인 내가 해야 할 일임에도 불평 한마디 없이 궂은일들을 도맡아 처리하시는 큰동서 내외분에게 이 자리를 빌어 새삼 감사를 드린다.

바로 밑 동서인 신평 처제 내외분은 언제 보아도 양보의 미덕을 가지고 솔선 헌신해 그 자세에 고마움을 금치 못한다. 특히 장례기간 동안의 깔끔한 일처리에 정말 놀랐다. 젬마 처제가 넓은 아량으로 장모님을 신평에서 가까이 모시면서 효를 다한 것도 우리들은 잘 알고 있다. 그리고 입원 기간 중에는 처형과 아내도 장모님 간호에 정성을 다해 감명을 받았다.

부조금도 대부분 큰상주인 규석이 처남 내외분 앞으로 들어왔는데도 남은 부조 돈을 딸과 사위들에게 배려해 준 처남 내외분에게 다시 한 번 감사드리고 싶다.

장모님께서 생전에 구인사를 좋아하셨다기에 49재를 구인사에서 모시자는 의견도 있었다. 그러나 구인사에는 자주 갈 수 없는 형편이므로 구인사 49재는 일단 접어두기로 했다. 대안으로 처남 내외분이 문수사에서 좋은 날에 제를 올리겠다고 한 그 착한 심성에도 거듭 감사를 드린다.

　알래스카에 거주하는 영애 처형과 영주 처제가 사정상 함께하지 못해 좀 아쉬웠다. 장례기간 중에 우리 형제들은 화기애애하게 장모님을 하늘나라로 모셔드릴 수 있었다. 별 사고 없이 무사히 마치게 해주신 것도 장인 장모님께서 생전에 후덕과 선행을 많이 베푸신 결과의 산물이라고 생각한다.

　향후 우리 형제들이 명절 때는 물론 자주 산소를 찾아뵙는 일도 의미 있는 일일 것이다. 하지만 하늘나라에 계신 장인, 장모님께서는 우리 형제 모두가 서로 아껴주고 보살펴주는 그런 우애 깊은 사이가 되기를 간절히 바라고 계시지 싶다.

(2009. 5. 10일)
— 장모님의 영전에서

2부
노병은 살아있다

솔정자 · 강결수 수필집

고모와 보도연맹

내겐 나이 많은 고모가 계셨다. 아버지의 결혼이 늦다보니 나이 많으신 할머니뻘인 고모를 두게 된 것이다. 돌아가신 지 20여 년이 흘렀지만 우리를 보살펴 주신 고모를 생각하면 가슴 조인다.

고모는 우리 동네에 사셨다. 내가 태어나기 이전에는 고모의 시댁인 범서에서 우리 동네로 이사 오셨다고 했다. 고모에 대한 내력은 대부분 어머니한테서 들었다. 고모부는 살아생전에는 평범한 촌부였고 고모 내외는 천생연분이었는지 사이가 정말 좋았다는 말을 자주 들었다.

시대상황은 1945년 해방과 동시에 남북이 갈리던 시기였다. 남한은 미군이, 북한은 소련이 통치하는 가운데 남한 사람들 중에도 우익과 좌익으로 나누어지는 일이 생겼다. 1948년 이승만 정부가 수립되면서 남한 정부에 비협조적인 좌익 세력들을 유화시키는 목적에서 '보도연맹'이란 단체가 만들어졌다. 좌익 성향이라고 자발적으로 가입하는 사람은 많지 않았다. 정부에서는 억지로 목표 숫자를 채우기 위해 면(面)직원들을 동원시켰다.

당시 고모의 집은 동네에서 조금 외진 곳에 있었다고 한다. 한번은 좌익 성향에 가까운 사람에게 정에 못 이겨 저녁밥 한 번 지어준 것을 본 이웃이 면(面)에 신고를 했고 그게 화근이 되어 고모부는 보도연맹 가입신청서에 도장을 찍게 되었다고 한다. 그로 인해 억울한 죽음으로 내몰렸고, 고모는 그때부터 한 많은 생애를 보내야만 했다.

1950년 6.25 한국전쟁이 발발한 이후 북한군이 두세 달 만에 파죽지세로 몰려오자 남한 정부에서는 급기야 보도연맹이란 단체를 그대로 두면 북한군에게 동조하거나 폭동이 일어날 수 있다는 판단 하에 보도연맹 가입자를 은밀하게 처단하라는 지시를 하달한다. 이에 따라 보도연맹 가입자들은 군경 주도하에 무참하게 죽임을 당하게 된다. 한국전쟁 중에 전국적으로 보도연맹 가입자 약 15만 명이 희생되었다고 한다.

6.25전쟁이 끝나고 휴전이 된 이후로도 몇 년간은 우리 고향 신불산을 거점으로 낮엔 경찰이, 밤엔 '빨갱이'라는 좌익들이 판을 치는 상황이 되풀이되고 있었다. 우리 동네에도 좌익 세력의 우두머리 격인 친척이 두 명이나 있었다고 했다. 어떻든 그들 덕분에 우리 마을사람들은 피해를 적게 입었다고 했다.

1953년 휴전은 되었으나 여전히 밤에는 좌익들의 세상이었고 밤마다 마을 앞 강변에서는 토벌대인 마을자치수호대와 좌익들 간의 총격전이 자주 벌어지곤 했다. 날이 밝으면 어느 빨갱이가 죽었다거나 아니면 어느 집 아들이 죽었다는 소문이 나돌 정도로 이런 일들이 연속으로 일어났다고 한다. 태백산맥의 마지막 줄기인 언양의 신불산과 온양의 대운산은 좌익 세력의 마지막 거점, 빨갱이들의 은신처이기도 했다. 낮에는 산에 숨어 지내다 밤이 되면 먹을 것들을 구하기 위해 주로 산 아래 집에 몰래 숨어들어 와서는 밥을 훔쳐 먹거나 가축과 곡식을 강탈하는 일이 흔하게 일어났다고 한다.

　정부에서는 좌익 세력을 몰아내기 위해 군인들을 대대적으로 동원해 소위 '신불산 빨갱이 소탕작전'에 들어갔다. 남로당의 당 간부들은 태백산맥 줄기를 타고 월북했고, 지역민으로서 빨갱이 포섭 활동을 하던 이들은 군인들에게 잡혀 감옥으로 가거나 투항 과정에서 하나둘씩 죽어 갔다.

　우리 동네에서도 두 분이나 좌익 활동을 하셨다고 했다. 한 분은 좌익 활동 중에 사망을 했고, 또 다른 한 분은 군·경에 체포되어 대구교도소에서 수감 생활을 하다 석방되었으나 얼마 살지 못했다는 이야기도 있다. 신불산 빨치산 소탕작전은 수개월이 걸렸다고 했다. 시대를 잘못 타고 태어난 죄로 다들 피해자들이 아닌가.

　어른들에게 들은 이야기에 따르면 6.25전쟁 중에 아버지와 고모부가 논에 모를 심고 있었는데 이 때 경찰이 와서 "유백수씨(고모부), 조사할 게 있다."며 고모부를 파출소로 연행해 갔다. 고모부는 그 길로 울산초등학교에서 3일 밤을 보낸 후 많은 사람들과 함께 덤프트럭에 몸을 실린 채 끌려갔다.

　경찰은 00면 00재 고개 인근에 미리 구덩이를 파놓고 있었고 주변엔 도망가지 못하게 군인들이 포위하고 있었다. 이들은 덤프트럭이 도착하자 구덩이에 생사람들을 몰아넣고 무자비하게 총을 난사하면서 흙으로 생매장을 시켰다.

　그 와중에서 도망쳐 온 사람도 있었다. 그 일이 있고 난 후 고모는 혹시 고모부도 함께 도망 나오지 않았을까 하는 막연한 기대감에 솔정자에서 한동안 하염없이 기다리시기도 했다.

　고모의 아들은 두 명이다. 큰아들은 나이가 많아 나와는 별 내왕이 없었지만 작은아들인 유근태 형은 한동안 우리 동네에서 같이 살았기에 나와는 지금도 아주 가깝게 지내고 있다.

고모 밑으로는 아버지를 포함해 세 명의 남동생이 있었다. 바로 아래 동생인 우리 아버지에게 많이 의지했지만 아버지도 오래 살지는 못했다. 아버지 초상 때의 일이다.

음력 10월 보름 아버지의 상여가 나가는 날 오십여 년 전 어린 형과 나를 보시면서 "상주가 저게 뭐고?"하며 절규하시던 고모의 모습이 살아서 돌아오신 듯 생생하다. 그렇게 의지하던 동생의 죽음 앞에 얼마나 애통해 하셨는지 가히 짐작이 가고도 남는다.

고모의 성격은 내가 겪어 본 바로는 그다지 강하지가 못하셨고 매사를 쉽게 포기하는 면이 많으셨다. 두 아들에게 그 많은 전답을 팔아 주시더니 얼마 가지 않아 살던 집마저 팔아 주셨다. 마음씨 고운 고모는 연세가 들어서도 안락한 집조차 없어 이집 저집을 배회하셨고 안쓰럽고 쓸쓸한 말년을 보내셨다.

마지막으로 고모님을 찾아뵌 것이 늘 맘에 걸린다. 엄연히 큰아들 댁인데도 방도 아닌 마루에 기거하고 계셨다. 헝클어진 머리에 치매끼가 약간 있었고 그 맑은 총기는 간곳이 없으셨다. 고모를 늦게 찾아와서 못 볼 것을 보았구나 하는 생각뿐이었다. 캔 음료수를 단숨에 들이키시던 모습은 지금도 잊을 수가 없다.

얼마나 목이 마르고 배가 고프셨으면 단숨에 마시기까지 하셨을까? 짐작컨대 '대소변을 가리지 못하시니 먹을 것을 제대로 드리지 않았나 보다.' 하는 생각이 나를 압박해 왔다. 누구를 원망하자는 것도 아니다. 늙고 병들면 섧다는 말이 현실에 와 닿을 뿐이다.

간혹 고모는 나도 잘 아는 분을 가리키시면서 "저 사람은 정말 빨갱이였는데 버젓이 잘 살고 있고, 고모부는 아무 죄가 없는데 억울하게 죽었다."고 은근히 결백을 주장하면서 푸념을 늘어놓기도 하셨다.
　내 유년에 고모가 우리 형제들을 많이 감싸주셨다. 음력 시월 상달 아버지 기일이 가까워오면 고모가 간절히 생각난다.

(2009. 11)

작은아버지와 작은어머니

눈은 마음의 창이라고 했던가. 구내식당 벽면 포스터에 실종 어린이 사진들이 올망졸망 들어있다. 어떤 연유로 가족들과 헤어졌는지는 모르지만 아이를 잃어버린 부모들은 한시라도 마음 편할 날이 없을 것이다. 초롱초롱한 눈을 보니 오십 여 년 전의 일이 떠오른다.

초등학교 여름방학 때였다. 작은아버지 품에 안겨 쌀을 가득 실은 트럭 뒤 칸에 타고 부산으로 갔다. 작은집은 시내 변두리에서 쌀 소매상을 했다. 작은집 앞에는 재래식 공중화장실이 있었고, 새벽이 되면 남녀노소 가릴 것 없이 항상 줄이 길게 이어졌다. 매일같이 사촌형제들과 공중화장실 앞에서 다리를 뒤틀면서 차례를 기다렸다.

낮에는 사촌형들과 하루하루 노는 범위를 넓혀 갔고 밤엔 2본 동시 상영 하는 삼류극장(이성극장)에서 영화를 보다 사촌누나 품에서 잠이 들기도 했다. 그날도 여느 때와 같이 그곳에서 사귄 친구들과 정신 없이 놀다보니 사촌형들이 보이질 않아 혼자 집을 찾았으나 도저히 찾을 수가 없었다. 한여름이었고 날씨는 매우 무더웠다. 해가 질 무렵 길을 잃어 밤이 늦도록 울면서 무작정 거리를 헤매고 다녔다.

서너 시간 물 한 모금조차 먹지 못했고 겁에 질려 계속 울고 있는 나를 어떤 아주머니가 십여 분 거리에 있는 파출소로 데리고 갔다. 지푸라기라도 잡을 심정이었던 나는 짧은 십여 분이었지만 아주머니에게 많이 기대었다. 아주머니는 무서운 순경 아저씨에게 나를 맡겨놓고 가려고 했다. 나는 아주머니를 따라가겠다고 떼를 썼다. 아주머니는 감싸 안아 주면서 순경 아저씨가 집을 꼭 찾아 줄 거라고 나를 안심시켰다. 우리는 그땐 경찰을 순경으로 불렀다.

　순경 아저씨는 나를 달래면서 내 머리통만한 과일을 주었다. 지금 생각하니 참외였다. 자정이 가깝도록 울면서 헤매었기에 지쳤고 배가 무척 고팠다. 나는 흐느끼면서 허겁지겁 마구 먹어댔다. 참외를 먹는 동안에는 내가 집을 잃어버렸다는 것을 순간적으로 잊어버리기도 했다. 처음 먹어보는 참외였는데 정말 맛있었다. 먹다가 울다가를 반복하다가 끝에는 걱정이 되어 큰소리로 엉엉 울었다.

　순경 아저씨는 나에게 누런 종이와 잉크 그리고 펜대를 주면서 주소와 학교를 적어보라고 했다. 그때가 아마 초등학교 1학년 때인가, 내 이름 석 자도 겨우 쓸 정도였다. 난생처음 구멍이 숭숭 난 누런 종이에 펜을 잉크에 찍어서 글을 쓰려고 하니 여간 어려운 일이 아니었다. 지렁이 담 넘어가듯 '경남 울주군 상북면 향산국민학교 일학년 강걸수'라고 비딱하게 그렸다.

　순경 아저씨는 고개를 갸우뚱하더니 시커먼 전화통을 돌려댔다. 잘 안 들리는지 크게 고함을 질렀다. 이런 학생이 없다고 하는 것 같았다. 또다시 어디론가 전화를 했으나 그곳에선 전화를 받지 않는 것 같았다. 나중에 알았지만 그림에 가까운 글자를 보고 '경남 울주군'을 '경북 울진군'으로 잘못알고 그곳 학교에 전화를 한 것이었고, 다시 전화한 곳은 바로 했지만 전화를 받지 않더라고 했다.

그 사이에도 당황했던지 나도 모르게 바지에 오줌을 싸고 말았다. 비록 어렸지만 민망했다. 순경 아저씨는 내 바지를 내려 닦아 주는 등 정말 자상했다. 우리가 어릴 땐 경찰을 순사라고 불렀다. 그 당시 어린 애들이 울면 어른들이 '순사 온다'고 겁을 주곤 했다. 우리는 울다가도 뚝 그치곤 했다. 순사가 얼마나 무서웠으면 그랬을까. 순경은 간첩이나 강도를 잡는 무서운 사람으로만 알았었는데 전혀 그렇지가 않았다.

그 무렵 작은집에서는 온 가족이 나를 찾는다고 난리가 났다고 했다. 작은어머니는 거리 구석구석을 누비면서 목이 터질 정도로 나를 부르고 다녔고, 사촌형들과 누나 친구들까지 동원해서 나를 찾아다녔다고 했다. 온 거리를 헤매다 파김치가 되었다고 했다.

나는 울다 지쳐서 스르르 잠에 취해 비몽사몽간에 소파에 기대어 흐느끼고 있는데 작은아버지가 파출소 문을 열고 들어오셨다. 얼마나 반가웠는지 나는 달려가서 안겼다. 감격의 순간이었다. 작은아버지가 찾아오리라고는 꿈에도 생각하지 못했다. 작은아버지는 그 일대 파출소를 샅샅이 뒤졌다고 하셨다. 먼 거리도 아닌데 지척이 천리가 된 셈이었다.

어릴 때 작은어머니가 우리 집에 오시면 그때 일을 어머니에게 한동안 얘기하는 것을 여러 번 들었다. 고교 졸업 후 재수 시절과 사회인이 되어 직장교육을 받을 때도 작은어머니가 손수 해주시는 따스한 밥을 먹고 부산의 작은집에서 많이 다녔다. 작은집 가족들과 형제애를 나누고 밤을 지새운 적도 많았다. 작은어머니는 가끔씩 내게 미아가 된 그때 일을 끄집어내어 웃음바다를 만들기도 했다. 작은어머니의 헌신적인 사랑과 배려 때문에 사촌지간의 돈독한 형제애는 예나 지금이나 변함이 없다.

　작은어머니에게는 여장부라는 호칭이 늘 따라다닌다. 우리 형제들을 친자식 이상으로 보살펴주신 훌륭한 분이시다. 작은어머니는 여든을 훨씬 넘겼음에도 건강하시지만 아버지나 다름없었던 작은아버지는 세상물정을 잘 모르는 무골호인이셨던 걸로 기억된다. 오래 전에 작고하시어 고향 선산에 계시다. 벌초와 명절 때 작은아버지 산소를 찾아가 절을 올릴 때면 후덕하신 작은아버지 기억들이 생생하게 떠오른다. 특히 예초기로 벌초를 할 때 묘지가 깨끗하게 단장이 될 때면 작은아버지가 생각나고 기분이 썩 좋아진다.

　요즘도 각종 축제 때 미아가 간혹 발생하기도 한다. 잃어버린 시간이 얼마 되지도 않았을 텐데도 여지없이 아이와 부모가 만날 때면 눈물바다가 된다. 이런 광경을 보면 나도 한때 미아가 되었던 지난 날이 생각난다. 내 손을 잡고 파출소로 데리고 가셨던 아주머니, 엄마를 꼭 찾아주겠다고 걱정 말라는 자상한 경찰 아저씨, 작은아버지와 작은어머니께서 이제 살았다는 듯 안도의 눈빛은 내 기억에서 영원히 지워지지가 않을 것 같다.

　내가 아파 봐야 남의 고통을 알고, 내가 슬퍼 봐야 남의 슬픔을 알 듯 시련도 지나고 보면 모두가 아름다운 추억으로 남게 되지만, 아이를 잃어버린 부모들은 아이를 찾을 때까지는 영원한 마음의 무기수로 살아갈 것이다.

　오월의 신록은 짙어만 간다. 이제 아버지형제 내외분들은 다 돌아가시고 오직 작은어머니 한 분만이 계신다. 작은어머니 계속 건강하게 오래 오래 사세요!

(2014. 5. 23)

쇠죽의 계절

어릴 때 소 돌보는 일은 내 담당이었다. 소는 우리 가족의 일원이었고 재산목록 제1호였다. 소는 우리 집의 큰 일꾼으로 논밭을 갈고 소달구지를 끌었다.

아주 어릴 때이다. 아버지는 실룩실룩한 소의 엉덩이를 보면서 온 들판이 떠나갈 정도로 "이랴" "워디" "이라로" 고함을 질러댔다.

나도 아버지만큼이나 소를 끔찍이 사랑했다. 매일 외양간을 청소하고 바닥에 짚을 푹신하게 갈아주었다. 겨울엔 짚으로 만든 '삼정'이라고 하는 옷을 소등에 걸쳐주었다. 쇠죽을 끓일 땔감을 하러 온 산천을 헤맸다. 여름엔 매일 소꼴을 베었고 해질녘이 되면 산이나 강변에 소를 먹이러 갔다.

소들이 자연을 만끽하는 시간들이다. 소들은 떼 지어 풀을 뜯다가도 때론 뿔을 서로 맞대어 싸우기도 했지만 언제나 평화롭게만 보였다. 비 오는 날엔 소를 개울가에 몰아넣어 풀을 뜯어먹게 했다. 날름날름 풀을 먹는 소를 지켜보면서 여름을 보냈다.

쇠죽은 잔밥과 반찬찌꺼기와 쌀뜨물이 들어있는 뿌연 구정물에 등

겨와 여물을 섞어 가마솥에서 푹 끓인다. 아궁이에 한 시간가량 불을 때면 서서히 솥과 솥뚜껑 사이에 수증기가 뿜어 나와 물로 변해 가마솥 아래로 흘러내린다. 이것을 우리는 '눈물'이라고 했다. 이쯤에서 오 분 정도 지나면 솥과 솥뚜껑 사이 여기저기에서 희뿌연 김들이 푸~우~~우 하는 요란한 소리가 나는데 이는 쇠죽이 완성됐다는 신호다.

그리고 이십여 분이 지난 후 뜸이 들었다 싶으면 왼손엔 나무바가지를, 오른손엔 기역자로 된 나무갈구리를 들고 쇠죽을 구유에 옮겨서 편다. 쇠죽을 펄 때면 외양간엔 온통 하얀 김이 서리고 구수한 쇠죽 냄새가 진동을 한다. 이때 어미 소는 '움머~' 하면서 일어선다.

어미 소는 긴 눈썹을 껌벅이며 댕그랑거리는 워낭 소리와 함께 흑흑거리며 맛있게 먹어댄다. 때로는 쇠죽을 먹으며 어미 소는 새끼 송아지가 더 많이 먹을까봐 큰 눈을 부라리며 뿔로 들이받기도 한다. 나는 '모성애도 없는 나쁜 놈' 하면서 부지깽이로 마구 때린다.

쇠죽을 끓일 때 땔감은 주로 마른 삭다리나 소나무 낙엽인 갈비를 쓰지만 추운 겨울엔 사랑방도 따뜻하게 달구어야 하므로 장작을 때기도 한다. 훨훨 타오르는 장작개비를 아궁이 깊숙이 밀어 넣고 불이 잘 붙게 불구덩이 속을 마구 쑤신다.

이때 아궁이 앞에 양다리를 벌리고 주저앉는다. 이쯤 되면 아랫도리를 시작으로 전신이 달아오르면서 몸과 마음이 편안해진다. 특히 눈이나 비가 촉촉이 내리는 날이면 아름다운 상상에 몰입하기도 한다. 입이 심심할 땐 몰래 쇠죽솥에 계란 두세 개씩을 넣는다. 때로는 빈계란 껍질에 쌀을 넣어 옹밥을 만들어 먹기도 하고 감자나 고구마도 굽는다.

송아지가 젖을 뗄 무렵이 되면 우시장에 내다 판다. 아버지는 이른 새벽 외양간에 불을 밝히고 정성들여 쇠죽을 끓이신다. 송아지는 아무것도 모르고 어미 소 꽁무니만 졸졸 따라간다. 생이별한 어미 소만 집으로 돌아온다. 새끼를 못 잊어 하염없이 울어 댄다. 커다란 눈망울에 맺혀 있던 그렁그렁한 눈망울을 나는 지금도 잊을 수가 없다. 그럴 땐 아버지를 한없이 원망했다.

쇠죽을 끓이려면 여물을 썰어야만 했다. 여물은 짚을 작두로 잘게 토막을 낸 것이다. 다른 집 작두는 날이 잘 들어서인지 단번에 싹둑싹둑 잘랐지만 우리 집 작두는 항상 삐꺼덕거렸고 두세 번 반복을 해야 했다. 어머니는 짚단을 작두에 밀어 넣고 나는 작두를 아래위로 올렸다 내렸다 하면서 투덜거렸던 기억들이 생생하다.

그러다가 사고가 났다. 작두 앞에서는 늘 긴장의 연속이다. 또래들과 깡통 차기 놀이를 하고 있는데 여물을 썰어야 한다며 어머니가 나를 찾았다. 빨리 끝내 놓고 다시 가려는 급한 맘에 작두질을 했다. 아차! 하는 순간 어머니의 오른쪽 손목이 반쯤 작두날에 베이고 말았다. 어머니 손목에서 피가 철철 나고 소스라치며 괴로워했다. 나는 겁에 질려 어쩔 줄 몰랐다.

지금도 그 생각을 하면 오금이 저리고 움츠려든다. 내가 치매에 걸린다 해도 이 일만은 잊히지 않을 것 같다. 비가 오거나 궂은 날이면 어머니는 다친 손목이 늘 아린다고 하셨다. 어머니는 홀로 늘그막에 외로움을 달래다 이젠 생의 끝자락에 서 계시다. 호흡기에 의지해 간신히 연명만 하고 있을 뿐이다.

어릴 때 꿈과 애환이 서려있는 곳! 외양간과 사랑채는 내 맘의 고향이다. 한때 아버지 영혼도 사랑채에 모셨다. 1년 동안 매월 음력 초하루와 보름날은 삭망이라 하여 이승과 저승을 잇는 공간이기도 했다.

내 유년기의 '쇠죽'은 어머니의 안쓰러움과 소의 우직함을 일깨워 준 아버지의 유산이었다.

(2014)

영감탕구

옛날에는 놀이 하나에도 삶의 지혜를 담았다. 요즘 아이들의 놀이는 자극적이고 금방 눈에 보이는 결과에만 치중한 것이 많다. 그 대표적인 것이 컴퓨터 게임이다. 우리가 어렸을 적에는 흙이나 돌 등 자연물을 가지고 자연 속에서 놀면서 자연을 이용하는 방법을 스스로 터득하는 놀이가 많아 자연과 더불어 인생의 간접 경험을 한 것 같다. 그 중 하나가 '영감탕구' 놀이다.

이 놀이는 옛날 탐관오리들이 자신의 업적을 자랑하기 위해 자청하여 동네 어귀에 비석을 세우도록 한 데서 유래했다. 동네 사람들은 그런 탐관오리를 못마땅하게 여겼고 마침내 조롱하기 시작했다. 탐관오리의 비석에다 돌을 던지며 비난 섞인 야유를 퍼부었고, 그것이 세월이 흐르면서 하나의 놀이문화로 자리를 잡은 것이다. 옛날에는 벼슬한 사람을 '영감'이라고 불렀고 그래서 이 놀이에는 '영감탕구'라는 해학적인 이름이 붙여졌다. 이 놀이의 표준말은 '비석치기'다.

4~5명이 한 조가 되어 처음에는 그냥 돌을 던져서 상대편의 돌을 쓰러지게 하는 놀이다. 두 번째 단계는 머리에 이고 가서 맞추기다. 그런 식으로 가슴, 목, 발, 배 등에 얹어서 상대의 돌을 맞추어 넘어지게 한

다. 그 다음 과정은 양다리에 끼우기도 하고 등에 얹은 채 뒷걸음쳐서 맞추는 등 점점 어려워진다. 무려 열두 단계를 넘기는 놀이다.

이것은 마치 사람이 살아가면서 만나게 되는 고비 고비와 흡사하다. 그래서 이 놀이는 인생의 축소판이라고도 볼 수 있다. 쉬운 것부터 어려운 단계까지 진행되는 영감탕구를 통해 초등학생 때 내 인생을 예습했는지도 모르겠다. 지금까지 별 어려움 없이 순조로운 삶을 살아온 것은 이 놀이를 통해 끊임없는 노력과 인내심, 그리고 타협을 배웠기 때문이 아닌가 싶다. 의자에 앉았더니 졸음처럼 스르르 내 오십 년 인생이 밀려온다.

초, 중등 시절 공부는 그런대로 했으나, 싸움은 반에서 거의 최하위였다. 비위가 약하고 입이 짧았던 나는 잘 먹지 못해 몸이 늘 약했다. 거의 영양실조 수준이었고 중학교 다닐 때는 급성관절염이 와서 한때는 일어서지도 못하고 자리에 누워 몇 달을 보낸 적도 있었으니 싸움은 고사하고 내 몸도 건사하기가 힘들었다. 그러니 나는 용기 없는 아이가 될 수밖에 없었다. 그러나 내 작은 몸집에 숨어있는 깡으로 그 고비를 잘 넘긴 것 같다.

고등학생이 되어서도 성격이나 몸의 변화는 거의 없었다. 공부보다는 농사일이 우선이었다. 그래서 이래서는 안 되겠다는 생각에 어머니의 마음을 돌려 고3이 되어서야 그 지긋지긋하던 농사일에서 가까스로 해방될 수 있었다.

기쁨도 잠시, 도회지의 학원에서 나는 내 인생 처음으로 쓴맛을 보았다. 기초가 부족했던 탓에 공부를 따라갈 수가 없어 기어이 포기하고 말았던 것이다. 어영부영 고등학교를 졸업한 후 다시 농사일을 거들면서 일이 년이라는 세월을 그냥 보냈다.

친구의 자극으로 다시 학원을 다녔다. 독서실에서 생활하며 끼니는 시장통에서 해결했다. 독서실에서 자면서 책상 아래로 여러 번 떨어지기도 했다. 곧 바로 대학은 못 갔지만 그렇게 공부한 덕분에 나는 공무원이 될 수 있었다.

이후 나는 사회인으로 열심히 살았다. 아버지는 청년시절 일제강점기 때 면(面) 서기에게 잘못 보여 일제징용에 끌려가 전쟁 군사물자를 운반하는 등 갖은 고생을 다했다는 얘기를 어른들로부터 들은 적이 있었다. 나는 공무원에 합격해 면 서기로 처음 발령 받았을 때 마침내 아버지의 한을 풀어드렸다는 사실에 자부심을 가지기도 하였다.

그것도 잠깐, 얼마 안 있어 군에 입대했다. 자대에 배치 받은 그 다음 날이었다. 군화는 장화같이 커서 헐렁거렸고, 철모도 내 머리에 맞지 않아 뛸 때마다 머리와 철모가 제각각으로 놀았다.

그 얄궂은 모습으로 M16 소총을 메고 산악구보에 나섰다. 반환점도 돌기 전에 죽을 것만 같았다. 허덕거리는 순간 내 뒤통수에 불똥이 번쩍했다. 선임이 소총 개머리판으로 내 철모 뒤를 사정없이 내려친 것이다. 죽을 힘을 다했다. 그때 만약 선임이 내 뒤통수를 쳐주지 않았다면 나는 분명 낙오했을 것이다.

그런 역경들이 나를 강하게 만들었고, 나는 어떤 경우에도 살아남아야 한다는 삶에 대한 처절한 다짐을 했다. 그것은 내가 살아가면서 가장 크게 겪었던 인생의 고비였던 것 같다.

몇 번의 작은 고비들을 겪어내고 나니 삶에 대한 자신이 생겼다. 그 즈음 나는 가정을 이루었다. 고삐 풀린 망아지처럼 행동하다가 가정이라는 테두리에 갇힌 듯 또 하나의 인생의 고비를 맞은 듯 힘이 들었다. 순간만 참으면 만사형통인데 그것이 너무나 어려웠다. 세월이 흐르면서 조금씩 누그러지긴 하지만 인생의 고비는 내가 죽음으로써 비로소 끝날 것이다. 때론 이것이 사는 재미가 아닌가 싶을 때도 있었다. 마치 영감탕구 놀이의 한 단계를 넘어간 것처럼.

어느 정도 삶의 안정을 찾아갈 무렵이다. 친구가 장기 교육을 간다며 술 한 잔 하자고 한다. 평소 같았으면 소주 반 병이 주량인데 그 날은 주량을 넘어 소주 한 병을 마셨다.

초저녁이라 망설임 없이 차를 몰았다. 출발 5분도 안되어 음주단속에 걸렸다. 눈앞이 캄캄했다. 아무리 사정을 해도 봐주질 않았다. 직장까지 팔아가며 애원했다. 그러나 허사였고, 끝내 벌을 받았다. 지나고 보니 그런 일마저도 인생의 좋은 경험이었다.

오십 년의 내 인생을 뒤돌아보니 웃고 울던 지난날들이 주마등처럼 스쳐간다. 이제 열두 고비 인생의 중반을 넘어서고 있다. 돌 하나로 오십 년 인생을 되돌아보는 시간, 옛날 영감탕구 하던 동무들이 하나 둘 손짓하는 것 같다. 솔정자에서 영감탕구 하자고.

(2012)

또래친구 강원회

내가 처음 글을 써본 것은 초등학교 5학년 때다. 물론 수필의 형태도 아닌 일기 형식의 글이었지만 어린 시절 너무나 중대한 일이라 글을 도무지 안 쓸 수가 없을 만큼 충격적인 사건 하나를 소개하고자 한다.

때는 겨울이었다. 겨울에 어른들은 병해충을 없애기 위해 논두렁에 불을 자주 지르곤 했다. 그 날도 우리는 논두렁에서 불장난을 하고 있었다. 나보다 세 살 어린 동생뻘인 친구가 바로 내 옆에서 철 갈고리 같은 것을 개시도랑에서 주워 끝에 심지가 있었는지 불을 붙이고 있었다. 이 친구는 형! 피직 피직 소리가 난다며 내게 다가왔다. 그래도 나는 무관심으로 일관했고 다른 애들과 이쪽저쪽 논두렁에 불을 옮겨 붙이는 데만 정신이 팔려 있었다.

그 순간 바로 내 옆에서 꽝! 하며 엄청난 폭발음이 들판과 온 동네를 뒤흔들었다. 함께 불장난을 한 우리 또래는 양 사방 혼비백산하여 달아났고 순식간에 동네 사람들이 다 모여들었다. 그 때 우리 엄마는 폭발물 터지는 소리에 혹시 내가 사고를 낸 것이 아닌지 걱정을 많이 했다고 했다. 몇 년간 우리 집에 우환이 겹쳐 안 좋은 일들만 계속 일어났었기에 와 보니 다행히도 내가 아니어서 한숨을 돌렸다고 했다.

폭발물이 터진 그 순간 내 눈에 들어온 광경은 참으로 처참했다. 그 친구의 오른쪽 손은 폭발물에 의해 거의 다 잘려나갔고 뼈 일부와 약간의 살이 붙어 그 사이로 피가 뚝뚝 흐르고 있었다. 엉겁결에 당한 일이라 그 친구는 아픈 느낌은 없었던 것 같았고, 겁만 잔뜩 먹고 "엄~마" 하며 집으로 뛰어가던 모습이 아직도 내 기억 속에 선명하게 남아있다. 그런 운명을 타고 났는지 그 친구는 제 명대로 살지 못하고 저 세상 사람이 된 지 오래다.

문제의 갈고리 같은 폭발물은 논과 차도 사이에 있는 개시도랑에서 주웠다. 큰 바위를 뚫을 때나 신불산 공비 토벌 때 사용했던 다이너마이트가 아니었을까 하는 추측만 했을 뿐 밝혀진 것은 없다. 터진 폭발물은 폭발과 동시에 공중분해가 되었는지 찾아볼 수가 없었다. 지금 같으면 사건 경위에 대해 경찰조사 같은 것이 이루어져 문제의 폭발물 정도는 확인이 되었을 텐데 그 땐 유야무야 그냥 넘어가고 말았다. 내가 그때 본 바로는 약간 휘어진 모나미 볼펜 크기 정도의 가벼운 알루미늄 같은 것으로 생각된다.

우리는 논두렁 마른 풀에 나뭇가지로 불을 옮겨 붙이며 놀았다. 하필이면 그 친구는 전혀 예상치 못했던 위험한 폭발물을 우연히 주웠고, 심지에 불까지 붙였으니 피할 수 없는 운명적 사건이라고 단정 지을 수밖에 없다. 그 친구는 초등학교 2학년으로 오른손을 잃고서도 어린 시절은 비교적 쾌활하게 잘 보냈다. 부유한 가정형편은 아니었지만 양친부모 슬하에 형제들이 많았다. 공부도 잘해 시골 고등학교를 나오고도 좋은 대학에 합격은 했으나 집안형편과 신병을 비관하더니 아쉽게도 대학 등록을 포기했다. 집안형편이 어려운 것이 큰 원인이 아니었을까 하는 생각이다. 그 때 형편이 좀 어렵더라도 과감히 대학을 갔더라면 상황은 많이 달라졌을 것이다.

어떻든 신체의 일부가 잘려나갔다는 너무나 큰 충격적인 사건이라 나는 그냥 넘어가서는 안 된다고 생각했다. 나 역시 초등학교 5학년의 어린 나이였지만 그 날 저녁 사건의 전말에 대해 적어보기로 했다. 누런 종이에 연필로 또박또박 적었다. 분량은 14절지 한 장 정도였다. 초등학생이 14절지 한 장을 채운다는 것은 결코 쉬운 일이 아니었다. 버스를 기다리다 추위서 논두렁에 불을 놓은 분을 사건 제공의 발단자로 지목했고 그 때 함께 있었던 친구들 이름까지 다 적어 놓았다. 다이너마이트 같은 알루미늄을 도랑에서 주운 장소와 속심지에 불을 붙인 것 등 비교적 상세하게 적었다. 그리고 내가 놀랐던 심경의 변화도 비교적 구체적으로 나열했다. 그리고 그 친구가 갑자기 오른손을 잃고 어떻게 살아갈 것인지 걱정 섞인 우려의 내용도 포함시켰다. 비록 어렸지만 아주 중대한 사건이고 가슴 아팠던 사연이라 그 글을 한동안 보관했다가 결혼 후 울산으로 살림날 때 앉은뱅이책상 서랍정리를 하면서 버렸다.

예순에 수필문단에 등단하고 정년을 서너 달 앞둔 시점에 그걸 버렸다는 것을 생각하니 너무나 아쉽다. 초등학교 때라 내용이나 형식의 면에서는 볼품이 없겠지만 오십여 년 전의 글이라는 데 그 가치를 두고 싶다. 특히 학교 글짓기 숙제도 아닌 그 날 충격적인 사건 현장에 대해 내 스스로 쓴 글이라는 데 의미를 부여하고 싶다.

오십년 전의 기억들을 더듬어 다시 써 볼까도 했지만 그 때의 문체들이 되살아날 리가 없고 제대로 전달이 되지 않을 것 같아 접기로 했다. 지금 나는 자서전 겸 수필집을 준비하고 있다. 그때 내가 처음으로 내 느낌을 적은 초등학교 때 쓴 글을 보관했더라면 '나의 고문서'라는 타이틀로 그 글을 실을 것인데 라는 생각을 하니 너무나 아쉽기도 하다.

다시 처음으로 돌아가자. 그 친구는 병원에서 삼사일 정도 입원을 한 후에 왔다. 오른쪽 손목은 완전히 잘려나간 채 하얀 붕대로 감겨 있었다. 요즘이야 의수를 끼워 생활을 했을 텐데 그 때만 해도 옛날인지라 그 친구는 여름에도 긴 소매만을 고집했고 손이 잘린 상태라 보기가 흉했고 오른손목은 뭉툭했다.

굽은 소나무가 선산을 지킨다는 말이 있듯 그 친구는 오른손이 없는 불구의 몸으로 농사일을 했고 노모를 돌보며 고향을 지키다 결혼을 했다. 오누이를 낳아 행복하게 잘 사는 것 같아 보기에 좋았다. 가끔씩 고향에 가면 그 친구를 찾아 동네에서 일어나는 얘기들을 한꺼번에 다 듣곤 했다.

부부의 일이란 아무도 모르듯 몇 년이 지나자 순탄한 가정은 아닌 듯했다. 그 친구도 올바른 직장도 아닌 이곳저곳을 옮겨 다니다가 말로에는 별 직장도 없이 깡 소주만 마신다는 소문이 간간이 들리더니 갑자기 부음이 들려왔다.

불쌍한 인생을 그렇게 살다 이승을 떠나간다고 생각하니 가슴이 아팠다. 하지만 세월 속에 묻혀간 지도 십오 년이 다 되어가는 것 같다. 살아생전 어쩌다가 고향에 가면 그는 물고기를 잡아준다고 강변에서 왼손으로 망치를 잡고 돌들을 두들겨 중태기를 잡았고 이 물고기로 매운탕을 끓여 둘이서 오붓하게 소주를 마신 적도 많았다.

옛 친구를 배려하는 따뜻한 심성을 가진 동네 또래였다. 세 살이나 어렸지만 친구처럼 잘 지냈다. 이상하리만치 그 친구 삼 형제는 젊은 나이에 다 요절했고, 그 친구 바로 위의 형은 나와 죽마고우였다.

　내가 수필 공부를 하고 문단에 등단을 하다 보니 그 친구에 관한 글도 그 친구도 다시 생각이 난다. '내 최초의 글'을 쓰게 해준 또래 친구 강원회가 사무치게 보고 싶다.

(2016. 8. 16)

이팝나무

　창밖에 이팝 꽃이 절정이다. 가난한 선비가 노모에게 하얀 쌀밥을 올리고, 그 선비는 이팝 꽃을 쌀밥삼아 노모와 함께 먹었다는 효심이 가득 찬 전설의 꽃이다. 더구나 이팝나무는 가정의 달인 오월에 피는 꽃이라 그 의미를 한층 더해 주는 것 같다.
　만물이 생로병사를 거치는 것은 자연의 이치인 것을, 여든 중반의 내 어머니도 그 마지막 수순을 밟고 있는 것 같아 한없이 맘이 아렸다. 일찍이 아버지를 여읜 댓가인지는 몰라도 예순을 바라보는 내게 여지껏 어머니가 살아 계셨다는 것만으로도 많은 위안이 되기도 했다.

　2년 전 어버이 날이자 어머니가 요양원에 가신 지 1년째가 되던 날이었다. 첫날 시설에 맡기고 돌아 설 때 발걸음이 떨어지지가 않았다. 삼십대에 홀로 되시어 우리들 사남매를 키우시려고 갖은 고생을 다하셨다. 하지만 어머니로서는 그렇게 후한 점수를 받지 못했다고 생각했었는지 늘그막에 푸념하시면서 씁쓸해 하시는 어머니 모습을 보니 안타깝기가 그지없다.
　보릿고개 시절 배고픔을 잊기 위해 어머니는 나이 많은 아버지에게 시집을 오셨다고 했다. 한 집안의 큰 며느리로 할머니를 모시며 행복한 가정을 이루는 가 싶더니 예고 없이 아버지에게 병마가 찾아왔는가 보다. 아버지는 어린 우리들만 남겨둔 채 먼 길을 떠나셨다.

그때 어머니는 우리 동네에 있는 초등학교 뒤 모퉁이에 있는 활짝 핀 이팝나무 꽃잎들이 하얀 쌀로 보였다고 했다. 저게 쌀이었다면 하는 생각을 많이도 가졌다고 했다. 몸이 약해지면 마음도 약해지는 걸까. 어머니가 요양원에 들어가시기 직전 해 어버이날 우리 형제들이 다 모인 자리에서다. 나는 오래 전에 돌아가신 아버지를 그리워하면서 쓴 글 한 편을 막내에게 보여줬다. 동생은 어머니와 형제들 앞에서 작은 형이 쓴 글이라면서 소리 내어 읽기 시작했다.

어느 즈음에 이르자 갑자기 동생이 감정이 복받쳤는지 펑펑 우는 것이 아닌가. 아마도 그리워하는 아버지에 대한 내 마음이 서로 이심전심으로 통했나보다. 그런데 조용히 듣고 계시던 어머니가 나를 그윽하게 바라보시더니 예상치 않은 말씀 한 마디를 툭 던졌다.

'너에게 미안한 게 참 많다.' 뜻밖이었다. 순간 막혔던 가슴이 확 뚫리면서 감동이 북받쳤다. 평생 누구에게도 이런 모습을 보이지 않았었다. 평소 서운했던 나의 속내를 슬쩍 비추기라도 하면 말을 꺼내기가 무섭게 단호하게 일축했던 어머니가 아니었던가. 이 말을 듣는 순간 그간 서운했던 감정들이 일시에 해소되면서 가슴이 시원해졌다. 언뜻 '어머니도 내게 늘 미안한 마음을 가슴에 품고 사셨구나.'라는 생각이 들었기 때문이었다. 긴 세월 어머니를 향했던 원망이 부끄럽고 죄송했다. 또 다른 한편으론 약해지신 어머니 모습에 안쓰러웠다. 어머니의 보살핌은 가까이에 계시는 형님 내외의 몫이라고만 생각했었다.

가끔씩 고향집을 찾지만 친구들이 우선이었고 어머니는 뒷전이었다. 늦은 시간 피곤함과 취한 모습들만 보여 주었고, 때로는 내 맘속에 먹구름이 몰려오고 천둥과 번개가 치는 날이면 어머니를 찾아가 걱정거리만 잔뜩 안겨 주었을 뿐 나는 늘 불효자였다.

동네 사람들로부터 '자식 농사 잘 지었다.'는 말을 자랑 삼으셨던 어머니는 평생 늙지 않을 줄 알았다. 항상 태산 같았고 내가 넘을 수 없는 존재라고만 생각했었다. '홀어머니 자식'이라는 소리 듣지 않게 하려고 여린 감성을 꾹꾹 누르시며 살아오느라 얼마나 힘드셨을까.

어머니의 기력은 서서히 떨어져갔다. 몇 해 전 까지만 해도 유모차에 의지해 경로당을 오가며 마을에서 일어나는 일들을 우리들에게 전하기도 하고, 때론 고스톱 치는 할머니들의 어깨너머로 훈수를 두기도 했었다고 했다. 그러다가 요양원에 가기 며칠 전부턴 방 천정에 매어 놓은 줄에 의지하여 간신히 일어나시곤 하더니 그 기력마저 완전히 바닥이 났었나보다.

'내가 뭐 그렇게 잘못 했나?'

어머니는 요양원에 도착하자 울먹였다. 홀로 내팽개쳐진 어머니를 보니 내 마음이 찢어진다. 먹먹해져 오는 가슴을 누르고 어머니의 여윈 몸을 끌어안았다. 소리가 되어 나오지 못한 말이 눈빛 속에 형형하게 빛나고 있다. 나는 그 말이 무슨 말인지 눈빛만 보아도 이제는 안다. 이래서 자식과 부모는 영원히 상사화 같은 사랑을 주고받는 관계인가보다.

하늘나라 행 열차를 기다리는 할아버지 할머니들을 보니 내 가슴이 먹먹하다. 죽음이란 누구도 피할 수가 없다. 지금 이 순간 내 자신도 인생의 종착역을 향해 열심히 달려가고 있지 않는가. 저 멀리서 내 아이들도 언젠가 나를 안타깝게 바라보고 있지 않을까.

"할머니 우리가 잘 할게요"
아기 대하듯 어머니를 다독이는 요양보호사 말에 다소 안심이 되기도 했다. "어머니, 시설도 깨끗하고 간호사와 요양보호사들도 친절하니 걱정 마세요."라고 하면서 안심시키려 했지만 어머니의 표정은 영 어둡고 심상치가 않았다. 겁에 잔뜩 질려 있었고, 엄마와 헤어지기 싫은 어린애처럼 보였다.

어머니는 침상에 누워 두려움에 가득 찼고 두 눈에 눈물이 글썽였다. 가볍게 포옹을 하고 어머니의 여윈 손을 움켜쥐니 목이 멘다. 어머니를 혼자 두고 돌아서려니, 오십여 년 전 아버지가 떠오르고, 현대판 고려장이라는 소리가 내 귀전을 때렸다.

"어머니 자주 찾아뵐게요." 돌아서려는데 어머니가 "지난 번 네가 싸온 생 갈치가 너무 맛있었다. 너 주려고 한 도막 남겨놓았는데."라고 하면서 희미하게 말끝을 흐렸다. 그 순간 어머니의 찡한 사랑이 내 가슴에 와 닿았다.

'부모는 열 자식을 감당해도 열 자식은 한 부모를 감당하지 못한다.'는 항간의 말은 얼마나 맞는 말인가. 그렇게 고생해서 키웠지만 검불 같은 몸 하나를 산소 호흡기에 의지해 가냘픈 생명만을 이어가더니 이팝 꽃이 활짝 핀 오후 한줌의 재로 변했다.

"바람이 가는 길을 알지 못하는 듯 어머니 가시는 길을 알지 못했습니다. 오늘 뜨는 저 태양도 내일이면 다시 뜨듯이 언제나 저희들 곁에 계실 줄만 알았습니다. 기쁨도 슬픔도 지나고 보니 꿈만 같습니다. 사랑하는 어머니, 소중했던 어머니 편안히 계시옵소서!"

 연초록의 오월! 효심이 가득 찬 이팝나무 꽃잎을 보면서 질곡의 삶을 살아 온 내 어머니를 생각하니 내 마음 깊은 곳에서 회한이 밀려온다.

(2015. 5. 8)

메타세쿼이아

　사무실 창가에서 내려다보면 메타세쿼이아 나무가 일렬종대로 서 있다. 퇴근길 이 거리를 지날 때마다 마치 사열이라도 받고 있는 듯 엄숙함과 시원함을 안겨주기도 한다. 이 나무를 볼 때마다 그 어떤 태풍이나 강풍에도 끄떡 없어 보인다. 뿌리 내림이 짐작이 가기 때문이다. 이 뿌리 깊은 나무를 생각할 때 서울에 있는 작은 애가 늘 연상된다.
　작은 애가 고등학교 졸업 후 대학 진학을 위해 부모 곁을 떠난 지가 어언 3년도 넘었다. 처음엔 애처롭기도 했지만 세월이 지나다 보니 이젠 아무렇지도 않다. 요즘은 휴대폰 때문인지 집에 있는 애들보다도 멀리 있는 작은 애가 소통 면에서는 훨씬 더 나은 편이다. 언제나 당당했던 작은 애가 울먹이면서 전화를 해왔다. 1년간 서울에서 대학 편입 공부를 하였다. 결과는 다 떨어졌다면서 미안하고 죄송하다는 것이다. 그런데 그다지 억울한 생각이 들지가 않았다. 아무래도 우리 작은 애를 많이 믿고, 사랑하고 있었나 보다.
　고등학교도 처음엔 특성화학교로 가더니 학년 초에 그만두고 또래 애들 보다 한 해 늦게 인문계에 다시 진학을 했다. 대학도 3년제 디자인학교로 갔다. 서울 근교 기숙사도 없는 학교라 맘에 들지 않았지만 자식이기는 부모 없기에 어쩔 수가 없었다. 정상적으로 학교에 들어갔더라면 올해 4년제 대학을 졸업하였을 텐데 다시 편입을 위해 삼수를 해야 할 형편이다. 그런데도 담담하게 받아들여진다. 작은 애가 일관성 있는 주관으로 최선을 다했다는 데는 변함이 없기 때문이다. '믿는 도끼에 발등 찍힌다.'는 속담을 감내하면서도 한편으로 그렇게 억울한 생각이 들지가 않았다.

나는 지금도 애들에게 평소에도 늦게 출발하더라도 바르게 출발해야 한다는 말을 자주 해왔다. 실패는 시련이 따를 뿐이지 패배는 아니라는 것을 입버릇처럼 강조하곤 했다. 실패 없는 삶은 인생의 긴 여정에서 볼 때 반드시 좋은 것만은 아니다. 실패는 성공의 어머니라는 말도 있듯이 실패는 단단한 삶을 꾸릴 수가 있고 오뚝이처럼 좌절하질 않는다. 세상 이치란 공짜가 없는 법, 고생 끝에 얻은 성공이야말로 가장 보람된 성공일 것이다.

내게도 쓰라린 경험이 있다. 농촌에서 초·중·고를 나왔다. 공부는 뒷전이었고 농사일이 늘 우선시되었다. 나는 학교 다닐 때부터 힘에 겨운 농사일을 많이 거들면서 불만투성이였다. 졸업 후에는 본격적으로 농사일을 거들었는데 하루는 어머니가 송아지를 팔아 줄 테니 공부를 다시 하라고 했다. 나중에 원망 말라는 선전포고나 다름없었다. 변명이긴 하지만 시골학교에 다니면서 대학을 갈 수 있는 학우는 몇 안 되었다.

그 길로 나는 도회지 학원에 수강등록을 한 후 독서실에서 공부하며 잠을 자고, 밥은 시장통에서 해결하였다. 처음엔 독서실 책상 위에 나무판자를 깔아놓고 그 위에 잠을 자다 몇 번 떨어지기도 했지만 비슷한 처지의 학우들이 많았었기에 쉽게 적응할 수가 있었고 무엇보다도 지긋지긋한 농사일에 비하면 너무나 좋았다. 하루에 몇 번씩이나 어머니와 티격태격한 날들을 생각하면 더 없이 행복하고 자유로운 생활이었다.

공부라고는 해본 적이 없는 내가 대학입학 학원수업에 따라간다는 것 자체가 여간 어려운 일이 아니었다. 자연히 또래친구들과 영화관 등을 기웃거리거나 바둑, 탁구 등 잡기 등으로 대부분의 시간들을 허비했다. 한 번은 여자 친구 꾀임에 빠져 한 달 용돈을 날리기도 했다. 그 결과 보기 좋게 그해 예비고사에서 떨어졌다. 예비고사는 기초학력 테스트에 불과한데 거기에서 떨어졌으니 창피해서 죽을 지경이었다.

친척일가들만이 사는 조그만 동네라 소문이 안 날 수가 없었다. 더구나 한동네에서 딴 친구들은 다들 합격했는데 나 혼자만 떨어졌으니 하소연 할 데도 없고 죽고 싶은 심정이었다.

무작정 버스를 타고 도피행각에 들어갔다. 마땅히 갈 곳도 없고 해서 바닷가에 있는 고등학교 친구 집을 찾아갔다. 비포장도로로 희뿌연 흙먼지를 뽀얗게 일으키며 고불고불한 길로 서너 시간이나 달렸을까. 지금 생각해보니 '남목' 당 고개를 지나 '주전'을 거쳐 '정자'로 가는 국도였던 것 같다.

작은 어촌 친구 집에서 사흘 동안 머물렀다. 친구는 막내였고 부모님은 연로하셨지만 정말로 잘 대해 주셨다. 친구 형님과 좁은 방에서 밤을 지새웠다. 낮에는 길게 휘어진 반달 모양의 몽돌 해변에 철썩이는 파도소리를 들으며 깊은 상념에 젖어보기도 하고 파도에 부딪쳐 흰 거품을 뿜을 때면 내 맘을 달래주듯 위로가 되기도 했다. 밤이면 그곳 친구들과 정자까지 한 시간이나 더 걸어 횟감을 사러 가기도 했다. 반

짝이는 별들을 보면서 그 동네 친구들과 어울려 상어회를 안주로 먹은 짜릿한 그 소주 맛은 잊을 수 없는 추억이다. 사흘 동안 주전바닷가의 추억은 내 맘 깊숙이 자리하고 있다.

아직도 그 친구는 고향을 지키고 있다. 그 옛날 나지막한 어가는 현대식으로 변했지만, 파도소리와 주위 풍경만큼은 예나 지금이나 변함이 없다. 요즘은 친구부인이 나를 더 반긴다. 새로 도로가 나고 터널이 뚫리다 보니 내 근무지에서 10분 거리도 채 안 된다. 수시로 내 집처럼 들락거려도 부담이 가질 않아서 좋고 지금도 그때 얘기를 한다.

내게 이런 실패와 쓰라린 아픔이 없었더라면 이렇게 좋은 추억거리를 만들지 못했을 것이다. 홀홀 벗어던지고 일상으로 돌아간 딸애가 정말로 대견스럽다. 쭉쭉 뻗은 메타세쿼이아처럼 언제나 당당하기를 바란다.

(2016. 7)

노병은 살아있다

 출동 명령이 떨어졌다. 빨치산 출현이라도 이처럼 긴박하지는 않을 것이다. 산불을 내고 도망을 가는 '마골산' 다람쥐가 우리 지역으로 왔나. 차창가로 본 염포 뒷산은 온통 불야성이다. 하늘에서는 동짓달 초여섯 날 초승달이 빛나고 있었다. 차에서 내려 이십여 분을 뛰어가니 시뻘건 불꽃들이 방화선을 향해 달려오고 있었다. 우린 방화선을 넘지 못하도록 물을 분사하기 시작했다. 불이 더 번지지 않도록 낙엽도 끌어냈다. 놈들이 서서히 꼬리를 내리기 시작한다.
 그때 바로 밑에서 차 빼라는 고함 소리가 들린다. 놀라 뒤돌아보니 숨어 있던 불꽃들이 방화선 임도에 세워둔 승용차를 공격하고 있었다. 다급히 차 주인이 달려왔으나 열쇠를 찾지 못하여 발만 동동 구르고 있었다. 모두가 내 일인 양 걱정에 몸이 달아오르고 있을 때 소방차가 달려와서 간신히 위기를 모면하였다.
 이젠 정상 탈환을 위해 적진을 뚫고 올라가야만 한다. 대장이 먼저 이십 키로 물 등짐을 메고 우리를 바라보고 있다. 나를 포함 물 등짐을 멘 대원은 대부분 오십대다. 다들 주춤하고 있는데 대장이 한마디 던졌다.

"노병은 살아있다!"

대장의 한마디에 우리는 한바탕 웃었다. 대장의 뒤를 따라 적진을 향해 돌격 앞으로다. 길도 없는 컴컴한 밤 오로지 전진만이 있을 뿐이다. 시야는 깜깜한데 자욱한 연기와 매캐한 불 냄새가 진동했다. 급경사에 이십 키로 물 등짐은 내 체력에 한계다. 대장은 사십대라 혈기 왕성하지만 난 그렇지가 않았다. 노병 체면 때문에 정말 죽을 지경이었다. 힘겨웠던 화생방 훈련이 생각났다.

완전군장과 방독면에 판초를 쓰고 죽을 힘을 다해 오염지역을 통과했던 군(軍) 시절이 떠오르는 순간, "억!" 나는 나무뿌리에 걸려 물 등짐을 멘 채 앞으로 처박히고 말았다. 앞서가던 대장이 깜짝 놀라 땀이 범벅이 된 나를 일으켜 세우더니 괜찮은지 묻는다. 노병 체면에 애써 태연한 척했다. 넘어져도 알아주는 대장(隊長)이 있었기에 기분은 좋았다. 나는 속으로 야간전투의 승리자가 되겠다고 외치며 적진에 도착했다. 불꽃이 우리를 향해 벌 떼 같이 달려든다.

적들과 한참을 싸우다 보니 등짐의 실탄이 떨어져 육탄전으로 적을 섬멸하였다. 이번엔 왼쪽능선이다. 방화선을 치는데 얼굴은 화끈거렸고 온몸은 땀으로 범벅이 되었다. 갈퀴로 적들을 내려쳤다. 얼마나 지났을까. 원불은 잡았지만 불씨가 되살아날까 봐 바로 하산할 수가 없었다. 칠흑 같은 어두운 밤에 간간히 잔불들이 반딧불이처럼 반짝거렸다. 잔불정리를 하고 있는데 오른쪽 능선에 또다시 적들이 나타났다고 무전이 날아왔다. 다리가 후들거린다.

오른쪽 능선에 도착하니 밤 두시가 넘었다. 태풍과 폭설에 넘어진 고목들은 적들에게 매수되어 마약환자처럼 자기 몸을 태우고 있었다. 고목에 붙어 있는 적들을 사정없이 내려쳤다. 죽였다 싶으면 또 살아

나고 밤이 새도록 반복하였다. 통나무 속의 불은 흙으로 겨우 잡았다.

　우린 기진맥진하여 지휘본부에 와서 컵라면으로 허기를 때우고 잠시 눈을 붙였다. 새벽에 다시 현장으로 달려갔다. 헬기가 공중에서 물폭탄을 투하하자 적들은 오합지졸이 되어버렸다. 소탕작전에 들어갔고 여대원들의 섬세함에 적들을 이 잡듯 완전히 섬멸되었다. 오후 늦게 상황이 종료되었다.

　오늘만큼 힘든 날도 없었고 또 오늘만큼 보람된 날도 없었다. 적당히 중간에 도망친 날도 많았지만 이제는 어려운 역경 속에서 보람을 찾고 싶다. 이제 정년이 6년 남았다. 오늘 산불에 견주어 본다면 남은 기간은 잔불정리 정도의 시간이다. 부끄럽지 않는 '노병'이 되기 위해서 후배 사랑에 힘을 실어야겠다는 계기가 되었다.

(2010. 12)
— 염포산 산불진화현장에서

십이 년 지기

내 친구 한지가 저 세상 사람이 된 지도 어언 이십오륙 년이나 된 것 같다. 무엇이 그리도 급해 하늘나라 행 KTX를 탔을까. 요즘 같은 좋은 세상에 살아있었으면 바둑도 두고 할 말이 참 많을 것 같은데…. 다음은 마지막으로 주고받은 통화내용이다.

"한지야, 병원에 입원했다는 말을 들었는데 어디가 어떻게 많이 아픈 거야?"

"응, 괜찮아. 서울생활 청산하고 사흘 후면 고향 내려간다. 그때 가서 보자."

한지와는 초·중·고 12년 동안 같은 반을 했고 짝지도 여러 번 했다. 사는 곳도 아래위 동네였고, 같은 성씨라 가족들까지도 잘 아는 사이였다. 고등학교 다닐 땐 우리들은 나란히 2, 3번이었다. 키 작은 순서로 정했으니 또래친구들보다 아주 작은 편이었다.

나는 비교적 소심했고 한지는 장난이 심한 개구쟁이였다. 집에서 부르는 내 이름은 '섬'이었다. '섬'은 볏짚을 엮어 만든 벼를 담는 가마니의 일종이다. 초등학교 때 한지가 내게 "가마이, 가마이!" 하며 심하게 놀려 둘이서 다투었던 기억들이 생생하다. 아니 일방적으로 내가 많이 당했던 것 같다.

　막무가내였던 한지는 초, 중 시절을 지나 고등학생이 되고부터 나와는 죽마고우로 자리를 굳혀 갔다. 젊은 날 저 세상 사람이 되어서인지 기억을 더듬어 보면 초등학교 때 한지는 장난기가 심했으나 창백한 얼굴이었고 건강하지 못했다는 생각을 떨칠 수가 없다.

　초등학교 다닐 때 친구 집에 가면 한지 어머니는 달콤한 엿도 만들어 주었고, 뒷산 산간 밭에 직접 심은 수박이나 참외도 따다 주었다. 우리 어머니보다는 훨씬 더 자상하셨던 걸로 기억한다. 중학교 때도 같은 반 짝지를 여러 번 했었고 가끔씩 다투기는 했지만 그런 대로 가깝게 지냈다.

　우리 마을에 내 동기는 한 명도 없었다. 자연스럽게 아랫마을 한지가 사는 동네를 들락거리면서 그 동네 친구들과 어울렸다. 그 동네에는 한지 외에도 우리 동기들이 세 명이나 더 있었다. 그 친구들은 읍내 고등학교에 다녔기에 한지만이 가까운 친구로 남게 되었다. 지금은 한지 밑에 두 살 터울 동생이 한지를 대신하여 나를 반긴다.

　한지와 한지 동생은 내게 바둑을 배웠다. 나를 장난삼아 사부님이라고도 불렀다. 내게 바둑을 많이 깔고 두었고, 처음 배우는 단계라서 내 수에 잘 넘어갔다. 서서히 코너에 몰아붙이면 어느 시점 졌다고 하며 아쉬워하는 표정들도 눈에 선하다. 그것이 계기가 되었는지 한지 동생은 언양 읍내에서 기원을 하고 있다. 매번 동창회 때마다 "형님 바둑 한 판 두요." 하며 도전장을 내민다. 언젠가는 결전의 그날이 오리라.

　우리는 고3이 되었고 한지는 대학진학을 위해 공부에만 전념하여 그해 예비고사에는 합격했으나 본고사에서 낙방했다. 나는 그때 대학은 꿈도 못 꾸고 농사일에만 급급했었다. 한지는 재수를 했다. 시골 형편은 다들 어려웠다. 가난한 촌부의 아들로 그 당시 한지 아버지는 연로하시고 어머니가 살림을 꾸려 가는 것 같았다. 형편상 도회지 학원에는 갈 수 없는 처지인지라 집에서 일 년 동안 공부를 했고 이듬해 지방 국립대에 들어갔다. 시골학교 출신으로서는 결코 쉬운 일이 아니었다.

한지 어머니는 매학기 등록금을 소를 키워서 충당했다. 당시 한 학기 등록금이 소 한 마리 가격인 십오만 원 정도였다. 한지는 정작 대학생이 되었지만 친구인 나를 그냥 내버려두기가 안타까웠는지 지금이라도 늦지 않으니 대학에 들어가야 한다는 자극적인 편지를 보내오곤 했다.

나는 어머니의 농사일을 도우면서도 한지의 편지를 받으면 위안이 되었다. 일단 공부를 하면 무슨 길이라도 열린다는 것이었다. 친구 편지의 자극으로 어머니께 졸라 농사일을 접고 일 년 동안 도회지 학원에 다녔다. 학원 근처 독서실에서 잠을 자 가며 공부를 했고 밥은 가까운 시장통에서 해결했다. 비록 대학은 못 갔지만 공무원이 되었고, 군 입대 전에 고향 면사무소로 발령을 받았다.

우선 지긋지긋한 농사일에서 벗어났다는 안도감은 말할 수 없는 기쁨이었다.

한지는 방학 때면 언제나 나를 찾았고, 우리 집 마루에 앉아 멀리 보이는 간월재를 바라보면서 그간의 일들을 얘기했다. 내가 겪어보지 못한 캠퍼스의 낭만을 얘기했고 세계적 명작소설 앙드레지드의 '좁은 문'을 읽었다는 둥 이런저런 자랑거리들도 늘어놓았다. 처음으로 이성과 미팅한 얘기와 하숙집 딸과의 연애담도 얘기했다. 그러다 우리는 서로 영장이 나와 군대에 갔고 삼년 동안 연락 없이 지내다 비슷한 날 전역을 했다.

서슬 시퍼런 5공화국 시절 나는 군 복무를 마치고 고향 면사무소에 복직해 온갖 잡무를 도맡아야 했다. 한지는 하사관 복무 후 대학에 복학했고 몇 년이 지난 후 '롯데삼강'이라는 대기업에 입사했다는 연락을 받았다. 그 해 추석 때 한지는 빨간색 자가용을 몰고 우리 집에 왔다. 80년대 초, 그 당시 자가용은 우리 같은 서민들에겐 사치품이었고, 그때 나의 애마는 업무용 90CC 오토바이였다.

한지는 회사에서 자재 출납을 담당한다고 했다. 당시 내가 알기로 회사 자재 출납업무는 노른자 자리라는 말을 얼핏 들은 기억도 나고 해서 "야! 너 출세했구나."하면서 칭찬을 했다. 친구는 납품업체 사장들, 그리고 결재하는 자리에 있는 높은 분들과 자주 술을 마셔야 하는데 체질에 안 맞는다고 불만을 토로하기도 했다.

여전히 한지는 서울에서 잘 나간다는 소문이 들렸으나 술 때문인지 몸이 안 좋다는 소문도 간간이 들리기도 했다. 어느 날 서울 친구로부터 갑자기 한지가 큰 병원에 입원해 있다는 전갈을 받고서야 급기야 전화를 했다. 그렇게 상태가 안 좋으리라고는 꿈에도 생각지 못했다. 그때는 회생이 불능한 상태여서, 고향에서 어머니의 마지막 보살핌이나 받아 보려고 서울 생활을 청산하던 중에 죽음에 이르지 않았나 하는 생각을 지울 수가 없었다.

삼십대 초반의 아까운 죽음이었다. 고향 선산에 묻히기를 원했는지 초겨울 비가 촉촉이 내리는 날 한지의 운구가 도착했다. 동네 어귀에서 꽃상여가 출발하더니 점점 한지 집 방향으로 향했다. 한지 집과 붙어있는 밭이 한지의 유택이었다. 친구의 영전에 술을 올렸다.

이듬해 설날 한지 모친을 뵙고 묘소를 찾았다. 한지의 묘는 꾸민 지 6개월도 채 되지 않았는데 잔디가 파릇파릇하게 돋아 있었고 마치 몇 년이나 된 듯 소담하게 잘 가꾸어져 있었다.
 "어머니 몇 개월 새 어떻게 이렇게 잔디가 잘 자랐죠?"
 한지 모친은 매일 잡풀을 뽑아내고 비료를 주며 어린애 키우듯 묘지를 돌봤다고 했다. "자식이 죽으면 가슴에 묻는다."는 말이 내 가슴에 와 닿았고 변함없는 아들사랑에 눈시울이 촉촉해졌다.
 24호 국도를 달리다 보면 멀리서 한지의 유택이 희미하게 보인다. 십 이년 지기 개구쟁이 모습이 아른거린다.

(2016)

엇부루기

"못된 송아지 엉덩이에 뿔난다."는 속담이 있다. 이는 소에게도 사춘기가 온다는 뜻일까. 내 고향 어귀에 들어서면 음매 음매하는 송아지 울음소리가 들리고 퀴퀴한 쇠똥 냄새가 코를 찌른다. 문득 어린 시절 '엇부루기' 생각에 웃음이 저절로 나온다. 엇부루기는 소 먹이러 갔을 때 제 주제도 모른 채 지어미 등에 올라타려고 날뛰던 수송아지를 두고 하는 말이다.

나도 모르게 시계바늘이 반세기 이전으로 되돌아간다. 내겐 나를 업어서 키워주신 띠 동갑인 막내이모가 있다. 이모는 우리 가족이나 다름없었다. 어릴 때부터 초등학교도 우리 집에서 다니면서 우리 형제들을 많이 보살펴 주셨다. 특히 나를 처음부터 끝까지 돌봤다고 평소에도 늘 강조하시곤 한다. 그 당시 우리 동네에는 이모 또래의 처녀들도 많았다.

내 고향 뒷동산에는 찬물이 샘솟는 약물탕이 있다. 약물탕은 우리 동네에서 이름난 명소였다. 약물탕 물을 길어 보리밥을 말아먹었다. 그래서 옛날부터 이 샘물을 약물탕으로 불렀다고 한다. 한여름 우리 또래들은 점심시간이 가까워오면 약속이나 한 듯 주전자를 들고 이곳으로 모였다. 지금도 '약물탕' 하면 땀을 뻘뻘 흘리는 주전자가 생각나기도 한다.

남자들은 물이 얼음장처럼 차가워 땀띠를 죽인다고 등목을 쳤고, 아낙들은 몰래 뒷물로 사용하곤 했다. 풋내기 처녀총각들은 가끔 노천탕으로 이용하기도 했고. 특히 이모 친구들은 겁도 없이 그곳에서 종종 목욕을 하곤 했다. 지금이야 엄두도 못 낼 일이지만, 그 당시만 해도 조선후기의 관료이자 화가이신 신윤복의 단오도에 나오듯이 아녀자들이 훤한 대낮에도 강변이나 한적한 곳에서 몰래 목욕하는 모습을 간혹 볼 수가 있었다.

나는 그날도 예전과 같이 아장걸음으로 이모 손에 이끌려 이모 친구들을 따라 나섰다. 바가지를 든 것을 보니 약물탕으로 가는 것 같았다. 동네 민가를 약간 벗어나 산골짜기 약물탕으로 접어드니 길은 반질반질한 오솔길이었다. 주위에는 소나무와 오리나무들이 울창했고 매미들이 그곳에 다 모였는지 귀가 떨어져 나갈 정도로 울어댔다. 숲은 우거져 하늘을 다 가릴 정도였다.

그때 갑자기 대장으로 보이는 이모 친구 한 분이 나를 보더니 십여 미터 남겨두고 "넌 더 이상 따라오지 말고 여기서 망을 보라."고 했다. "누가 오는지 잘 봐야해, 알았지?"라고 명령했다. 졸지에 이모 친구들을 사수해야 하는 초병이 되고 말았다. 주위를 잘 살피면서 이방인들이 접근하면 지체 없이 신호를 보내라는 말도 잊지 않았다.

제법 트이고 오뚝 솟은 바위에 기어 올라갔다. M16 소총 대신 타다 남은 부지깽이를 들고 경계근무에 들어갔다. 내 임무는 목욕하는 이모 친구들을 훔쳐보는 나무꾼들이 있는지 살피는 일이다. 전방과 좌우를 주시하면서 초병의 임무를 성실히 수행해 갔다.

그런데 처음에는 대장이 시키는 대로 요령을 피우지 않았으나 조금 지나자 게을러지기 시작했다. 내 머릿속은 차츰 바로 뒤에서 목욕하는 이모 친구들로 채워지고 있었다. 나도 모르게 자꾸 약물탕 쪽으로만 신경이 쓰였다. 마치 군대 시절, 철책선에서 전방 경계보다 후방 순찰에만 신경이 쓰이듯 나무꾼은 전혀 안중에도 없었다.

오직 뒤에서 목욕하는 이모 친구들만 상상하고 있었으니 호기심을 주체할 수가 없었다고나 할까. 급기야 내가 맡은 초병의 임무는 간곳 없었다. 나는 결국 생선가게의 고양이가 된 셈이었다.

언제 고개가 돌아갔는지. 아니나 다를까, 이모 친구들은 실오라기 하나 걸치지 않은 몸에 바가지로 물을 끼얹고 있었다. 꾀꼬리마냥 재잘거렸고 호호 하하 하면서 금방이라도 숨이 넘어갈 듯 자지러지기도 했다.

그 때 내 나이 겨우 대여섯. 처음으로 느껴보는 이성이라고 할까, 정신이 몽롱해지면서 이상야릇한 기분이 들었다. 내 심장은 콩닥콩닥 뛰고 내 온몸은 혼미의 늪으로 빠져들었다. 뭐라고 딱 표현하지 못할 감정으로 몰입되었다. 공중에 붕 뜨는 기분이었다고나 할까.

새하얀 속살, 긴 생머리에 부풀대로 부푼 젖가슴, 잘록한 에스라인. 그야말로 생동감 넘치는 예술적 누드의 현장이었다. 주요부분을 다 훔쳐보았을 때 내 가슴은 멎을 것만 같았고 거친 숨을 몰아쉬지 않을 수 없었다. 지금 생각해보면 나는 그때 아주 건강한 사내아이였다.

어린 마음에도 이러면 안 된다는 생각을 하면서도 마음과 행동은 엇박자를 이루고 있었다. 이모 친구들의 목욕 장면을 하나도 빼먹지 않고 죄다 훔쳐보면서 전신이 마비되었던 그 감정들은 아직도 강렬하게 남아있다.

지금은 고희가 된 이모이지만 그때를 생각하면 이모는 여전히 청순한 십대 소녀이다. '선녀와 나무꾼'이라는 동화 속의 얘기처럼 이모 친구들은 선녀였고 나는 어린 나무꾼이었다.

나의 엇부루기는 이모와 함께였다.

(2013)

철책선

　북한군 병사가 노크귀순을 했다고 떠들썩했다. 이중삼중의 경계망을 뚫고 어떻게 귀순해 왔는지 정말 어이가 없다. 그 시간 남북한 양측의 경계병들은 무엇을 했는지, 최전방 경계근무가 그렇게 허술한지 많은 의문투성이다.
　나는 삼십여 년 전 서부전선 최전방에서 18개월 동안 철책 근무를 했다. 예비사단에서 기본교육을 마치고 밤새 군용 열차를 탔다. 날이 샐 무렵 열차에서 내리고 보니 용산역이었다. 다시 군용트럭을 갈아타고 두어 시간을 더 간 곳은 전방 사단 신병훈련소였다. 도착하자마자 후방에선 전혀 들을 수 없는 군용 헬리콥터 소리가 하루 종일 내 귀를 먹먹하게 했다.
　다섯 시 기상! 구보를 시작으로 하루가 시작되었다. 총검술, 사격, 봉체조, 태권도 등 강도 높은 훈련의 연속으로 그야말로 죽을 지경이었다. 고된 훈련을 마치고 잠자리에 들기 전엔 일석점호를 했다. 저승사자 같은 조교들은 '침상 끝선에 정렬, 침상 삼선에 정렬' '앞으로 취침, 뒤로 취침'을 시키면서 우리들의 혼을 다 빼놓았다.
　거꾸로 매달아도 국방부 시계는 멈추지 않았다. 한 달 간의 자대 훈련을 모두 마쳤다. 사단 군악대의 팡파르를 시작으로 환송식에 맞추어 지프차 한 대가 달려왔다. 시커먼 선글라스에 지휘봉을 든 분이 내렸다. 전두환 사단장이었다.

사단장은 신병 대표에게 전투복 왼쪽 어깨에 '천하 제1사단' 마크가 새겨진 견장을 달아 주었다. 그리고 우리 모두를 한 명도 빠짐없이 포옹을 해 주면서 "수고했어!"라는 말과 함께 손을 꽉 잡아 주었다. 그 순간 나는 처음으로 자랑스러운 대한민국 군인으로서 가슴 뿌듯했다. 역시 전두환 사단장은 소문대로 남자답고 의리 있는 존경받을 만한 지휘관이라는 느낌을 받았다.

우리 신병들은 각자 군용 트럭을 타고 하나 둘 자대로 떠났다. 내가 배치된 부대는 자유의 다리를 건너 한강과 임진강이 만나는 장단반도였다. 서부전선 철책을 지키는 최전방 부대였다. 첫날엔 고참병과 야간경계근무에 들어갔다. 겨울을 재촉하는 늦가을 비까지 부슬부슬 내렸다. 북한의 대남선전용 확성기에선 '대전 발 0시 50분' 노래가 밤새도록 흘러나와 느낌이 처절했다. 여성 특유의 목소리로 북한을 지상천국이라고 자랑했다. 월북하라는 북한군 여전사의 카랑카랑한 방송을 처음 접했을 땐 정말 으스스했고 최전방임을 실감하기에 충분했다.

장단반도 내 장단평야는 6.25전쟁으로 남북이 갈리면서 포 사격장으로 바뀌었다. 끝없이 펼쳐진 곡창지대가 갈대와 억새밭으로 변해 버렸다. 포 사격 훈련 때 가끔 불발탄으로 불이 나기도 했다. 겨울 밤 저 멀리서 나란히 줄지어 불이 붙은 장단평야는 아이러니컬하게도 아름다운 야경을 연출하기도 했다.

겨울철 야간근무에 투입될 땐 겹겹이 옷을 껴입다보니 걷기조차 어려웠다. 전방 철책을 주시하면서 시린 발을 녹이기 위해 발을 동동 굴렸다. 북극성을 중심으로 자전하는 북두칠성과 카시오피아 별자리의 움직임을 보고 깊어가는 밤임을 짐작하기도 했다.

전방의 적보다는 후방의 순찰에 더 신경을 곤두세우기도 했다. 낮에는 물을 져다 나르기도 하고, 빨래나 내무반인 벙커의 청소를 했다. 여름엔 철책선 불모지 작업에 나서고 겨울에는 화목용 땔감을 구했다. 어떨 땐 군 막사와 멀리 떨어진 우물터에서 군기가 빠졌다는 이유로 '줄빳따'를 맞기도 했다. '줄빳따'란 고참 순으로 줄을 세워 엎드려 뻗치게 하고, 고참 순서대로 일어서서 몽둥이로 차례로 때리는 일종의 기합이다. 결국 가장 졸병인 나는 한동안 맞기만 할 뿐 때려 줄 졸병이 없었다.

철책선이란 남과 북이 가까운 거리에서 서로 총부리를 겨누는 삼엄한 경계지역이다. 철책근무 기간은 일 년 단위였다. 나는 이등병 때 6개월간의 철책근무를 마치고 그 이듬해 3월 그믐밤에 부대 교체로 완전군장을 한 채 자유의 다리를 건너왔다. 그때부터 고된 훈련이 우리들을 기다리고 있었다.

훈련병 시절과 마찬가지로 동이 트면 구보로 하루 일과가 시작되곤 했다. 장거리 구보를 할 땐 군가가 필수여서 입에 단내가 나도록 군가를 불러댔다. 뛸 때 목청까지 높이면 힘이 훨씬 더 들지만 군가를 부르지 않으면 도통 힘이 나질 않았다. 군가는 '멸공의 횃불' 등 진중가요를 많이 불렀지만 더러는 통속적인 '대체군가'도 불렀다.

그 대표적인 노래가 '인천의 성냥공장 아가씨'였다. 군대란 성적으로 가장 왕성한 시기에 이성으로부터 완전히 격리된 공간이다. 젊은 병사들은 이런 외설적인 노래가사를 통해 성적 욕구를 표출하기도 했다. 여성의 주요 부분을 건드리는 야한 가사가 나올 때면 우린 서로 질세라 목이 터지라고 불렀다.

정말 하루하루가 힘들고 괴로운 나날이었다. 대대 ATT, 연대 RCT, 100킬로 행군, 특등사수를 만들어내는 자격사격, 인간의 한계상황에 도전하는 유격 등 일 년 내내 훈련만 받았다. 이렇게 강도 높은 훈련을 이겨내면 다들 눈에 살기가 넘치는 특등소총수가 된다. 강건한 육체와 정신력으로 무장된 부대원들은 다시 이듬해 3월 그믐밤 완전군장으로 자유의 다리를 건너 최전방으로 다시 투입되었다. 그 때 행군하던 기억들이 너무나 생생하다.

중고참이 되자 졸병 때 근무한 장단반도와는 정반대 쪽인 고랑포에서 일 년간 철책을 지켰다. 최전방은 다소 위험은 따르지만 훈련만 받는 훼바 지역보다는 훨씬 편했다. 고랑포는 판문점으로부터 약 2킬로미터 거리에 있었다. 1968년도 김신조 일당이 침투한 지역으로, 그 루트는 산 교육장으로 그대로 보존되고 있었다.

고랑포에서 수도 서울까지는 사십 킬로미터다. 철책선 바로 뒤에는 대전차 방어선이 콘크리트 벽으로 두껍게 쳐져 있다. 이는 북한군 탱크가 진입할 때 시간을 끌기 위한 방어선이다. 우리는 대전차 방어선 위에서 바로 아래에 있는 철책과 전방을 주시하면서 경계근무를 섰다.

내가 병장이 되고선 하사와 둘이서 게이트 근무를 섰다. '게이트'란 비무장지대 안으로 들어가는 문이다. 비무장지대 내의 중앙경계선이 바로 38선이다. 38선에서 남북 쌍방 철책선까지의 거리는 각각 2km로 남쪽은 남방한계선, 북쪽은 북방한계선이이라고 한다. 38선을 중앙으로 남북한 양 폭이 4km로서 이를 비무장지대 또는 DMZ라고 한다. 흔히 임진강을 가로지르는 자유의 다리를 건너서부터 철책선까지를 GOP라고 했다.

비무장지대 내의 우리 측은 일정 거리에 적의 동태를 관측하는 OP가 있고, 야간엔 적의 침투를 방지하기 위해 매일 불규칙한 지점에 수색대원들이 매복을 서고 새벽엔 철수를 했다. 우리는 게이트 문을 드나드는 장병들의 인원을 확인하는 게 주 임무였다.

어떨 땐 게이트에서 노루고기를 안주삼아 소주를 마시기도 했다. 몰래 마시는 술은 정말 짜릿했다. 어쩌다 상관들이 순찰 나온다는 조짐이 보이면 우린 경계근무에만 열중했다는 듯 천연덕스럽게 제 위치에서 "근무 중 이상 무!" 구호를 힘차게 외쳤다.

그리고 일 년여 후 전두환 사단장은 보안사령관으로 자리를 옮겨 대통령 시해 사건을 수사하면서 대통령이 된다는 소문이 부대에서 나돌았다. 예상대로 국보위를 거쳐 통일주체국민대의원회의에서 간접선거에 의해 대통령이 되었고 그 무렵 나는 전역했다.

나의 군 생활 기간은 12.12사태와 광주항쟁으로 얼룩졌다. 아이러니하게도 그 무렵 전역하는 전 장병들에게는 위기의 국가를 슬기롭게 대처했다는 이유로 국난극복 기장을 받았다. 한때는 내 직속상관이었다는 인연으로 군대 이야기가 나오면 전두환의 팬이 되기도 했다.

일 년 전 소위 '전두환 추징법'으로 또다시 온 나라가 시끌벅적했다. 총칼이긴 했으나, 어수선한 시기에 억울한 사람들도 상당히 많았지만, 일부 부랑인들을 해소하는 등 나라의 기강을 세웠고, 서민경제를 안정시켰다는 긍정적인 면도 없지 않다. 하지만 대통령 퇴임 시 천문학적인 불법자금 착복만큼은 동의하는 국민이 추호도 없을 것이다.

지금이라도 늦지 않다. 진심으로 국민들에게 용서를 구하고, 그 옛날 당당하고 자랑스러운 전두환 사단장으로 다시 태어나기를 기대해 본다.

(2014)

내가 살아온 시대상황

나는 베이비붐 세대다. 1956년(호적상 1957년) 병신생으로 올해 환갑이다. 6.25전쟁이 끝나고 3년이 지나서 내가 태어났다. 그땐 어려서 잘 몰랐지만 성장하면서 어른들로부터 전쟁과 빨치산 얘기들을 많이 듣고 자랐다. 전쟁이 끝난 후에도 밤에는 군경과 빨갱이들이 서로 총부리를 겨누었다고 했다.

좌익세력들은 북의 남로당에 포섭되어 내 고향 신불산에 거점을 두었고, 여기에 동조한 자를 우리는 '빨갱이'라고 불렀다. 대부분 사회지도층 인사들이 빨갱이로 많이 포섭되었다고 했다. 50년대 말 군경 합동 신불산 공비토벌 작전으로 많은 사람들이 희생되기도 했다. 민족의 비극인 전쟁을 겪은 혹독한 대가였을 것이다.

우리가 초등학교 때 반공·방첩 교육을 수도 없이 받아온 세대였다면 우리 부모님 세대는 태평양전쟁을 겪었고 일제강점기와 한국전쟁을 거치며 정말 힘들게 살아온 세대였다. 우리들은 보릿고개를 직접 겪어 보지는 않았지만 곁에서 지켜는 보았다. 우리 세대가 겪은 정치적 격동기와 시대 상황을 잠깐 소개하고자 한다.

중학교 때는 새마을 운동에 한창 불이 붙었다. 방과 후에 팔을 걷어

붙이고 농촌주거환경 개량사업에 참여해 비뚤어진 담장을 새로 쌓을 때 리어카로 시멘트를 실어 나르며 국가가 주도하는 의식개혁 운동에 동참하기도 했다.

70년대에는 머리가 길다고 경찰에게 붙잡혀 파출소에 가서 뭉툭뭉툭 머리카락을 제멋대로 잘라내도 아무런 항변 한 마디 못하던 시절도 있었다. 고등학교 때 유신헌법이 선포되었을 때는 '시월의 유신은 김유신과 같다.'고 동요도 불렀다.

'한국적 민주주의 토착화'라는 새 역사 공부도 했고 교육을 받은 때도 있었다. 그때는 별 생각 없이 받아들였는데 지금 생각해 보니 고개가 갸우뚱해진다.

국민들로부터 절대가난을 물리친 박정희 대통령이 시해되었을 때는 최전방 GOP에서 경계근무를 서고 있었다. 전쟁이 바로 터지는 줄 알았다. 한동안 완전군장에 군화를 신고 자야만 했고 5·18 광주항쟁과 1980년 '서울의 봄'도 군(軍)에서 보냈다.

그러다 제대하고 복직을 하니, 전두환 정부는 대대로 내려온 설을 '신정 단일과세 정착'이란 명분 아래 설날 공휴일을 없애 버리고 출근을 강요하며 조상 제사도 신정 때 모시라고 하던 때도 있었다.

'서정쇄신'이라는 시퍼런 칼날을 들이대는 바람에 별것도 아닌 일로 공직대열에서 배제된 선배들도 많았고, 삼청교육대를 만들어 인권을 무자비하게 탄압하던 때도 있었다.

김영삼 정부가 들어서자 결국 두 전직 대통령은 내란죄로 법의 심판을 받았다. 하지만 어떤 일이든 공과 과가 있는 법. 잘못한 게 있으면 잘하는 것도 있기 마련이다. 5공 초기에는 물가를 잡아 주었다. 그 당시 외국에 나가 일 년만 고생하면 국내에서 집을 한 채 살 수 있다는 희망이 있었다는 것도 우리는 잊지 말아야 할 것이다.

5공 말기 정국이 시끄럽고 학생들의 데모가 끊이지 않더니 6.29선언으로 그해 10월 국민투표 끝에 대통령선거가 직선제로 바뀜에 따라 다들 군사정부가 종식되는 줄로만 알았다.

하지만 양 김씨가 서로 양보하지 않아 결국 6공화국이 탄생, 노태우 정부가 들어섰지만 총선에서 여소야대 국회가 되고 말았다. 어떻든 3당 합당으로 정국이 안정되어 갔다. 이를 기반으로 김영삼 정부가 들어섰고 오공(五共) 특별법 제정, 금융실명제 실시, 하나회 해체 등 굵직굵직한 문민정부의 위력이 유감없이 발휘되었다.

이어서 국민의 정부 때는 정주영 회장의 소떼 방문과 개성공단, 금강산 등의 대북 사업으로 남북 정상회담이 성사되었고, 김대중 대통령은 노벨평화상을 받는 영광을 안았다. 하지만 햇볕정책으로 북한에 너무 퍼주기 식 대북 정책에 일관했다는 부정적 견해도 만만찮다.

그 다음 노무현 참여정부가 들어서자마자 초유의 대통령 탄핵사건이 일어나기도 했다. 재임기간 중 민주화의 문턱을 확 낮추었다는 긍정적 면도 있다. 임기를 마치고 얼마 안 되어 고향 봉화마을에서 극단적인 자살을 선택, 비운의 대통령으로 기억되고 있다.

이명박 정부는 집권당내에서도 친李와 친朴으로 갈렸을 뿐만 아니라 여야가 정쟁에만 휘말려 무슨 일들을 했는지 불과 몇 년이 지나지도 않았는데 기억조차 나질 않는다.

박근혜 정부 초기에는 많은 국민들은 고(故) 박정희 대통령을 연상하며 기대를 많이 걸었던 것 같다. 집권 초기의 대북 정책은 국민들의 호응을 받았으나 날이 갈수록 남북 대결 구도로 치닫고 있는 것이 아닌지 우려를 낳기도 한다. 20대 총선에서는 집권당인 새누리당이 야

당인 더불어 민주당보다 의석수를 작게 차지하여 국회의장을 내 주기도 했다.

참여정부와 이명박 정부가 들어서고부터는 민주화란 명목 하에 공권력이 너무나 무력화 된 것 같다. 요즘 방송은 국민의 알 권리 수준을 훨씬 넘어 개인의 인권 침해가 심각할 정도가 아닌가 싶을 때도 있다.

북한에서는 5차 핵실험을 마쳤고, 경주에서 규모 5.8의 강진으로 국민들의 불안을 한층 더 가중시키고 있다. 우리나라도 지진의 안전지대가 아니라는 사실을 재확인시켜 주었다. 또한 사드배치를 두고 국론이 분열되는 등 여전히 정쟁은 여야가 별 명분도 없이 갈수록 더 심해지는 것 같다.

그리고 오래 전부터 화두가 되어온 "부정청탁금지법" 일명 김영란 법안이 통과되었고 시행에 들어갔다. 이 법이 정착되면 소위 힘 있고 백 있는 사람들의 부정 청탁하는 사례들이 많이 근절될 것으로 생각되며 투명한 사회가 되기를 기대해 본다.

그런데 갑자기 박근혜 대통령께서 1.2차 사과담화문을 발표하더니 최순실 게이트로 나라가 엉망으로 돌아간다. TV를 켜면 온통 박근혜 정부 실정(失政)으로 시국이 말이 아니다.

주말마다 100만, 200만, 등 7차 촛불집회로 이어지고 국격(國格)은 추락하고 있다. 마침내 2016년 12월 9일 박근혜 대통령 탄핵소추안이 압도적으로 국회통과(국회의원299명중/찬성234명) 되었다. 이제 대통령직무가 정지되고 황교안 국무총리 체제로 전환되었다. 어떻게 이 지경까지 왔나 걱정이 많이 앞선다. "비온 뒤에 땅이 굳는다."고 어서 빨리 치유되어 일류 선진국으로 도약하는 계기가 되기를 바랄 뿐이다.

이런 총체적 난국을 타개하기 위해서는 우리 국민 모두가 변해야만 한다. 참으로 어려운 일이지만 각자가 초심으로 돌아가 제 역할을 다 할 때만이 제대로 된 나라가 설 것이다.

　옛날처럼 부각되는 차기지도자가 선명하게 들어나질 않는다는 생각을 하니 구심점마저 없다. 차기 대통령선거가 일 년 정도 남은시점에서 지금은 '탄핵'이니 '하야'이니 하며 온 나라가 뒤숭숭하다. 어서 빨리 역량 있는 지도자가 선출되어 추락하는 대한민국을 바로 세우는데 우리 모두 힘을 모울 때가 아닌 가 쉽다.

(2016. 12)

우리 집 꽁이

　늑대란 우리들에겐 사나운 동물로만 인식되어 있는 것 같다. 하지만 그 진면목은 일생동안 한 배우자만을 사랑하고 가족만을 위해 헌신한다는 것을 '늑대소년'이라는 영화를 보고 나서야 알게 되었다. 위험한 존재 늑대소년과 마음의 문을 닫아버린 외로운 소녀와의 사랑 얘기다.
　사랑은 삼라만상 모든 동식물에게도 적용된다는 것을 새삼 일깨워 준 영화였다. 야성에 길들여진 늑대소년이 우연히 영화 속의 주인공인 한 소녀를 만남으로써, 늑대소년은 인간의 본연으로 되돌아오고 소녀 역시 서서히 마음의 병을 치유해 간다는 스토리였다.
　사랑만큼 더 좋은 명약은 없는 것 같다. 살다보면 지워지지 않는 아픈 응어리를 가슴에 품고 사는 사람들도 많다. 마음속 깊이 뿌리 내려진 좋지 않은 기억들을 뽑아내기에는 상당한 기간이 걸리기도 하고 때론 영원히 이를 안고 생을 마감하기도 한다.
　한 소녀와 늑대소년의 만남은 운명적이었다. 모두가 두려워하고 멀리하던 늑대소년을 한 소녀가 가까이 하고 정성껏 보살폈다. 늑대소년 역시 처음과는 달리 소녀의 말을 듣기 시작했다. 소녀와 늑대소년 사이에 조건 없는 사랑이 시작된 것이다. 그 후 늑대소년은 일편단심

소녀를 향한 마음뿐이었다.

　우리 집에도 몇 년 전부터 무적자인 '꽁'이라는 막내딸 녀석이 있다. 꽁이가 우리 집에 오기 전에는 길거리에 버려진 유기견(犬)이었다. 이를 가엽게 여겼는지 아들 녀석이 데리고 온 것이다. 우리 가족들은 처음에는 내다버리라고 했지만 아들의 간곡한 애원에 일단 지켜보기로 했다. 그 사이 애완견 병원에서 확인해 본 결과 '요크셔테리어' 순종이라고 했다. 몸체가 작고 양귀를 쫑긋 세워 폴짝폴짝 뛰어다니는 모습을 보면 마치 토끼 같다는 생각이 들었다.
　그 때 아들은 사춘기를 보내고 청소년기에 접어들면서 방황하고 있었던 것 같았다. 아들은 대입을 앞두고도 공부는 뒷전이었고 사사건건 반항아로만 행세했던 것으로 비쳐졌다. 부모로서 그러한 아들을 사랑으로 헤아려 주지 못하고 내팽개친 것 같아 지금도 그 생각을 하면 가슴이 아려 온다.
　아들과 소통하지 못했고 대화의 장으로 끌어내지 못했다. 난 언제나 성격이 급했고 일방적이었다. 여유와 사랑, 진정성이 부족했던 탓일까? 아들은 내 품에 안기려 들지 않았다. 청소년기의 인격 형성이 중요하다는 사실을 왜 진작 몰랐을까. 다행히도 아들은 품성이 착했다.
　아들도 분명히 외로움을 탓을 것이 아닌가. 길거리에 버려진 꽁이를 본 순간 자신의 처지와 비슷하다는 생각을 했을지도 모른다. 꽁이를 우리 집에 처음 데리고 와서 며칠간은 종일 꽁알꽁알 짖어만 댄다고 아들은 '꽁'이란 이름을 지어 주었다. 꽁이는 한동안 아들만 졸졸 따라다니며 우리들에겐 마음의 문을 좀처럼 열지 않았다.
　아들이 없을 땐 꽁이는 아들이 오기만을 기다리는 듯 아들 방 앞에서만 서성거렸다. 그 사이 우리 가족들은 측은하다는 생각이 들어 안아 주고 사랑으로 대했다. 며칠이 지나자 꽁이도 가족들의 진심을 받아들이는 듯 귀엽게 행동하는 것 같아 보기가 좋았다. 보름 정도 지났을까. 꽁이도 마음의 벽을 허물기 시작하더니 이제는 막내로서의 자리를 완전히 굳혔다. 퇴근 시에 현관 비밀번호를 누르면 꽁꽁 하면서 반갑게 맞아주는 이는 꽁이뿐이었다.

아들도 꽁이 덕분인지 긴 방황을 끝내고 어엿한 청년이 되었다. 마치 소녀가 늑대소년을 만나 서서히 마음의 병을 치유해 가듯이 아들은 고등학교 졸업 후 어린나이에 바로 군에 자원해서 가더니 군 복무를 거뜬히 마치고 원하던 대학에 다시 들어가 착실하게 미래의 기반을 확실히 다져가고 있다. 꽁이 역시 이젠 가족들로부터 최고로 사랑받는 막내가 되고 말았다.

꽁이는 때론 늦잠을 자거나 꼬박꼬박 졸기, 부르면 뛰어오기, 퇴근 시 반갑게 꼬리 흔들기, 가족들과 놀아주기 등 좋은 점도 많지만 배설물, 빠지는 털, 털 깎아주기, 손님에게 짖을 때의 미안함, 주기적인 목욕, 사료비와 병원비 등 부정적인 면도 있다. 하지만 그것보다는 기쁨을 줄 때가 훨씬 더 많다.

언제부터인가 가족의 일원이라는 생각이 들 때부터 모든 행동거지가 막내처럼 느껴졌다. 말도 자주 건넨다. "꽁아! 잘 있었어?"라고 하면 빤히 보면서 꼬리만 흔들 뿐인데도 우리 가족은 대답을 했다고 간주하며 귀여워해주고 안아준다. 가족들 간에 이놈의 안부가 자주 오간다. 서울에 있는 작은 딸애는 수시로 영상으로 만나는 것 같다.

사랑은 전제조건이 없어야 그게 진정한 사랑이다. 동물과는 달리 인간은 그렇지가 못하다. 어릴 때는 진한 형제애가 싹트지만 성인이 되어 가면서 순수한 형제사랑은 점점 퇴색되어 가는 것 같다. '부모형제도 다 필요 없다.'는 항간의 말도 다 이런 연유에서 나온 것이 아닐까? 어릴 땐 순수한 사랑이었다 해도 나이를 먹어 가면 형제간에도 진정성이 많이 떨어진 조건적인 사랑으로 변해 가는 것 같다.

내겐 최고의 학벌에 좋은 직장에 몸담고 있는 동생이 있다. 전에는 내 동생 자랑과 자부심도 대단했다. 때 묻지 않은 시절, 형제애는 순수한 사랑 그 자체였다. 하지만 내 자신이 세파에 찌들려 그런지 별것도 아닌 것을 문제 삼아 '내가 너를 어떻게 했는데'라는 얄팍한 이기심이 나를 망치고 형제애까지 완전히 무너뜨리곤 한다.

꽁이는 그저 본능적으로만 행동할 뿐인데도 말없는 이 녀석이 가족간의 대화까지도 이끌어내니 가정사에 큰 역할을 하는 것 같다. 퇴근할 때 집안 분위기가 좋고 아내가 있는 날이면 꽁꽁 짖어대며 여지없이 꼬리를 흔든다. 언제 왔는지 내 품에 달싹 안겨 꼼작거리면서 관심을 가져 달라고 애원을 해댄다.

꽁아! 라고 머리를 쓰다듬으면 좋아서 어쩔 줄을 모른다. 하루에도 수없이 거실과 안방을 오가는 꽁이의 재롱을 보면 하루의 피로가 확 풀린다. 내 품에 안긴 꽁이의 몸을 비벼대면 혀를 살짝 내밀면서 헤벌쭉하게 웃는다. 이때는 내 마음이 활짝 열린다.

꽁이 혼자 집을 지키는 날이거나 집 안팎이 썰렁한 날이면 거짓말같이 죽은 듯 꼬리를 감춘다. 어떻게 분위기를 그렇게 잘 파악하는지 신기할 정도다. 요즘 꽁이한테서 사랑하는 것들을 많이 배운다.

퇴근시간이 가까워 온다. 꽁이가 보고 싶다. 조건 없는 사랑이 영원한 사랑이라는 믿음이 세월이 가면 갈수록 더 가까이 다가온다.

(2013)

산사의 하루

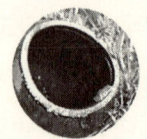

새벽 여섯 시. 아침공양 목탁 소리가 번잡한 도시에서의 탈출을 일깨워주는 듯하다. 부스스 일어나 양치질만 하고 공양간으로 향한다. 마주친 스님과 공양주 보살에게 "안녕하세요?"하고 두 손 모아 합장을 한다. 미리 차려 놓은 식탁에는 고봉밥이 놓여 있다. 절간의 밥은 먹다가 남기면 안 된다는 것을 알기에 먹을 만큼만 덜어 깨끗이 비운다.

정갈한 절밥은 언제 먹어도 소화가 잘 된다. 이것저것 마구 먹었던 음식들이 불쑥 떠올라 숟가락질이 괜히 부끄러워진다. 약수를 담아 내가 묵고 있는 방으로 왔다. 방충망이 있는데 어떻게 방에 들어왔는지 지난밤 하루살이 벌레들이 구석구석에 널려 있다. 방 청소를 마치고 나니 잠이 밀려온다.

누울까 말까 망설이다 나를 채찍질한다. '마음이 강해야 해. 약해지면 안 되지.' 나이가 들면 몸을 부지런히 움직여야 한다는 어젯밤 법륜스님의 동영상 "인생의 노후를 어떻게 보내야 하는가?"라는 법문이 생각나 다시 잘까 말까라는 갈등을 벗어 던진다.

거리가 얼마 되지 않는 백운암까지 등산하기로 마음먹는다. 등산한 지가 제법 까마득하다. 거리상으로 보면 등산이라기보다 산책에 가깝겠지만 삼복더위에 산을 오른다는 것은 쉬운 일이 아니다. 엊그제가 중복이었으니 지금은 여름의 한복판이다. 목적지는 내가 묵고 있는 비로암에서 백운암까지다. 백운암은 해발 750m로 영취산 칠 부 능선에 있어 통도사 열아홉 개 암자 중 가장 높은 곳에 있다.

등산화로 갈아 신고 비로암 모퉁이를 돌아서니 반질반질한 오솔길이 나온다. 초입에는 편백나무와 참나무들이 즐비하더니 오를수록 철갑을 두른 듯 검붉은 노송들이 울창하다. 이른 아침이라 매미 소리도 조용하고 구름 낀 하늘에 인적도 없는 산속이라 겁이 덜컹 난다. 산돼지나 사나운 짐승들이 불쑥 나타나면 어떻게 하지? 무서운 생각들도 스친다.

오늘따라 바람 한 점 없다. 시간이 지날수록 땀이 셔츠에 젖어들고 온몸이 끈적끈적하다. 요즘 운동이라고는 먹고 자고 숨 쉬는 것이 고작이다. 그래서인지 오늘처럼 가벼운 산행에도 숨이 차오른다. 긴 바지를 접어 올려도 얼마 못가서 칭칭 감긴다. 쉬어서 가고도 싶지만 얼마 되지도 않는 거리를 바로 올라가리라는 나 자신과의 약속을 지키기 위해 안간힘을 다한다.

중간쯤 올라가다 보니 길 옆 산죽도 이름 모를 야생화들도 곳곳에서 아름다운 자태를 뽐내고, 재롱을 부리는 듯 다람쥐의 움직임도 요란하다. 헉헉거리며 생각 없이 오르다보니 낯익은 오솔길이 나온다.

백운암 주차장에서 올라오는 등산로와 합류되는 지점이다. 불자들의 염원이 담긴 크고 작은 돌탑과 가파른 나무계단도 여전하다. 확 트인 시야에는 길게 이어진 능선이 들어오고 주위에는 풀벌레들의 속삭임과 매미 소리도 제법 크게 들리기 시작한다.

십여 분 지나 나무계단을 통과하니 백운암까지 이백 미터라고 바위에 흰 페인트로 쓰여 있다. 이제 다 왔다는 안도감에 뒤돌아본다. 그런데 실제로 올라가보니 이백 미터가 아니라 오백 미터도 훨씬 더 되어 보인다. 아마 직선거리로 표시한 것 같다. 마지막 가파른 나무계단을 올라서니 백운암을 오십여 미터 앞에 두고 좋은 글들이 적힌 깃발들이 바람에 나부낀다. 그 중 맘에 와 닿는 글귀 하나를 카메라에 담아본다.

'마음이 행복하면 극락이요, 고통이 따르면 지옥이다.'

일주문이 보이고 불타의 음악이 잔잔히 흘러나온다. 갑작스런 이방인을 경계라도 하듯 개 한 마리가 나타나 짖어대더니 금방 사라진다. 암자 입구 해우소가 눈에 확 들어온다. 참을 만했는데 해우소를 보니 마음이 급해진다. 화장실에 들어가 준비 자세를 제대로 취하기도 전에 굉음과 동시에 하늘이 요동치는 듯하다. 아랫배가 확 뚫리고 시원함을 만끽한다. 폭풍이 일고 태풍이 지나간 후 파란 하늘처럼 속이 후련하고 천지가 고요하다.

극락이 따로 있나, 이게 바로 극락인 것을! 묵직한 장도 비우고 오랜만에 땀도 흠뻑 흘리고 나니 전신이 상쾌하고 홀가분하다. 암자에 들어서니 "영축산 백운암 청정약수 한잔 드세요."라는 문구가 보인다. 닿는 곳마다 발목이라도 붙잡는 듯 약수를 안 마실 수 없게 만든다. 잔뜩 기대를 하고 한 컵을 마시니 더운 날씨 탓인지 물맛이 시원하지가 않다. 암자에 들어서니 사오십 대로 보이는 보살이 뜰에 서성이더니 나를 보자 합장을 한다. 나도 얼떨결에 합장은 하였지만 어쩐지 어색했다.

백운암 경내에 들어서니 마음이 평온해지고 심신에 쌓인 묵은 때가 저절로 씻겨나가는 것 같다. 궁금했던 나한전과 용왕각도 둘러본다. 저 안쪽은 스님들의 공부방인가, 발길을 돌리라는 간판도 보인다. 산

신각에 올라가 멀리 내려다보니 햇살에 비친 신평 시가지는 희미하게 보이지만 통도사를 지탱하는 곡창지대는 선명하게 보인다. 하늘과 맞닿아 길게 이어진 능선들은 언제나 평화로움을 연상케 한다.

풀숲에 가려진 초라했던 옛날 기와집 백운암을 떠올리며 하산 길에 접어든다. 하산은 몸도 마음도 훨씬 가볍다. 인생의 하산을 눈앞에 두었기 때문일까. 중간쯤 하산했을까, 분명 올라갈 때 보았던 그 두꺼비다. 나를 기다렸는지 전생에 나랑 무슨 인연이라도 있었을까 유심히 살펴본다.

두꺼비는 예로부터 부의 상징으로 복과 재물을 가져온다던데 좋은 일들이 있기를 바랄 뿐이다. 로또복권이라도 사 볼까, 행복한 고민을 하며 발걸음을 옮긴다. 가파른 길을 벗어나 계곡을 건너 비로암에 닿는다.

방에 와서 여닫이창을 열어보니 검붉은 소나무 세 그루가 하늘을 향해 용트림을 하고 풀벌레 소리가 한여름임을 알려준다. 방문을 여니 눈앞에는 고목이 다 된 은행 한 그루와 잘 생긴 적송이 아름다운 자태를 뽐내고 매미 소리가 우렁차다. 멀리 보이는 창밖에는 울창한 숲들로 하늘에는 희뿌연 구름이 두둥실 떠다니고 더 멀리 있는 능선들은 하늘과 맞닿아 길게 이어져 있다.

한여름의 열기는 온몸을 녹아내리게 한다. 끈적이는 몸에 차가운 물을 껴 얹고 그늘에서 몸을 말리고 있는데 벌써 점심 공양 목탁소리가 울려 퍼진다.

점심은 한식 뷔페다. 소담하게 차려진 채소반찬 몇 가지와 구운 김이 전부다. 아침공양과는 다르게 안 보이던 사람들이 많이 보인다. 점심공양은 일반신도들도 할 수 있는가 보다.

뜨거운 햇살을 피해 산책길을 나선다. 극락암으로 내려가는 호젓한 숲 터널은 시원함의 절정이다. 향긋한 솔 내음이 물씬 묻어나고 검붉은 적송들의 정취가 일품이다. 구불구불한 소나무의 행렬이 산사의 운치를 더해 준다.

극락암을 지나니 확 트인 벌판에 신작로가 뻗어 있다. 양 옆 길에는 단풍나무들이 운치를 더해 주고 조금 더 내려가니 다비식 때 이용되는 텅 빈 공터가 보인다. 노스님들의 열반이 떠오르고 왠지 마음이 숙연해진다.

통도사 연꽃단지에 도착한다. 막 몽우리를 잡은 연꽃망울을 보니 문득 비로암 열세 살 행자스님이 떠오른다. 스님이 되고자 다섯 달 전에 이곳 비로암에서 행자스님의 길을 걷는다고 했다. 초심대로 통도사 큰스님이 되시도록 마음속으로 합장을 한다.

내려쬐는 햇살은 오후 네 시가 넘어도 식을 줄 모른다. 연꽃들의 자태도 천태만상이다. 연밭을 돌아 삼거리에 다다르니 파장인지 나물장사 아낙들이 전을 거두고 있다. 왔던 길을 되돌아 터벅터벅 비로암에 도착한다.

목탁소리가 울린다. 저녁예불 시간이 지나 어느덧 하늘이 붉게 물들며 어둠이 슬며시 찾아온다.

산사의 하루가 저물어 간다.

(2016. 7. 28)

3부
솔정자

솔정자 · 강걸수 수필집

등산과 인생

한라산은 신비로운 영산이다. 가을이 오면 산을 찾는 이들이 부쩍 늘어나고 오색 단풍잎들은 제각기 아름다운 자태를 뽐내기가 바쁘다. 산을 오르면 정상이 눈앞인데도 체력은 바닥이 나고 몸은 만신창이가 된다. 가도 가도 끝없는 형국이 되풀이된다. 비 오듯 땀을 쏟아내고 가쁘게 숨을 몰아쉬면서 온 힘을 다해 정상에 도착한다.

우리네 인생사도 이와 유사하지 않을까. 고삐 없는 송아지처럼 제멋대로 뛰어다니다가 어느 시점, 가정이라는 울타리가 생기고부터는 많은 것들이 변하는 것 같다. 달콤했던 시간들은 찰나였던가. 육체적 고통을 참고 얼굴에 상처를 내가며 성인식을 치른 아프리카 남자들처럼 막 코뚜레를 한 송아지가 일소로 거듭나기까지의 고통을 어찌 말로 다할 수 있을까.

가정을 이루고 자식을 두고서도 진정으로 일심동체가 된다는 것은 결코 말처럼 쉬운 일은 아닌 것 같다. 삼십여 년 고락을 함께해도 소통의 길은 아직도 요원하기만 하다. '인중유화(忍中有和)'라는 사자성어를 수없이 곱씹어 보지만 허공 속의 메아리일까, 끝이 보이지 않는다.

하늘과 맞닿은 공제선이 보일 듯 말 듯 하면 완전히 녹초가 되어서야 겨우 정상에 도착한다. 긴 숨을 내뿜으면 이제 살았다는 안도감이 온몸을 파고들고 온통 내 세상인 양 날아갈 듯 환희로 찬다. 태풍이 휘몰아친 후 파란 하늘이 보이듯 힘겨웠던 순간들은 언제 그런 일이 있었더냐는 듯 말끔히 지워지고 없다. 자신과의 싸움에서 이겼다는 기쁨 때문일까. 오직 등산에서만 맛볼 수 있는 짜릿한 성취감에 힘이 절로 넘쳐나고 눈앞에는 아름다운 세상만 펼쳐지는 것 같다.

내 인생의 정상은 어디쯤일까. 영예로운 퇴임식 날? 자녀들을 출가시키는 날? 억만장자가 되는 날? 천수를 누리고 하늘나라로 가는 날? 온갖 생각들을 다 해본다. 내 인생의 정상도 어디엔가는 분명히 존재할 것이다.

한라산을 완주하려면 아홉 시간 정도가 걸린다. 이런저런 이야기꽃을 피우며 등산을 시작하지만 시간이 지날수록 서서히 지쳐 온다. 서너 시간이 지났을 무렵 이정표가 눈에 들어온다. 진달래대피소를 거쳐 백록담까지 10킬로미터라고 적혀 있다. 이제 시작이구나 하는 생각이 문득 찾아든다. 체력도 안배하고 정신력도 강해야 해낼 수 있다. 인생 여정을 하루로 본다면 오늘 이 한라산 등산과 비슷하지 않겠는가.

등산할 때는 언제나 겸손해야 한다. 식수나 비상식량 준비는 필수이고 기상이변에도 대비해야 한다. 바둑 돌 한 점 한 점이 제 역할을 다할 때 승리가 보장되듯이 꾸준히 자기 페이스를 잘 지켜야만 무난히 완주할 수 있다. 우리네 인생사도 이와 똑 같으리라.

고지를 향해 한 걸음 한 걸음 나아가면 정상에 와 닿듯이 고뇌와 어려움 없이는 인생의 정상은 결코 맛볼 수가 없다. 기쁜 날보다는 괴롭고 슬픈 날들이 훨씬 더 많은 것 같다. 사소한 일에도 가슴 졸이고 괴로워한 나날도 많았다. 석가모니가 태어날 때 "천상천하유아독존"이라고 했듯이 다들 제 잘난 맛에 산다고 했던가. 아웅다웅하는 세상사를 지나놓고 보면 이 모두 다 부질없는 일.

내 인생도 뒤돌아보니 속빈 강정 같은 삶이 아닌가. 사랑하는 아내와 아들딸, 아직도 반겨주는 직장동료들, 허물없는 술친구와 바둑친구도 있지만 나는 늘 외롭고 혼자라는 생각에서 헤어날 수가 없다. 왜 그럴까? 많은 것들을 비우고 채우지 못해서일까?

등산은 흘린 땀으로 노폐물을 없애주고 정상에 서면 미움과 집착도 모두 버리게 해 준다. 등산을 하면 다들 성인군자가 되는 것 같다.

이제 내 나이도 가을이 된 것 같다. 긴 여름을 끝으로 성큼 가을이 우리 곁으로 다가온다. 파란 하늘과 확 트인 시야. 진달래대피소에서 백록담까지 올라가는 길에는 까마귀들도 우리를 환영하듯 노래를 불러 준다. 팔부능선에 오르니 주목나무와 고사목들이 여유만만하게 자태를 뽐낸다. 대자연은 산 자와 죽은 자가 함께 공존할 수 있는 공간인가 보다.

정상을 목전에 두고 안간힘을 다한다. 드디어 백록담이다. 먼저 도착한 등산객들이 반겨 준다. 우리 일행도 몇몇을 제외하곤 거뜬히 도착한다. 다들 약속이나 한 듯 백록담 및 정상표지석과 함께 인증샷에 취했고, 이제는 편안한 자세로 테라스에 앉아 일행들을 기다린다. 마지막 일행이 도착할 때 참 수고 많았다며 박수갈채를 보낸다.

피로한 기색들은 간 곳 없고 마냥 즐거워하는 표정들뿐이다. 우리는 막걸리와 사이다로 제조한 막사이주를 정상주로 삼아 건배를 한다. 지금 이 순간들이 오늘 내 인생의 정상인 것 같다. 그러나 정상은 절대로 오래 머물게 하지 않는 법. 또 다른 누구에겐가 정상의 기쁨을 물려줘야 할 시간이다.

이제부터는 하산이다. 올라온 만큼 다시 내려가야 한다니 아찔한 생각마저 든다. 하산은 지루하다. 비슷한 모퉁이를 수십 번이나 더 돌아도 끝이 안 보인다. 인생의 황혼녘도 이렇게 지루하면 어쩌지 하는 생각이 들기도 한다. 오르막보다는 내리막이 더 수월하면서도 힘겹기는 매한가지다. 급경사 지역을 벗어나 출발지점이 가까워지니 몸도 마음도 한결 가볍다. 터벅터벅 내려가는 하산 길은 많은 것들을 뒤돌아보게 해준다.

임종도 지키지 못한 채 하늘나라로 보내드린 어머니. 7년이란 세월 동안 나를 가장 반겨주던 반려견犬 꽁이도 생각난다. 천둥이나 번개 같았던 지난날의 상처들도 하나 둘씩 떠오른다. 나도 모르게 이게 아닌데 하면서도 저절로 고개가 갸우뚱거려진다.

정년이 나를 압박해 온다. 변화에 대비해야 할 시점이다. 코뚜레 같은 인생을 벗어나 한가롭게 양지쪽에 누워 되새김질하는 어미 소를 연상해 본다.

어느덧 해가 서산으로 기운다. 겨울채비에 분주한 다람쥐들의 움직임과 재잘대는 산새들의 소리도 들린다. 우수수 낙엽 떨어지는 소리에 스산함을 느낀다. 산 내음이 가슴을 적시는 이 시간이 더없이 소중하다.

아름다움은 오래 머물지 않는다. 아차! 하는 순간에 지나간다. 대자연과 함께했을 때만이 가을 풍경과 맑은 정기를 맘껏 담을 수가 있다. 내 인생의 정상은 벌써 지나가 버렸는지, 아니면 진달래대피소쯤에 머물러 있는지 알 수가 없다.

(2016. 10)

어부지리 상(賞)

나는 학창시절에 상(賞)하고는 거리가 멀었다. 당연히 공부 등수는 늘 뒤에서 맴돌았다. 내가 직장에서 처음 상을 받았을 때 어머니께서 몹시 좋아했던 기억이 떠오른다. 그때 상장은 옛날 초등학교 졸업장처럼 상당히 컸고, 상장을 유리 상자에 넣어 주었다. 어머니는 우리 집에 오는 사람들이 다 볼 수 있도록 청 마루 큰방 문틀 위에 상장을 걸어 놓았다. 부끄러운 생각은 들었지만 어머니를 생각해서 한동안 그대로 두었다. 지금 생각하면 웃음이 절로 나온다.

직장의 상이란 학교 다닐 때처럼 공부 잘하는 모범생에게만 주어지는 것은 아닌 것 같다. 특별한 공적이 없어도 업무와 관련이 되면 상을 받을 수가 있는 게 직장의 상이라고 보면 된다.

내가 받은 상의 원조는 초등학교 5학년 때로 거슬러 오른다. 담임 선생님이 글짓기 숙제를 내어주셨다. 그때 우리 동네에 전기가 처음 들어왔을 때였다. 호롱불 밑에서 생활하다 전깃불 아래에서 바느질하는 어머니를 보면서 몇 줄을 적어 제출했더니 선생님이 직접 내 글을 읽어주시고는 교실 뒤 벽면 게시판에다 붙여주셨다. 상에 버금가는 칭찬을 받았었기에 나 혼자만이 간직하고 있는 '나 홀로 상'으로만 간직하고 있다.

오랜 기간 동안 직장을 다니면서 부서 이동도 많았고 여러 종류의 상도 많이 받아봤지만, 최근에 받은 상은 아무나 받기 어려운 큰 상이었다. 선정 과정에서도 우여곡절을 겪은 상이라 기억에 오래 남을 것 같다.

동사무소에서 근무하다 구청으로 자리를 옮겼다. 처음에는 소위 힘이 없다는 부서에 배치되는 것이 관례다. 나 역시 예외 없이 그런 부서에서 일 년 동안 근무하다가 다른 부서로 옮겼다. 자리를 옮긴 지 한 달도 채 되지 않았을 때의 일이다. 전에 근무했던 부서의 직원이 나를 표창 대상자로 상신했다면서 자기의 공이 컸었노라 은근슬쩍 알려주는 것이었다.

어떻든 고마운 일이었다. 사실은 상신한다고 해서 표창이 다 내려오는 것은 아니다. 일 년 동안 그 업무에 충실했던 것은 사실이었지만, 상 받을 정도의 공적은 아닌 것 같아서 상이 내려오지 않아도 상관없다는 생각이 들었다. 그런데 아니나 다를까 큰 상이 내려왔다.

구청장이 조회 때 전 직원들이 보는 앞에서 표창을 수여하고 가슴에 휘장까지 달아주었다. 직장생활 삼십여 년 만에 이렇게 큰 상을 받은 것은 처음이었고 쉽게 받을 수 있는 상이 아니어서 가슴이 뿌듯했다.

그런데 알고 보니 내가 받은 이 상은 당초엔 내게 올 상이 아니었다. 우스운 얘기지만 사무관 승진을 앞둔 K주사가 상급 부서의 아는 선배에게 힘겹게 부탁해서 표창을 따온 것이 정확한 표현인 것 같다. 그는 상을 받으면 승진에 유리하게 작용할 것이라고 생각한 것 같았다. 충분히 이해도 동정도 갔다. K주사는 운이 닿지 않았는지 그의 상급자를 추천하였다. 그러나 그의 상급자는 현 부서 근무기간이 얼마 되지 않는다는 이유로 최종심에서 탈락되었고, 대타로 결정된 것이 다행히도 '나'였다.

어떻든 내겐 운이 따른 것 같았다. 이중삼중 하늘이 도운 끝에 어부지리로 내가 결정이 된 후에야 그간의 추진과정을 알게 되었다. 결론적으로 내가 받은 상은 내 의지와는 전혀 상관이 없이 순전히 운수 덕분에 호박이 덩굴째 굴러들어온 셈이었다.

그런데 막상 상을 받고 나니 요구사항이 많았다. 요즘은 그런 것들이 많이 없어졌지만, 몇 해 전만 해도 상을 받으면 그에 상응하는 만큼의 성의를 표시하는 것이 관례였다. 하지만 나는 그들 앞에서 당당했다. 상을 달라고 한마디도 한 적이 없기 때문이다.

그들은 이런저런 이유를 내세우기도 하고 내 가까운 친구들을 활용하기도 했다. 요즘 상 내려 주었다고 술을 사란 법이 어디 있냐는 식으로 항변도 해보았지만, 어디까지나 즐거운 비명에 불과했다. 어떻든 적당한 선에서 매끄럽게 일단락을 짓고 나니 기분이 좋았다.

나는 그 해 운이 많이 따랐다. 그것 말고도 생각지도 못한 여러 가지 상들을 많이 받았다. 직장에서 특히 승진 시에는 일도 열심히 해야 하지만 운도 많이 작용하기 마련이다. 세상일이란 억지로 되는 법은 하나도 없다.

내가 처음 받은 상은 급수로는 제일 아래였지만 값어치 면에서 본다면 정말로 알찬 상이었다. 무엇보다도 어머니가 기뻐해 주셨던 모습을 생각하면 지금도 가슴이 뿌듯하다. 어머니는 장한 아들이라고 격려해 주셨기에 참되고 의미 있는 상으로 기억되기 때문이다.

  소위 어부지리로 받은 이 상도 어머니에게 주었더라면 경로당에서 울 아들이 나라에서 큰 상 받았다고 동네방네 자랑하고 다녔을지도 모른다. 그런데 아내에게 주었더니 와! 큰 상이네 대뜸 '부상은 뭔 교' 하며 온통 젯밥에만 관심뿐이다.

(2014)

강걸수

내 이름은 강걸수다. 내 이름은 세상에 나 하나뿐일 것이다. 동명이인이 많지만 내 이름을 인터넷에 검색하면 나밖에 없다. 은행창구 직원들은 나를 간혹 강길수라고 부른다. 이름을 잘못 적었다고 단정을 하는 것 같다. 내 아내도 이런 일들을 수시로 겪는다고 한다. 옛날 전국 전화번호부를 열람해 보아도 내 이름은 단연 나 하나뿐이었다.

군에 가서 처음 관등성명을 댈 때도, 사회에서 직장으로 처음 입사했을 때도 이름이 특이하다는 얘기를 종종 들어 왔다. 한 번 맞선을 볼 때였다. 처음 만나 차를 마시고 있는 분에게 내 이름을 소개했더니 순간 웃음을 참지 못했는지 자기도 모르게 컥 하면서 마시던 입안의 차까지도 뱉은 상대도 있었다. 이와 유사한 일도 많이 겪었다. 이럴 땐 민망하거나 얼굴이 붉어진다. 하지만 이제는 세월 때문인지 아무렇지도 않다.

사람이 태어나 이름을 지을 때는 본인의 의사와는 전혀 상관이 없다. 한 번 이름이 지어지면 평생을 같이해야 하므로 아주 중요하다. 면식이 없는 상대의 얼굴을 이름만으로 상상했을 때 이렇게 생겼을 것이라고 생각을 하다 직접 얼굴을 보면 반대의 이미지를 가지는 것이 십

중팔구다. 이런 것들이 이름에 거는 첫 인상일 것이다.

　이름 때문에 친구들에게 자주 놀림의 대상이 되기도 한다. 옛날식 이름들을 보면 어릴 때 죽지 말고 오래 살라는 의미의 돌뿌리, 부떨이, 삭불이와 같이 이상한 아명들이 많다. 지금도 그런 이름들이 많이 남아 있다. 내 이름도 취학 전에는 '섬'이었다. 섬은 곡식을 담은 볏짚으로 만든 가마니의 일종이다. 가마니처럼 튼튼히 자라라는 뜻이다. 지금도 간혹 어머니는 나를 '섬아'라고 부른다. 나 역시 이름 때문에 초등학교 때부터 가까운 친구들로부터 놀림을 많이 당했던 기억들이 생생하다.

　한때 유명세를 날렸던 김두한, 박정희, 김일성, 전두환 등은 시대의 풍문아들로서 한 나라를 떡 주무르듯 좌지우지했던 인물로 잘 알려져 있다. 이들은 어딘가 모르게 이름 덕을 톡톡히 본 것 같다. 부르기에도 기억하기에도 이름에서 강한 카리스마가 풍기는 것 같다.

　나는 나폴레옹에 버금가는 이름이다. 내 이름을 한자어로 풀이해 보면 호걸 '걸(杰)'자에 빼어날 '수(秀)'자다. 호걸이 되어 세상에 널리 알려진다는 뜻이다. 일이 잘 풀리지 않을 때는 어머니에게 이름을 너무 거창하고 강하게 지어 이름에 눌려 내가 이 모양 이 꼴이라고 괜한 생트집을 부리기도 했다. 여하튼 특이한 이름임에는 틀림없고 이름 때문에 이상한 일이 벌어지고 있다.

　새벽녘에 폰이 울려 잔뜩 긴장된 상태에서 전화를 받으면 갓난애가 뭐라고 흥얼거린다. 곧바로 "죄송합니다."라는 말이 돌아온다. "우리 애가 폰을 가지고 놀다 잘못 눌렀나 봅니다." 어른들도 마찬가지다. 보통 폰에 이름을 저장할 때는 가나다순으로 입력되기 때문에 내 이름이 일 번이 되는 경우가 많다는 것이다. 잘못으로 키보드 일 번을 누르면 나에게 전화가 걸린다는 것이다. 이는 휴가 때가 되면 부쩍 더하다. 웃지 못할 해프닝이 아닐 수 없다.

그리고 일 년에 한두 번 교육 발령이 나면 전국에서 피교육생들이 모여든다. 요즘이야 많이 변했지만 십오륙 년 전만 해도 교육기관에서 일방적으로 자리 배치를 가나다순으로 정하는 경우가 많았다. 그렇게 되면 맨 앞 줄 왼쪽 모서리가 내 자리다. 교육기간 내내 고개를 모로 돌려 쳐다보면서 강의를 들으면서 엄청난 스트레스를 감수해야 하는 등 불편함도 이만저만이 아니다.

한 번은 1번이라는 이유하나로 눈 깜작할 사이 박수로 임시대표가 된 적도 있었다. 물론 3일간의 짧은 기간이었지만 변명할 여유조차 주질 않았기에 머뭇거리다가 막중한 자리를 안을 수밖에 없었다.

소심하고 숫기가 없어 여러 사람 앞에 나서기를 두려워하는 내 성격상 곤혹을 치른 적도 있었다. 교육기간 내내 긴장감을 놓을 수가 없었다. 이런 것들도 내 의지와는 전혀 상관없이 순전히 이름 때문이었다.

내 이름도 작명소나 글께나 아시는 분에게 이름값을 주고 지었을 것이다. 내 바로 아래 다섯 살 차이 여동생이 있다. 그가 태어날 무렵 울산지역 집권 여당이었던 자유당 소속 국회의원으로 이름을 떨쳤던 '안덕기'라는 분이 계셨다. 아버지는 그분의 이름을 따서 여동생 이름을 '강덕기'라고 지으셨다고 했다. 남자 같은 이름이지만 좋은 이름인 것 같다. 덕기라고 불렀을 때 남에게 쉽게 전달이 되는 것 같다.

덕(德)이 기(基)본이 되어서인지 신랑도 잘 만났고 매사가 잘 풀리는 것 같다. 아마 이름 덕이 아닌가 하는 생각이 들기도 한다. 요즘은 개명이 많이 쉬워졌다. 주변에 이름을 바꾼 지인들도 흔히 볼 수가 있다.

한 번은 동창회에서 낯익은 얼굴인데 명찰을 보니 생소하다. 머뭇대고 있는 내게 먼저 인사를 했고 옛날 이름을 대면서 개명했다고 했다. 뭔가 모르게 어색하고 전에처럼 친숙하지가 않았다. 개개인의 취향과 성향에 따라 개명도 꼭 필요할 것이다. 하지만 이름 또한 부모님께서 정성을 들여 지어 준 소중한 유산이라고 생각한다.

이승을 떠나 저승에 갈 때면 육신은 썩어 없어지고, 이름 석 자만 가지고 갈 것이다. 만약 개명한 이름으로 저승에 간다면 먼저 가신 분들이 알아볼 수 있을까라는 생각도 들지만 한편으로 귀신같이 알아볼 수 있겠지 라는 부질없는 생각도 해본다.

세상일이란 영원한 것이 없듯이 돌고 도는 것이다. 이름 때문에 선의의 피해를 입기도 하지만 상대가 내 이름을 한 번만 들으면 절대로 잊어먹지 않고 영원히 기억해 주는 강점도 있다.

부모님이 지어 준 내 이름을 개명하고 싶은 생각은 추호도 없다. 한 번 해병이면 영원한 해병이듯 한 번 '강걸수'는 영원한 '강걸수'로 살고 싶다.

(2012)

솔정자

　나의 모태는 울주군 상북면 향산리다. 여기에서 초중고의 학령기를 보내고 성장했다. 우리 마을 어귀에는 솔정자라는 아담한 쉼터가 있다. 나는 감히 이곳을 내 감정의 모태라고 단정 짓는다. 이곳에 앉으면 알 수 없는 연민이 일고 그리움이 알알이 가슴에서 터진다. 내 정서는 이곳에서 다듬어지고 만들어졌다고 해도 과언이 아니다.
　솔정자는 자연과 내가 하나라는 것을 가르쳐 준다. 자연은 나를 붙들어 두는 고삐였고 나는 소를 치는 카우보이였다. 매일 오후면 또래들과 함께 소를 몰고 솔정자로 나갔다. 솔정자에는 소나무, 향나무, 굴밤나무 등 키 큰 수목이 울창했다. 그 나무에다 소를 묶었다. 소가 나무에 등을 쓱쓱 문지르며 쉬고 있는 동안 나와 친구들은 우거진 숲에 들어가 새들과 함께 재잘거리느라 정신이 없었다. 숲의 자궁에서 우리는 한 덩어리가 되었다.
　해질녘이면 고삐를 풀고 소를 마을 앞 강변에 방목했다. 소가 하루 한 번씩 자유를 만끽하며 배를 채우는 시간이다. 버드나무 군락지와 자갈과 은빛 모래와 수정처럼 맑은 물도 고삐를 풀고 흘렀다. 윤기 반지르르한 물에는 중태기, 기름쟁이, 빠꼬마치, 세치네, 퉁가리 등 민물고기들의 파닥거림이 보석처럼 광택을 보태고 있었다.

소들은 입을 모아 혀를 날름거리며 풀을 뜯고 우리들은 돌을 모아 불을 붙이고 감자를 구웠다. 고삐 풀린 소들과 고삐 풀린 우리는 시간 가는 줄 모르고 놀다가 누군가의 어머니가 밥 먹으라고 부르는 고함소리에 깨어나 어둠을 밟고 소를 몰아 집으로 돌아왔다.

솔정자의 당산나무는 억겁의 세월이 흘러도 변함없이 사랑할 수 있는 법을 가르쳐 주고, 재미난 놀이터가 되어 주기도 한다. 우리는 매일 나무에 올라가 목말을 탔고 재잘거리며 놀았는데 여느 사랑방에서 아버지와 장난치며 이야기하는 모습을 여기에 오버랩시켜도 좋을 성싶다. 나무에는 우리 각자의 자리가 정해져 있었고, 우리는 나무가 귀찮으리만치 비비고 놀았다.

그러다 싫증이 나면 우리는 강변으로 멱을 감으러 갔다. 홍골보에서 편을 갈라 물싸움 등으로 시간가는 줄 모르고 놀다가 목욕이 끝나면 우리들은 약속이나 한 듯 네모난 돌 한두 개씩을 주워 다시 솔정자로 모였다. 그 돌로 편을 갈라 영감불알치기놀이를 했는데, 이 놀이는 요즘 말하는 비석치기와 같다. 당수나무 앞에서 그 놀이를 했던 것은 아버지가 심판을 봐 주듯 당수나무가 공정한 심판을 해줄 것 같은 착각이 들었기 때문이다.

영감불알치기놀이는 일정거리에 어른 손바닥 크기 정도의 돌을 세워 놓고 던져서 맞추어 넘어뜨리는 놀이다. 이 과정에서 상대의 돌이 완전히 떨어져야 하는데 돌이 붙었는지 떨어졌는지 애매모호하면 서로 싸우기도 했다. 인생 열두 고비를 넘겨야 한다는 의미가 담겨있는 이 놀이는 쉬운 것부터 시작해 점점 어려운 단계로 접어든다. 솔정자에서 나는 내가 헤쳐 나가야 할 인생의 지혜를 미리 배운 셈이다.

솔정자는 내게 만남과 이별의 정을 가르쳐 주었다. 멀리 있는 사촌 형이 방학이 되면 우리 집에 왔다. 무엇이든 척척 잘 해내는 형을 나는 많이 따랐다.

형과 같이 보낸 여름은 나머지 세 계절과 맞먹을 만큼의 크기였다. 방학이 끝나 형이 다시 부산으로 갔는데 형을 만난 곳도 떠나보낸 곳도 솔정자다. 형이 가야 할 날이 다가오면서 그때부터 가슴 한 구석이 자꾸 아팠다.

이별의 날이 왔다. 솔정자에서 버스를 기다리는 시간은 가슴으로 눈물을 훔치는 시간이다. 그 당시엔 하루에 한두 번 부산으로 가는 시외버스가 있었다. 버스가 빨리 오지 않기를 바라는 것은 물론이고 고장이 나서 아예 오지 않았으면 하는 마음도 들었다. 내 간절한 소망에도 불구하고 얄밉게 버스는 시간보다 일찍 도착할 때도 있었다. 형이 탄 버스가 발악을 하듯 비포장도로에 뽀얀 먼지를 일으키자 버스마저 보이지 않았다. 그것이 먼지 때문인지 내 눈물 때문인지는 모르지만, 눈시울이 뜨거워 왔다.

솔정자는 내 가슴이 뜨거워지는 법을 가르쳐 주었고 짝사랑의 아픔도 가르쳐 주었다. 별이 총총한 여름밤에 '별밤'이라는 라디오 프로그램을 들으면서 통기타와 씨름을 하며 겉멋을 부리기도 했고, 사랑이 담긴 사연을 소개하는 아나운서의 말을 들으면 마치 내 일인 양 가슴이 뛰기도 했다. 가슴이 달아오르는 것을 식히기 위해 형에게 얻었던 고물 기타로 '여고시절'을 수백 번도 더 연습했다.

그 즈음 나는 동네 후배를 짝사랑하기 시작했다. 한 번도 고백해 보지 못했지만 그녀를 멀리서 지켜보면서 설레는 마음을 기타 줄에 손가락이 아프도록 튕겨댔다. 타지에서 학교를 다녔던 그녀가 일요일 오후가 되면 솔정자에서 버스를 타고 떠났는데, 나는 그녀의 뒷모습을 숨어서 얼마나 오랫동안 지켜보았는지 모른다. 사랑은 완성이 되기까지는 수도 없이 아파야 하는 것임을 그때 알았다.

솔정자는 힘들고 지친 사람의 어깨를 토닥이는 인정을 가르쳐 주기도 했다. 솔정자의 가장자리에는 물이 흐르는 농수로가 있었다. 그 곳은 더운 여름날 누구나 손발을 담그며 쉬어가는 곳이었다. 솔정자는 5일장을 보러 가는 사람, 논에 일하러 가는 사람, 하굣길의 학생들까지 힘들고 지친 사람을 불러 앉혔다.

솔정자는 이승을 떠나는 사람과의 작별이 또 다른 만남의 준비라는 것도 알게 했다. 내 아버지는 젊은 날에 돌아가셨다. 아버지를 저세상으로 데려가는 꽃가마가 출발했던 곳도 솔정자다. '먼저 가서 자리 잡고 있으면 우리도 뒤따라가리다.'라는 축문은 다음 만남을 꼭 이루자는 살아있는 사람의 약속의 말이다.

'어~어~ 어 하옹 아 어허 넘차 어하 옹'하고 구성진 상여꾼의 소리가 내 귓전을 울리고 있다. 솔정자에 앉아 있으면 이 노래 소리가 바람에 실려 온다. 내 가슴과 눈시울은 깊이를 알 수 없는 그 곳에서 자꾸만 뜨거운 것이 올라와 나를 주체할 수 없게 만든다. 내 아버지를 실어 간 바람의 노래다.

아버지를 실어 나르는 바람이 머무는 솔정자를 사랑한다. 나는 이곳에서 유년의 아버지와 은밀히 만나며, 나이가 들수록 그 횟수가 잦아진다.

(2008)

운동

"아빠 왜 몸이 기형이에요?"

딸애가 오랜만에 집에 와서 하는 첫 인사말이다. 육십 평생 운동이라고는 해보질 않았다. 겨우 두세 달에 한두 번 정도 가까운 등산 정도가 전부였는데 그것조차 안 한 지도 오륙 년이나 되었나 보다. 아니나 다를까, 나잇살 때문인지 뱃살이 부쩍 늘었다. 흔히 오십대 뱃살은 성인병의 원인이라는 수식어가 늘 따라다닌다.

'뱃살과의 전쟁'을 선포하고 내 자신과 단단히 약속을 했다. 쇠뿔도 단김에 뺀다고 다음날 출근한 뒤 그날 해야 할 일들을 챙겨놓고 2층 헬스장으로 향했다. 먼저 보이는 게 러닝머신이었다.

느린 걸음으로 10분 정도 걸었다. 그리고 속도를 내면서 시속 9Km를 놓고 십오 분 정도 뛰었더니 땀이 범벅이 되었다. 머리에서 흘러내린 땀이 눈 안에 스며들 땐 눈을 못 뜰 지경이었다. 다시 후들거리는 몸을 겨우 추슬러 느리게 오 분 정도 천천히 걸었다.

겨우 30분을 채우고 나니 녹초가 되어 기진맥진했다. 걷다가 뛰다가를 반복하다 보니 약 4킬로미터의 거리가 나왔다. 말이 삼십 분이지 나에겐 마라톤의 완주거리나 다름없었다.

첫날은 이렇게 넘어갔다. 힘은 들었지만 내가 세운 목표를 끝까지 지켰다는 사실이 가슴 뿌듯했다. 삼 개월을 목표로 정했다. 이제 일주일 정도가 지났지만 처음이나 거의 다름이 없다. 탄력을 붙여 오 분 정도 달리다보면 숨이 차고 십 분이 지나면 숨은 가쁘다 못해 헉헉거리고 온몸이 후들거린다. 양 다리에서 삐거덕거리는 소리마저 들리는 것 같다.

십 분이 고비인 것 같다. 물론 지켜보는 이도 없다. 달리는 것을 포기하고 걷고 싶지만 내 자신과의 약속을 지켜야 한다고 수십 번도 더 다짐을 한다. 마음속으로 하나, 둘 숫자를 세기도 하고 창 너머 공원도 하늘에 떠다니는 뭉게구름들도 본다.

시간을 안 보려고 하지만 어느새 내 눈은 분침에 가 있다. 삼 분도 채 되질 않았다. 삼십 분이 이렇게 길 줄이야. 높은 산이 떠오른다. 등산은 삼십 분이 고비인 것 같고, 팔부 능선에서 체력의 한계를 느끼는 것 같다. 오로지 땅만 보고 오른다. 러닝머신도 등산과 다를 바가 없는 것 같다.

이제 한 달이 가까워 온다. 뛰는 시간을 십 분 더 늘렸더니 죽을 지경이다. 오직 내 자신과의 싸움에서 지지 않으려는 오기가 발동한 것 같다. 자세를 흐트러뜨리지 않으려고 뛰는 내 모습을 가끔씩 저 멀리에 있는 거울 속에서 보기도 한다.

오 분을 남겨놓고는 죽기 아니면 까무러치기다. 이게 바로 마라톤 완주자의 최후의 순간들이 아닐까 지레짐작을 해보기도 한다. 어떻든 목표량을 채우고 보니 전신이 후들거리고 서있기조차 힘이 든다. 간신히 몸을 추슬러 가볍게 다시 워킹으로 돌아간다. 심호흡을 하면서 천천히 걷다보면 서서히 몸과 정신도 한결 맑아진다.

뛰다가 걷다가를 반복하면서 많은 생각들을 하게 된다. 처음 걷는 시간은 유아기를 거쳐 학교를 다니고 성인이 될 때까지 누군가의 보살핌 속에서 생활하는 것 같고, 두 번째 뛰는 시간은 결혼을 해서 자식을 낳고 쉴 새 없이 경쟁 속에서 바쁘게 앞만 보고 달려온 사오십 대 시절인 것 같다. 세 번째 마무리로 걷는 시간은 이순의 나이에 앞뒤와 좌우를 돌아보면서 나 자신을 성찰하는 시간인 것 같다. 이렇게 매일 운동을 하고부터는 날아갈 듯 몸과 정신이 개운하기가 그지없다.

우리의 인생도 분명 정점이 있을 것이다. 정신없이 달려온 사오십 대를 거쳐 이순이 가까워지면 지나온 과거가 보이고 앞으로의 행로가 점쳐지지 않는가. 천방지축으로 살아온 지난날을 돌아보면 부끄러운 과거도 많았다. 이제부터는 하나하나 고쳐가면서 바르게 살아야겠다는 생각이다.

직장에서 한 단계 올라간다는 게 얼마나 힘이 들었던가. 마치 러닝 머신에서 몇 분 더 뛰기를 늘이는 것도 이와 다를 바가 없을 것이다.

내 몸에 대해 감사할 줄 알아야겠다. 수시로 기름칠도 하고 나사도 조이는 일을 게을리해선 안 되겠다는 생각이다. 엊그제 친구 병문안을 갔었다. 산소호흡기 때문에 식사는 위로 직거래하고 있었고 링거가 꽂혀 있었다. 나를 알아보는 건지 눈만 껌벅일 뿐 진정 살아있는 목숨은 아니었다. 건강은 건강할 때 지켜야겠다는 다짐을 다시 해본다.

운동을 시작한 지 반년 정도 지나다보니 친구들도 많이 생겼다. 팔십에 가까운 사람부터 육십에 이르기까지 칠팔 명이나 된다. 매일 열 시면 T타임이다. 테라스에 모여 커피 한 잔을 곁들여 세상 사는 이야기를 주고받으면 시간 가는 줄 모른다. 나이가 가장 어린 나를 동장(洞長)이라고 예우해 주시는 분들도 많다. 이제 몇 개월 후면 헤어져야 한다니 너무나 아쉽다. 퇴직을 하더라도 이곳에서 아침 헬스는 계속하면서 이분들과 관계도 유지하고는 싶지만 정확히 어떻게 될지는 모르겠다.

운동의 효과는 대단한 것 같다. 예전에 스크린 골프를 할 때 보통 20~30개를 쳤다. 이것은 사실상 골프도 아니다. 그래서 한 때 골프를 한 2년 정도 하질 않았다. 그리고 6개월 정도 운동을 한 후 우연히 스크린을 쳐보았다. 드라이브를 처음 치는 순간 하체가 잡혔다는 느낌이 확 들어왔다. 아니나 다를까, 그동안 연습을 전혀 안했는데도 20개 정도 타수가 줄어들었다. 퇴직 후 골프를 전문적으로 다시 배워볼까 하는 생각이다. 운동효과는 비록 골프뿐만 아닐 것이다. 이제는 자투리 시간이 아닌 별도의 시간을 투자해서 몸과 정신을 함께 다져야겠다는 생각이다.

운동은 언제나 목표보다 항상 덤으로 오 분 정도 더 한다. '백만 대군을 이기는 것보다 자신을 이기는 자가 더 큰 영웅'이라는 말이 생각난다.

아빠 파이팅! 하는 소리가 내 귓전을 때린다.

(2016. 9. 7)

만리포

내겐 오래 된 친구가 있다. 중학교 한 해 선배였지만 삼십여 년 전 같은 직장에 몸담으면서 4년 동안 생사고락을 같이하다보니 자연히 친구가 되었다. 처음 일 년 정도는 그 친구를 따라다니며 졸병 역할을 했다는 게 정확한 표현일 것 같다. 농번기 땐 각자 오토바이를 타고 담당 마을로 출장을 나가지만 돌아올 때는 항상 만나는 아지트가 있었다.

그 당시 우리는 '히틀러'로 소문 난 면장에게 데모를 했다. 졸병 고참격이었던 그와 바른말 잘하는 내가 요주의 인물이 아니었을까. 통일벼, 퇴비증산, 모내기, 병충해방제 등 농사행정이 주를 이루었다.

히틀러 면장은 퇴근 무렵 회의를 자주했다. 부면장과 계장은 앞줄에 서서, 우리는 뒤에 서서 차례로 보고했다. 담당마을 모내기 등의 실적이 저조하거나 면장 맘에 들지 않으면 지위나 나이에 관계없이 '조인트'를 까곤 했다. 우리 지역은 한 다리를 건너면 다 일가친척이다. 면장은 부면장이나 계장들보다 나이도 어리고 촌수도 아래였으나 이를 아랑곳하지 않았다. 그러니 우리 같은 아랫것들이야 면장에게 맘대로 휘둘렸다.

5공 초기라 군사정부의 영향을 받아 군대나 다름없었다. 얼마나 직원들에게 무섭게 굴었으면 독재의 상징인 이웃 A면장은 '무솔리니', 우리 면장은 '히틀러'라는 별칭이 군청까지 파다하게 소문이 났을까.

하루는 작정을 하고 젊은 직원 몇몇이 언양 시내 식당에 면장을 모셔놓고 우리의 주장을 말했다. 처음엔 다들 면장의 독선에 대해 조금씩 항변을 하더니. 면장 자신도 군청의 지시에 따르지 않을 수가 없다고 하자 대부분 면장에게 아부하는 태도로 변하는 것 같았다. 우리는 무척 실망했다. 이를 계기로 친구와 가까워졌다.

우리는 출장을 핑계로 시간만 나면 90CC 오토바이를 타고 석남사로, 작괘천으로 종횡무진 달렸다. 해질녘 언양 장날이 파장될 시간이 되면 우시장의 가마솥 쇠고기국밥으로 허기를 채우기도 했고, 친구 집 흑백 사진관에서 백 원짜리 고스톱을 치기도 했다. 봄, 가을 관광 철 토요일 오후에는 다들 자연보호를 구실삼아 석남사로 모였다. 자연보호는 뒷전이었고, 석남사 주차장의 처녀들이 장사하고 있는 상점에서 그녀들과 밤새도록 노닥거리기도 했다.

24호 국도변에 있는 담당마을을 맡으면 그 해는 신수가 나쁘다고 했다. 국도변의 모내기를 적기에 하지 않거나 벼와 보리를 제때 수확하지 않으면 군청의 독촉은 물론, 면장의 성화에도 시달렸다. 비포장도로로 달리는 자동차의 하얀 먼지를 뒤집어쓰면서 직접 보리를 베고 모내기도 도왔다.

친구와 둘이서는 거의 매일 출장을 다녔다. 돌아올 땐 반드시 들르는 곳이 있었다. 바로 그 친구가 사랑하는 '그녀' 집 동네였다. 친구에게는 그녀가 첫사랑이었다. 그녀를 향한 마음은 내가 누구보다도 잘 안다. 사무실에서도 출장 중에도 늘 그녀에게 쏠려있는 것을 나는 훤히 읽고 있었다.

중이 제 머리를 못 깎는다는 말이 있듯이 나는 그녀의 집 부근에서 서성이면서 그 둘을 엮어주는 징검다리 역할을 해야 했다. 첫사랑은 쉽게 이루어질 수 없다고들 한다. 서로가 좋아하는 데도 하늘은 그들의 손을 들어주지 않았다.

친구는 그녀를 잊기 위해 나와 둘이서 하계휴가를 가자고 했다. 우리는 무주구천동에서 하루를 묵고 동학사 갑사를 거쳐 만리포해수욕장에 도착하니 고향선배가 기다리고 있었다. 탁구장과 샤워시설이 있는 어느 대학교 소유의 허술한 건물이 있었다.

주위 환경은 너무나 아름다웠다. 초승달처럼 예쁘게 휘어진 하얀 백사장에 몸을 맡긴 그 해 여름을 잊을 수가 없다. 그날 처음 바다와 접해보았다. 겹겹이 하얀 거품을 내뿜으면서 밀려오는 파도소리와 붉게 물든 태양이 바다 속으로 빨려가는 일몰을 처음 보았다.

우린 히틀러 면장을 씹으면서 소주잔을 기울였고 밤새도록 젊음에 취했다. 술에 취해서 했던 얘기를 수없이 반복하면서 알맹이 없는 인생사 논의를 계속했다. 주로 그녀가 화젯거리였다. 끝없이 펼쳐진 수평선을 바라보며 슬픈 사슴처럼 그녀를 못 잊어 하며 촉촉이 젖어 가던 친구의 눈시울을 지금도 잊을 수가 없다.

낮에는 바다에 뛰어들어 한여름의 열기를 식히고 탁구를 치기도 했다. 밤이 깊으면 백사장에 모닥불을 피우고 횟집에서 죽은 생선을 사서 불에 구워 허기를 채웠다. 그렇게 만리포에서 삼박사일 동안 날밤을 새웠다.

희뿌연 먼지를 뒤집어쓰면서 석남사 행 비포장도로 위를 90CC 오토바이를 타고 수없이 달렸다. 삼십 년이 훨씬 지났는데도 친구는 내 오토바이 번호를 기억하고 있었다.

한여름이면 가지산 깊은 계곡 옥류탕에서 목욕하는 석남사 비구니들의 알몸을 훔쳐보며 가슴을 조였고, 숙직 때 면소재지 주변 찻집 도우미들을 울리는 등 고삐 풀린 망아지가 되기도 했다. 천진난만했던 20대의 젊음을 그 친구와 함께 고향에서 불태운 것이다.

그러다 내가먼저 면에서 군을 거쳐 시청으로 넘어왔고, 친구는 군으로 발령받아 군청에서 줄곧 근무했다. 시청과 군청은 기관이 서로 달라 만남의 기회가 없었다. 어쩌다 일 년에 한두 번 동창회에서 만나면 간단한 눈인사와 악수가 전부였고 깊은 대화는 없었다. 자연스럽게 학교 선·후배 사이로 되돌아갔다. 친구는 말수는 적었지만 정은 깊었다.

어느덧 예순을 바라보는 나이가 되었다. 한 잔 하자는 연락을 받고 약속 장소에 나갔더니 대기 중인 차 뒷좌석에서 느닷없이 '강 작가님, 그간 잘 계셨죠?'라고 인사를 한다. 뒤돌아보니 오십 중반의 여성이었다.

내가 머뭇거리자 신문에 내 기고문을 몇 번 보았다고 했다. 기분은 나쁘진 않았지만 어색했다. 인사를 건네고 보니 친구의 첫사랑 그녀였다. 뜻밖이었다. 다소곳한 분위기가 어렴풋이 떠올랐다.

서로 연락은 닿는 듯했지만 그녀는 그날 친구와의 만남이 처음이라고 했고, 나하고 셋이서 만나는 조건하에 약속에 응했다고 했다. 삼십 년이 흐른 지금도 결국 나는 그들을 엮어주는 징검다리와 같은 존재일 뿐이었다.

우리가 그녀와 함께 해후하는 데는 강산이 세 번이나 바뀌었다. 같은 울산에 살면서도 그렇게 무심했단 말인가. 소주 몇 잔에 우리는 어느덧 이십대 젊은 시절로 돌아갔다. 겁 없는 젊음의 발산과 만리포의 기억을 더듬으며 맘껏 취했다.

그녀도 삼십여 년 전 그때와는 달리 부지런히 술잔을 채워주며 맞장구도 쳐주었다. 친구가 백마 탄 왕자처럼 의기양양해 하는 모습은 처음이었다. 나 또한 첫사랑을 만난 것처럼 덩달아 기분이 좋았다.

자정이 지나고 주량을 훨씬 넘겼는데도 취기가 돌지 않는다. 그녀를 먼저 보내고 맥주 한 잔을 더 했다. 좀처럼 속을 드러내지 않던 친구가 오늘따라 가깝게 느껴진다. 누가 먼저인지는 몰라도 '우리 다음 휴가는 만리포'라고 하면서 술자리를 마무리했다.

대리운전기사에게 고향친구와 한 잔 했다며 연거푸 얘기를 한다. 전에 같으면 은근히 선배 행세를 했는데 오늘은 달라도 확연히 달랐다. 우리는 서로 마음을 비웠고 아름다운 옛날 추억도 맘껏 공유했다. 집에 도착해 앨범을 들춰 빛바랜 만리포 사진을 찾아보았다. 장발머리에 앳된 얼굴을 보니 감회가 새롭다. 기적선 똑딱 소리 만리포라 내 사랑~~. 콧노래가 절로 나온다.

(2014. 6. 7)

카풀

어젯밤에는 잠이 잘 오지 않았다. 1년 6개월 동안 함께 출퇴근하던 동료가 내일이면 마지막 카풀을 한다는 생각을 하니 왠지 쓸쓸하고, 인생의 무상함마저 느껴진다. 같은 부서에 근무했기 때문에 공통 화제도 많았고 가끔씩 운동도 함께 하는 사이였다. 그래서 친구같이 가까운 사이였다. 주말이면 은근히 월요일 아침이 기다려지기도 했다.

출근하면 나를 맨 먼저 맞이하는 것은 내 책상위의 작은 인형 한 쌍이다. 마치 동료와 나의 관계처럼 나란히 어깨를 맞대고 있다. 인형에도 생명이나 감정이 있다면 내일부터 혼자 남게 될 인형은 떠나간 인형을 그리워할 것이다. 내 감정은 자꾸만 인형에 쏠리고 만다. 마치 내일이면 끝이 날 우리 카풀 친구처럼.

이렇게 한 쌍의 인형이 나란해진 인연은 15년 전부터 예견되어 있었다. 그 때부터 우리는 인연이 있었을지 모른다. 내가 먼저 이곳으로 오게 되었고, 후에 뒤따라온 그는 나와 같은 부서로 발령을 받았다. 인사를 나누다 보니 집의 방향이 같아서 함께 차를 타고 다니기로 약속을 했다.

함께 출근하고 퇴근하는 것이 쉬운 일은 아니다. 다리 하나 마음대로 뻗을 수 없는 작은 공간에서 산소를 나눠 마시며 아찔하게 닥칠지도 모르는 순간까지도 함께 하자는 묵언의 약속까지 하는 사이가 어찌 보통 사이라 할 수 있겠는가. 카풀이란 몸이 한 공간에 존재하는 것 그 이상으로 마음과 정신이 함께 동조를 해줘야 하는 일이다.

　서로 간에 조금이라도 불편을 느끼게 되면 관계가 지속되기 상당히 어렵다. 이런 관점에서 본다면 그와 나는 많은 동질성을 가지고 있음이 분명하다. 그것이 보이는 것이든 아니든 우리를 끈끈하게 묶는 것이 있었다.

　영 헤어지는 것도 아닌데, 이렇게 가슴이 멍하고 아픈 것은 무슨 연유일까. 나도 모르는 사이에 정이란 것이 말할 수 없이 깊게 뿌리를 내렸나보다. 나는 이 뿌리가 여느 뿌리처럼 쉽게 뽑히지 않기를 기도한다. 이 뿌리가 싹을 틔우고 잎이 무성하여 열매까지 맺어 그 해의 마지막 날 만났을 때 뚝뚝 따 내 한 상 차리고 축제가 열려질 것을 기대한다. 이런 생각이 현 세태에서 부질없는 생각이라 할지라도 거름을 주는 일에 게으르지 않을 생각이다.

　직장이란 묘하다. 매일 만나서 똑같은 일을 되풀이하면서 정이 들고 잘 지내다가도 어느 날 다른 부서로 발령이 나서 가면 언제 보았냐는 식으로 무감각한 반응을 보이는 경우가 많다. 나 역시 그런 일에 예외라고 할 수는 없다. 나이가 들었다는 증거일까. 그런 모습을 볼 때면 이제는 가슴 한 구석이 자꾸만 촉촉이 젖는다.

　같은 부서에서 근무하다가 헤어지면 별도로 만나 친해지는 것은 아주 드물다. 새 부서에 가면 그곳 직원들이랑 어울리게 되고, 예전의 사람은 약속이나 한 듯 금방 잊어버린다. 그러다가 우연히 만나게 되면 겉치레 인사일지라도 반갑다며 간단한 악수 인사를 나눈다.

직장생활 삼십여 년을 훌쩍 넘기면서 많은 부서를 옮겨 다녔다. 특별히 기억나는 동료가 없는 것으로 보아 나도 많은 인연을 대수롭지 않게 생각했던 것이 분명하다. 아마도 대다수의 동료들도 나와 비슷할 것이다. 그때는 분명히 정 들었다고 생각했는데 지나고 나서 이렇게 쉽게 잊어버린다는 것은 정의 두께에 문제가 있었음일 것이다.

이번에 헤어지는 카풀 동료는 나의 바로 직속상사다. 내가 기안한 서류에 결재도 하고 업무지시도 하는 상급자다. 엄연히 상하가 구분됨에도 나는 깍듯하게 모시지는 않았다. 그는 내게 형식적인 예의를 지키는 것을 원하지 않았다. 항상 내게 부담 없고 스스럼없이 대했다. 그런 이유들이 우리를 더 가깝게 만들었는지 모르겠다.

매일 출근 시간에 전화를 한다. 내가 그를 기다리기도 하고 때론 그가 나를 기다리기도 한다. 약속 시간이 지나 막 뛰어오고 있는 모습도 본다. 카풀 장소는 로터리 옆이라 건널목과 버스정류소가 위치하고 있어 복잡하다.

간혹 그를 기다리다 보면 시내버스가 내 차를 향해 경적 소리를 내지르면서 아찔하게 스쳐가기도 한다. 급한 내 성격상 짜증이 날 일도 많았지만 그에게만은 한 번도 짜증을 낸 적이 없다. 그렇게 우리는 날마다 가까워지고 있었다.

그가 가깝게 지내는 사람은 나 외에도 많았다. 부서 직원들에겐 버팀목 역할도 곧잘 해 주었다.

그는 더 좋은 곳으로 혼자 가게 되는 것을 미안해하고 있는 것 같았다. 나와 함께 가려고 애쓰는 모습을 옆에서 줄곧 지켜보았다. 그 심정을 내가 잘 알고 있기에 마음이 더욱 아프다.

우리는 만남과 이별의 연속선 위에 살고 있다. 좋은 만남이 있는가 하면 그렇지 못한 만남도 많다. 제각기 타고난 천성과 성장한 환경이 다르다 보니 잘 맞는 사람이 있는 반면 맞지 않는 사람도 있다. 짧은 기간이나마 그와 함께한 소중한 시간들을 돌이켜보면 그는 늘 겸손했고 솔향기 같은 진솔함을 지니고 있었다.

그와 나는 몸의 이별은 피할 수 없는 환경에 있지만 정신적 이별만은 피해야겠다. 눈에서 멀어지면 마음에서도 멀어진다 했던가. 간간이 만나 몸을 확인하고 마음도 어루만지는 시간을 가져야겠다. 몸과 마음의 노력 없이 되는 일은 세상에 아무것도 없을 것이다.

나이 들어 가장 큰 적은 고독이라 했다. 외롭지 않은 인생은 자신이 만들기에 달려 있다고 본다. 나란히 서 있는 한 쌍의 인형을 매일 볼 수가 있기를 희망한다.

비록 카풀을 했던 기간은 짧았지만 평생을 함께 가는 한 쌍의 인형으로 내 맘속에 남아 있기를 바란다. 잠깐 스쳐가는 인생사가 아닌 따뜻한 추억으로 간직하고 싶다.

(2010. 7)

친구야!

　창밖에 비가 내린다. 퇴임식을 앞두고 있는 친구를 생각하니 왠지 가슴이 먹먹해진다. 뒤돌아보니 친구와는 삼십 대 초입 시절 중구 반구동사무소에서 만나 머리가 희끗희끗한 예순이 다 된 지금까지 희로애락을 함께했던 것 같다. 많은 직장 동료들 중에서 친구만큼은 영원히 내 곁에 남았으면 하는 진솔한 나의 바람은 예나 지금이나 변함이 없다.

　정년이라는 실체가 성큼 다가왔다. 몇 해 전까지만 해도 남의 얘기인 줄로만 알았다. 하지만 이제 우리도 인생의 전성기라고 볼 수 있는 장년기가 서서히 지나가고 있구나. 사오십 대는 언제 지나가 버렸는지 너무나 아쉽다. 직장에선 가까운 동료들과도 승진을 위해서는 경쟁자가 되기도 했고, 가정에선 먹고살기 위해 아웅다웅 발버둥친 기억들이 전부인 것 같다.

　어젯밤 앨범을 펼쳐 보니 친구의 얼굴이 단연 으뜸이다. 한라에서 백두까지라는 원대한 꿈을 이루기 위해 '한백'이라는 산악동우회를 만들어 어디 안 가 본 산이 없을 정도로 전국 명산을 다 누볐지. 때로는 올빼미산행도 마다하지 않았고 토요일 근교 산행 때는 하나 둘 구령에 맞추어 뛰어다니기도 했지. 덕분에 한백회 회원 우리 모두의 무병장수는 의심할 여지가 없을 것 같다. 그 중심엔 항상 친구가 있었기 때문이다.

어떨 때는 고삐 풀린 망아지처럼 산야를 누비면서 색다른 추억도 많이 만들었지. 돈키호테가 되기도 했고 겨우살이를 따기 위해 겁도 없이 나무 꼭대기에 올라가 쳐다보는 이로 하여금 가슴 죄게 했던 일도 있었고, 톱으로 아름다리 나무를 베다 넘어지는 나무 밑둥치에 부닥쳐 죽을 고비도 넘겼지. 친구는 칠흑의 밤 고장 난 자동차를 뚝딱 고쳐 주위를 감탄케도 했고, 하여튼 못 하는 게 없는 만능 스타였다.

겁 없고 철없는 삼십대 시절 포항 향로봉 하산 길에 허기를 만나 사경을 헤맬 때의 기억을 더듬어보면 배고픔이 어떤 것인지 생생하게 깨달았고, 그 체험은 잊을 수가 없다. 청춘남녀가 데이트하는 사이에 허락도 받지 않고 몰래 사탕을 훔쳐 먹었던 것이 어제 일처럼 떠오른다.

내연산 계곡 맑은 물에 된장보쌈을 미끼삼아 중태기(버들치)를 건져 올렸을 때 그 짜릿한 기쁨도 우린 함께 나누었지.

울산에 안내산행이 없을 때다. 부산 조방 앞에서 출발한 산행버스를 타기 위해 그 옛날 언양농고 뒤편 구 언양인터체인지에서 이른 새벽에 발을 동동 구르기도 했지 전라도, 강원도충청도로 무박산행도 많이 다녔지.

지리산에서 하산할 때 길을 잃어 열두 시간이나 산 속에서 죽을고비도 넘겼고 때로는 무리한 산행으로 다리에 쥐가 내린 적도 한두 번이 아니었다. 하지만 하산하여 소주를 곁들여 먹던 섬진강의 재첩과 싱싱한 은어회, 그리고 남원 추어탕 그 맛은 잊을 수가 없다.

친구는 베스트드라이버에다 언제나 주연배우였고, 모르는 것이 없는 척척박사였다. 친구에 비해 나는 잘 삐치는 조연에 불과했지만 모두가 아름다운 추억으로 영원할 것 같다. 머잖아 옛 친구들과도 다시 만나 우리 함께 어우러질 수 있는 또 다른 추억거리를 만들어 보자꾸나.

머리로 만난 친구들이란 직장을 그만둠과 동시에 우정도 함께 떠난다고 했다. 이건 피치 못할 현실이지만 서두에 말했듯이 친구만큼은 가슴으로 만난 친구 그 이상으로 내 마음속에 영원히 담아 두고 싶다. 어디서 무엇을 하더라도 누가 먼저라 할 것 없이 생각이 나면 서로 연락해도 전혀 부담이 없고 스스럼없는 사이가 되었으면 한다. 이제 우리의 삶도 중턱을 훨씬 넘어 서고 있다. 마음이 외로울 때 서로 의지할 수 있는 친구사이가 되었으면 한다.

시간은 끝없이 흘러가고 과거는 절대로 되돌아오질 않는다. 우리도 금방 초로의 노인이 될 것이 아닌가. 지금처럼 현실에 만족하는 친구가 되자구나.

친구야! 나이가 먹을수록 '추억을 먹고' 사는 게 인생이란다. 욕심 내지 말고 하고 싶은 일 하면서 우리 인생 아름답게 가꾸어 보자.

(2013. 6. 27)
― 친구명예퇴임식 자리에서

영원한 맞수

티격태격한 세월이 반백년이다. 내겐 바둑 친구가 두 명이 있다. 한 명은 고향 친구 겸 직장 동료고 또 다른 친구는 고등학교 동기다. 이들은 평생을 내 주위에서 맴돌면서 나를 울리기도 하고 달래기도 하는 것이 일상화되어 나에게는 또 다른 반려자인 셈이다.

오늘도 퇴근 후 한 판 붙자고 영락없이 전화 벨이 울린다. 수많은 사연 속에서도 이 두 녀석이 영원한 친구로 남아 매일 씨름하고 있는 것을 보면, 나 역시 그 녀석들과 비슷한 구석이 있는 것이 틀림없는 모양이다.

고향 친구는 온순하고 직장에서도 인정받는 모범생이다. 착실한 이 친구는 백白이다. 그러나 고등학교 친구는 학교 다닐 때부터 술과 담배나 피우는 문제 학생이었고, 나이도 우리들보다 한 살 아래이면서도 오히려 한 살 위라고 우기는 유별난 친구인데 흑(黑)이다.

이 두 친구가 흑백이라면 나는 바둑돌에 늘 얻어맞는 바둑판이다. 언제나 놀림감이 되었고 쩔쩔 맸던 적도 한두 번이 아니었다. 그렇지만 나에겐 이 두 친구만은 바둑판과 흑백의 돌 관계처럼 평생을 함께 하는 친구들이다.

나는 바둑을 특별히 배운 적도 공부한 적도 없다. 그 옛날 어른들의 어깨 너머로 보고 배운 실력이 지금은 흔히들 말하는 아마5급 정도로 통한다. 바둑은 어릴 적 소 먹이러 다니면서 형들과 심심풀이로 두던 것이 시초였는데 이젠 평생의 취미가 되었고, 앞으로도 계속 두게 될 것 같다.

흔히 바둑을 인생의 축소판이라고도 한다. 바둑판 열아홉 줄에 인생 삶의 길이 있다고 했다. 바둑은 두 집을 내어야만 살 수가 있다. 즉 바둑판 위에 내가 놓은 돌이 사석이 되지 않도록 하기 위해, 많은 집도 아닌 단 두 집을 내기 위해, 생각하고 확인하고 고뇌하는 모습들이 마치 인생살이와 똑 같다는 의미다.

그렇다고 본다면 인생을 살아가는 해답도 바둑 속에 있을 것이다. 흑백의 싸움에는 세상의 이치가 다 들어있는 셈이니 신기할 따름이다. 나는 시간이 날 때마다 이 두 친구들과 번갈아가며 바둑을 두곤 한다. 두 친구 모두 동급이라 재미가 있다. 바둑은 머리싸움이라 때로는 불꽃 튀는 전쟁과도 다름없어 많이 다투기도 하지만. 그들과 나를 강하게 이어가는 맥 또한 바로 바둑이다.

모든 인생이 다 그렇듯이 바둑 또한 욕심과 방심은 절대 금물이다. 돌다리도 두드려 가면서 건너가듯이 심사숙고해야 한다. 친구는 포석을 주무기로 앞세우지만 나는 탄탄한 실리로 맞선다. 서로 대마를 잡기 위해 미끼를 던지기도 하고 포위망을 치기도 한다. 그러다가 무리수를 두어 오히려 먼저 잡히기도 한다.

대마 싸움에서는 신경이 서로 날카롭다. 잡는 나, 잡히는 나의 사활이 걸려 있기 때문에 끝까지 물고 늘어지기도 하고 또는 패싸움을 하면서 상대의 약을 올리기도 한다. 그게 화근이 되어 결국 언성이 높아지는 일들이 흔히 벌어진다. 다른 분들과도 간혹 바둑을 두지만 그들과는 싸우지 않고 깍듯이 예의를 지킨다. 하지만 이 두 친구만은 상대의 말초신경을 서로 건드리면서 약을 올린다.

바둑 최고의 덕목은 시종일관 겸손함과 평상심이다. 세상일에서 웃고 우는 일들이 늘 공존하듯이 바둑에서도 희비가 늘 엇갈린다. 판세가 기울어졌다고 평상심을 잃으면 대마가 바로 잡히고 만다. 자기감정을 추스르지 못한 결과다.

바둑은 인내력이다. 인내력이 부족한 사람은 쉽게 화를 내고 아무 때나 짜증을 잘 낸다. 대체적으로 나 같은 사람이다. 바둑을 통해 많은 훈련을 했음에도 고치기가 여간 어렵지 않다. 인내력은 남에게 너그러움을 선사하는 매개체이다.

주전 바닷가에서 있었던 일이다. 가로등 불이 훤한 밤중에 길가에서 백 친구와 바둑을 두면서 우리는 멱살을 잡고 싸웠다. 바둑을 둘 때는 항상 차분한 마음을 가져야 한다. 그래야 바둑 수를 잘 읽을 수 있기 때문이다. 다혈질인 나에겐 그날따라 약간의 취기마저 있었다.

우리는 길거리 공원이나 계곡은 물론 사우나에서도 때와 장소를 가리지 않고 만나기만 하면 바둑을 둔다. 전투에 임할 때는 탄탄한 포석과 적절한 공격과 방어력, 순발력도 뛰어나야 한다. 무엇보다도 돌 한 점 한 점이 제 역할을 충실히 할 때만이 승리가 보장된다.

총성 없는 전쟁터나 다름없다. 고등학교 친구는 위기에 처하면 바둑판이 뚫어질 정도로 장고를 거듭한다. 반면 나는 성질이 급해 필요 이상으로 몰아붙인다. 친구는 불리하면 얼굴이 붉어지고 입을 꽉 다물어 버리는 반면, 나는 약발을 잘 받는 편이다. 우리는 밤이 새도록 역전에 역전을 거듭한다.

상대에게 속내를 내보이지 않으려면 많은 인내가 필요하듯이 바둑 또한 마찬가지다. 평상심을 지키지 못해 욕심을 부렸던 일, 인간관계가 끊어질 번한 일도 많이 있었다. 그러나 그런 일들을 잘 극복할 수 있었던 것은 바둑을 통해 많은 훈련을 쌓았기 때문인 것 같다.

우린 바둑을 통해서 수많은 인생을 산 셈이다. 도원결의라도 한 듯 저 세상에 먼저 가는 친구가 바둑판을 펴놓고 기다리자고 약속까지 한 사이다. 세상에서 이 두 친구만큼 좋은 보물도 없듯이 바둑 또한 가장 값진 선물이다.

수만 번을 두어도 같은 판이 한 판도 나오질 않는다. 우리의 삶 역시 하루도 똑같은 날 없는 한 판의 바둑경기인 셈이다. 이게 바로 신이 내려준 선물이 아니고 무엇이겠나.

우린 영원한 친구, 영원한 맞수다.

(2012)

번개팅

여름의 한복판이다. 시원한 계곡이 그리워질 무렵 누군가가 번개팅을 주선해서 모처럼 만에 쉴 수 있는 날이 왔다. 배내 주암 계곡으로 가기로 하고 울산, 부산에 있는 중학교 동기생들이 언양 사거리에서 만나기로 했다. 용케도 남녀 비슷하게 15명이 모였다.

친구 몇몇은 음식을 준비해 왔다. 다시 꼼꼼히 챙겨보더니 빠진 것이 있다며 마트에서 마지막 물건을 구입한 후 계곡으로 향했다. 마치 학교 다닐 때 서로 맘 맞는 친구들과 캠핑 가는 기분으로 24번 국도를 탔다. 배내고개에 오르니 기분이 최고다. 임도로 들어서니 이미 차들이 빽빽하다.

요리조리 피해 목적지에 도착하니 주차공간도 있고 시원한 계곡이 우리를 반기고 있었다. 우리들은 음식 등을 챙겨 곧장 계곡으로 내려갔다. 이미 설치되어 있는 탁자에 짐을 내려놓았고 성미 급한 친구들은 벌써부터 물속에 풍덩 뛰어들었다. 여자 친구들도 다슬기를 잡느라고 개울가를 헤집고 다녔다.

그때 어떤 젊은 친구가 갑자기 나타나서 이 자리는 자기들이 먼저 예약한 자리라고 비켜 달라고 했다. 우리도 예약한 자리라고 해도 젊은 친구는 막무가내다. 안 되겠다 싶어서 옆에서 같이 놀자는 제안을 했다. 그럼에도 불편하다는 이유로 비켜 달라고만 했다. 언성이 오갔고 결국 먼저 차지한 우리가 이겼다. 기분은 썩 좋지 않았지만 젊은 사람이라 철이 없어 그렇다 생각하고 금방 잊어버리기로 했다.

음식들이 푸짐했다. 숯불에 돼지 등심을 구워 소주 한잔씩을 마시니 모두들 기분이 좋은 모양이다. 기분이 거나해지자 남녀 구분 없이 풍덩풍덩 물에 뛰어들었다. 물장난이 심해지자 탁자에 앉아 있던 사람을 끌어들여 빠뜨리기도 했다. 여럿이 모이면 이야기 주제는 매 한가지다.

주위에서 일어나는 일들을 얘기하면 다들 공감대가 형성되는지 배꼽을 잡고 웃는다. 얘기 중에 "야! 잠깐 '카더라'가 실제상황이가?" 하고 물었더니 실제상황이다 하면서 일사천리로 줄줄 늘어놓는다. 진하고 야한 농담에 우린 시간 가는 줄 몰랐다.

누군가가 한마디 했다. "이제는 말할 수 있다." 사춘기 시절 성기에 털이 나오기 시작했던 이야기부터 하굣길에 옹기종기 산속에 모여 자위했던 이야기까지 스스럼없이 쏟아냈다. 여자 친구가 남자들의 일상을 흉내 내는 바람에 우리는 하도 웃어서 배꼽은 벌써 달아났고 오른쪽 갈비뼈 밑이 아파 더 웃지도 못했다.

그리고 한 번쯤은 경험이 있을 거라면서 '떡볶이' 체험에 대해서 이야기할 때 우리는 부끄러운 낯을 가리기 위해 더 크게 웃었다. 순간의 재치로 이어가는 친구들의 대화를 어찌 글로써 다 표현하겠는가마는 하루 종일 웃느라 광대뼈가 다 아팠다는 것만 말해 두자. 성생활 이야기까지 여과 없이 털어내는 것들을 보면 이게 과연 허물없는 친구구나 하면서도 한편으로는 나이가 많이 들었구나 하는 생각이 들었다.

우린 물속에서 이성 간에 씨름도 하고 서로 부둥켜안기도 하고 던지기도 했다. 물속에 안 들어가려고 안간힘을 쓰기도 했다. 가만히 앉아 있는 친구들에게는 물바가지를 몰래 들고 와 목덜미에 물을 사정없이 부어버리기도 했다. 순간들을 빠뜨리지 않고 카메라에 담는 친구도 있었고 숯불에 고기 하나 하나를 구워서 먹기 좋게 먹여주는 자상한 친구도 있었다. 야외에선 던지기 탕이 좋다고 미리 준비해 온 밀가루 반죽에 감자, 부추, 그리고 개울에서 바로 잡아 온 다슬기 등으로 수제비죽을 끓였는데 인기가 좋았다.

어린애처럼, 물이 끓는가 싶어 몇 번이고 솥뚜껑을 열어 보았다가 옆에서 여자 동창생이 마치 우리 엄마라도 되듯이 눈을 부릅뜨면서 혼쭐을 내는 바람에 우린 수십 년간 잠재워 두었던 동심으로 돌아갔다. 그러는 사이에 어느덧 수제비탕이 완료되었다. 군대에서 배식하듯 사람마다 똑같이 한 그릇씩 퍼 주었더니 모두 단숨에 뚝딱 비운다. 체험해 보지 않은 사람은 아마 이 기분을 모를 것이다.

소주와 맥주를 그렇게 많이 마셨는데도 별로 취하지도 않았다. 짧은 하루였지만 어느 휴가보다도 멋진 추억을 만들었다. 한결같이 이런 자리를 자주 만들어 보자는 의견들이다. 사회에서 만난 친구들은 이해관계에 얽혀 있기 때문에 쉽사리 마음을 열 수 없을 뿐만 아니라 만났다 헤어지면 바람과 함께 사라지는 게 다반사다.

"이성 감정을 느낄 수 없는 편한 이성 친구가 참 좋은 친구다." 초, 중, 고를 함께 한 친구가 많다. 남녀 공학의 장점이 바로 이렇게 추억을 함께 공유할 수 있는 친구가 많다는 것이다. 추한 것도 덮어 줄 수 있고, 이해 못할 일도 이해해 줄 수 있는 사이, 기쁨과 슬픔조차도 함께 나눌 수 있는 친구들이다.

사는 것이 바빠 자주 얼굴 보는 것은 참으로 어렵다. 그러나 수십 년 만에 만나도 하나도 어색하지 않다. 그런 친구들과 이렇게 즐거운 시간을 보내고 나니 그 동안 쌓였던 스트레스가 한방에 날아가는 기분이다.

 번개 같은 시간이 흐르고 나니, 내 마음속에 한 줄기의 강한 빛과 긴 여운이 남는다. 하루의 즐거움이 번개같이 지나가고, 다시 번개 같은 날을 기다린다. 마른날엔 쉽게 볼 수 없는, 오십 년 인생에 내가 겪은 번개팅은 신선하다 못해 짜릿한 감흥이었다.

(2010. 7. 25)

내 친구 복이

계곡이 터져라 웃고 즐겼다. 처음엔 먹기 대회라도 하듯 허겁지겁 먹고 마시다 보니 다들 얼큰히 취해 버렸다. 우린 이맘때면 전국에 있는 동기생들을 상대로 번개팅이라는 모임을 갖는다. 이젠 정착이 되어 가는지 친구들이 점점 늘어만 간다. 참여해서 재미를 느끼면 입소문이 절로 나고 자연적으로 그 모임은 활성화가 되기 마련이다.

오늘은 여름의 한복판인 중복인데도 동해안 냉수대 형성으로 덥지가 않다. 날짜를 잘못 잡았다고 불평 아닌 불평을 하는 친구들도 많다. 어떻든 가까이에 있는 친구들을 중심으로 스물대여섯 명이나 모였다.

이럴 땐 자칭 주방장인 김 여사의 손놀림이 바빠지고, 씀씀이 또한 시원스럽다. 기본적인 먹을거리는 물론 삼겹살, 백숙, 한치 등 술안주를 포함해서 어디 하나 빠진 것 없이 완벽하게 챙긴다. 그 외에도 이여사의 수제비 반죽과 쇠야골의 민물매운탕거리 또한 빼놓을 수 없는 일미다. 경조사 때문에 동참이 어렵다며 수박 등 먹을거리를 싸들고 와 잘 놀고 오라는 친구들도 꽤 많았다. 매년 약속이나 한 듯 이런 친구들이 있기에 하루 종일 지치지 않고 희희낙락 즐길 수가 있었다.

천릿길을 단숨에 달려오는 친구, 순간순간을 놓치지 않고 사진을 찍어 카페에 올리는 친구가 있는가 하면 자동차가 없는 여자 동기들을 빙빙 둘러가며 태워 오는 자상한 친구들도 많았다. 다들 스스로 제 몫을 다하는 친구들이다. 나는 자칭 동기회 홍보맨이다. 현장에서 일어난 일들을 참여하지 못한 친구들에게 여과 없이 생생히 알리는 게 내 임무다.

번개팅은 번개같이 모여서 웃고 즐기는 데 목적이 있다. 그 중심엔 항상 우리의 호프 복이 친구가 있다. 그저 바라만 봐도 웃음이 저절로 나오는 보배 친구다. 역시 분위기 반전엔 복이 친구의 Y담을 빼놓을 수가 없다.

Y담의 주제는 동서고금을 막론하고 남녀 간의 사랑 얘기가 들어가지 않으면 앙꼬 없는 찐빵이나 다름없다. 복이의 Y담은 특별히 새로운 이야기가 아닌데도 재탕 삼탕 계속 반복을 해도 언제나 새롭게 들린다. 복이가 하얀 거품을 내뿜으면, 우리들은 모두 자지러진다. '복이는 앙꼬요 우리들은 찐빵'이 되었다.

복이 친구는 남녀 동창생 중 가장 인기가 많다. 밑천이 없다 하면서도 얘기가 나오기 시작하면 끝이 없다. 그리고 말도 한번 벗기 시작하면 그야말로 홀라당 벗어 버린다. 이럴 땐 수필만이 벗는 게 아니구나 하는 생각이 들 정도다. 말도 많이 벗어야만 생동감이 있고 상대의 마음을 사로잡을 수가 있다.

우리 모두는 그의 진솔성에 감탄할 따름이다. 야근을 마치고 온 그가 얼마나 급했던지 아침을 먹다 말고 밥상을 밀쳐놓고 그것을 하고 있는데 밖에서 문 열어 달라고 아우성치는 애를 낚아챘었다는 얘기, 그리고 또 한 번은 하필 그날 남편이 조르는 바람에 팔이 아프도록 피스톤 작업을 해 줘도 목적을 이루지 못하자, 끝에는 마우스 작전에 들어갔다는 얘기는 자기 얘긴지 남의 얘긴지 아리송하기도 했다.
 복이가 평소 남자들의 일상생활을 흉내 내는 모습은 가히 일품이다. 조금도 어색해하거나 부끄러워하지 않고 줄줄 엮어 가는 복이 친구의 자연스런 손놀림에 우린 배꼽을 안고 박장대소를 하지 않을 수가 없었다.
 그렇다. 별로 우스운 거리가 아닌 것 같지만 다들 한번쯤은 경험했을 것이고, 공감대가 형성되다보니 깔깔 넘어가면서 웃는 것이다. 그것이 바로 젊은 날 우리들의 일상이었다. 그렇게 해보지 못한 부부가 오히려 더 비정상적인 부부가 아닐까 싶다.
 어떤 친구가 여자 친구들을 물속에 끌어넣을 생각으로 계곡 웅덩이 깊숙이 박혀 있는 집채만한 바위를 물 밖으로 들어내자고 제안했다. 여친들을 물속으로 유인하는 작전을 펴고 있는데 복이 친구는 그 집채만한 바위를 보더니 대뜸 저 바위는 숫바위가 틀림없다고 한다. 내가 거총 자세를 취하면 저 바위 정도는 식은 죽 먹기라는 말에 우린 할 말을 잊었고, 순간 재치 있는 유머에 놀라지 않을 수가 없었다.
 어떤 여친들은 물속에 안 들어가려고 오늘이 그날이라고 한다. 다들 어림 반 푼어치도 없다는 표정들이다. 그날인지 아닌지 진위 여부를 확인할 수가 없지 않은가. 짓궂은 친구들에 의해 기습공격을 당해 물속에서 허덕이는 모습과 물 먹는 모양새들이 각양각색이다. 우린 그들을 지켜보면서 폭소를 터뜨린다. 인간들은 최악의 모습에서 희열을 느끼는 것 같다.
 깡이 있는 친구는 친구와 물싸움을 하다가 덩치에 밀려 물을 몇 순배 마시더니 독이 올랐는지 안간힘을 다 써보지만 역시 역부족이다. 그런데 끼고 있던 안경마저 물속에 빠뜨려 같이 있던 일행들까지도 안경을 찾으려고 온 물속을 뒤지는 등 소동을 부리기도 했다.

다정한 연인들도, 애들과 노모를 동반한 젊은 부부들도, 고스톱 치던 형제가족들도, 그리고 데리고 온 견공들까지도 우리들을 지켜보면서 박수를 보내곤 했다.

물에서 씨름하다 지치면 엄마처럼 먹을 것들을 챙겨주는 누나 같은 자상한 여자 동기생들이 있기에 우린 이렇게 유년으로 돌아갈 수가 있어서 참 좋다.

계속 구름에 가려 해님이 나오질 않아 냉기가 감돈다. 문득 유년기에 강변에서 멱 감을 때 '해, 나오라'고 부르던 전래동요가 생각났다.

"해야 해야 나오너라.
김칫국에 밥 말아 먹고
장구 치며 나오너라."

우리들의 간절한 바람에도 해는 끝내 나오질 않았다. 한 친구가 주위에 흩어져 있는 마른 나뭇가지를 주워 모닥불을 피웠다. 처음엔 연기가 모락모락 나더니 모깃불 같은 냄새를 풍겨 향수에 젖어들었다. 불장난 하던 어린 시절로 되돌아갔다.

'문둥이 웃불에 살찐다.'라는 말이 생각났고, 우리들은 마치 거지왕 춘삼이라도 된 듯 착각에 빠지기도 했다.

하루가 어떻게 지나갔는지 어느덧 해가 뒷산 봉우리에 걸려 있다. 짐들을 챙기고 있는 우리들에게 거기서 1박을 하는 피서객들은 내년에도 다시 오라고들 한다. 자진해서 단체사진도 서로 찍어 주겠다고 야단들이다. 다들 즐거우면서도 아쉬운 표정들이었다.

돌아오는 길목의 순대국밥 집에서 저녁시간에 때맞춰 상하이 수영대회 소식이 들려왔다. 우리의 마린보이 박태환 선수가 400미터 계주에서 우승을 차지하는 순간 그 환호를 정점으로 오늘의 번개팅이 마무리되었다.

아름다운 추억이 없는 과거는 무의미한 삶에 불과할 것이다. 더도 말고 덜도 말고 오늘 같은 날들이, 살면서 과연 얼마나 더 있을까 하는 생각의 여운이 쉬 사라지지 않는다.

(2011. 8. 3)

보리암

몸이 개운치가 않다. 출장의 여독이 덜 풀린 채로 동기들과 야유회를 가게 되었다. 새벽에 약속장소에 갔더니 이미 친구들이 많이 모여 있었다. 형형색색 밝은 등산복차림이 그들의 흥을 말해 주고 있었다. 제일 늦게 도착한 내가 먼저 온 친구들에게 일일이 악수를 청했다. 그러다 보니 내가 가장 높은 사람 같은 착각이 들어 속웃음이 나왔다. 관광버스가 도착했고 설레는 마음으로 버스에 몸에 실었다.

울산에서 언양을 거쳐 부산에서 마지막 친구들을 태우고 몸도 마음도 남해로 달린다. 첫 번째 정차한 곳은 진영휴게소다. 미리 준비해 온 시래기국밥으로 허기를 메운다. 친구들이 시래기국밥에 반주를 겸해서 한 그릇씩 뚝딱 해치우는 모습을 보니 건강에는 다들 아무런 문제가 없어 보인다. 나도 연일 개운치 못한 속을 뜨끈한 국밥 한 사발로 푼다. 국물이 풀어준 것은 굳었던 몸보다 먼저 잠겼던 마음이다.

목적지는 남해의 보리암이다. 몇 번을 가 보았지만 또 가고 싶은 가벼운 산이다. 특히 약사여래불상에 기도하면 일생에 한 가지 소원은 꼭 들어준다고 하여 전국각지에서 많이 몰려드는 성지로 소문이 나 있다. 그러나 친구들과 나는 제사보다 제삿밥에 더 관심이 있었다. 보리암보다는 오랜만에 만난 친구들과 정을 나누는 것이 더 급선무였다. 술을 마시고 즐겁게 몸을 흔드는 것이 남해 기행의 절정이라고 해도 지나친 말이 아닐 것이다. 차 안에선 벌써 시끌벅적 야단법석이다.
　술잔이 돌자 트로트가 장단을 맞추었고 몸이 근질근질하기 시작했다. 갑자기 한 친구가 자칭 오락부장을 하겠단다. '청춘아 내 청춘아' 하면서 특유의 목소리로 먼저 한 곡조를 뽑아댄다. 차례로 노래를 시킬 모양이다.
　나는 술의 힘을 빌리지 않으면 부끄럼이 많다. 그래서 노래가 제대로 나오지도 않을뿐더러 다 부르기도 전에 진땀이 난다. 그래서 억지로 소주 석 잔을 연달아 마셨다. 슬슬 부끄러움이 멀어져 가는 것 같았다. 내 차례가 되었다. 겨우 한 곡을 소화했다. 그런데 머리에 진땀이 났다. 그래도 몫을 때웠다는 안도의 한숨을 쉬었다.
　흥이 더 높아가자 트로트 메들리가 이어졌고, 흥이 있는 친구들은 버스 통로로 나왔다. 하나 둘 친구들이 통로로 김밥 옆구리 터지듯 나오자 서로 비벼가며 흔들어댔다. 부담 없고 자유분방한 모습들이 보기에 참 좋았다.
　관광버스는 고속도로를 벗어나 국도로 진입 삼십여 분 달리니 친구가 본부장으로 근무하는 삼천포 화력발전소에 도착했다. 지나가는 길목이라 사전에 친구와 약속이 되었던 것 같다. 삼천포 화력발전소는 63만여 평 부지에 6호기로서 설비용량 324만KW의 전력을 생산해 경상남도 전체에 전력을 공급하고 있는 초일류 화력발전소다. 오늘 친구가 한방 쏠 모양이었다. 그는 현관 앞에서 우리들을 반겼고 안내했다. 홍보관에 들러 영상물을 감상하고 나와 회사를 배경으로 기념사진도 찍었다.

　친구의 안내로 본부장 사무실에 들어갔다. 친구는 현황판을 펼쳐 놓고 회사에 대해 상세히 설명해 주었고 건물 꼭대기에 있는 전망대로 안내했다. 전망대는 아파트 30여 층 높이로서 와룡산이 눈 아래로 내려다보였고 삼천포 항구와 작은 섬들이 한눈에 들어왔다.

　국가기간산업체인 화력발전소는 한국전력의 자회사로서 공기업이다. 학교 다닐 때부터 공부 잘했던 그는 사회생활에서도 기여도가 높은 일을 하고 있었다. 친구는 맛있는 점심을 먹을 수 있도록 배려해 주었다. 장어 안주에 술을 곁들인 점심은 추운 겨울에도 우리들 마음을 완전히 녹여 주었다. 마지막에 기념선물까지 챙겨주는 친구를 보면서 베푸는 자의 인정과 받는 자의 감사함을 또 한 번 느꼈다.

　친구의 환송을 끝으로 관광버스는 보리암으로 향했다. 대형 주차장에 도착한 뒤 다시 마을버스를 갈아타고 보리암 주차장에서 내렸다. 잠시 걸어가니 보리암이 나왔다. 보리암에서 산 정상까지는 20여 분 거리다. 처음 오는 친구들은 정상을 향했지만 난 경내를 돌면서 대웅전에 들러 부처님께 삼배를 올렸고 약사여래불상에선 친구들과 사진도 찍었다.

　멀리 다도해를 바라보았다. 펼쳐지는 작은 섬들이 올망졸망 바다에 떠 있는 모습들이 한가롭게 보였다. 그러나 저 작은 섬들은 이순신 장군이 승선한 거북선처럼 보였다. 잠시 동안 임진왜란 당시 왜군과 치른 한바탕의 결전을 연상하기도 했다. 해가 지는 다도해의 석양을 바라보면서 친구들과 이런저런 이야기를 나누다 보니 오후 4시가 훌쩍 넘었다. 보리암 주차장으로 가는 마을버스의 막차 시간이 5시다. 서두르지 않을 수가 없었다.

　여행에서 남는 것은 사진이다. 삼삼오오 모여서 사진을 찍느라 시간 가는 줄 몰랐다. 기념촬영이 끝나고 서둘러 하산해 주차장으로 오니 해는 벌써 서산으로 기울고 있었다. 버스를 탔다.

　남해에서 고속도로 진입까지는 30여 분이 걸렸다. 친구들은 취했다. 경치에 취하고 우정에 취하고 술에 취하고 분위기에 취했다. 모두가 흥겨운 표정들이었다. 이 정도면 한두 명 정도는 술주정 부리는 녀석도 있을 텐데 그런 친구들이 보이질 않는다.

　갑자기 차 안이 소란스러워졌다. 오락부장 특유의 제스처와 몇몇 분위기 맨들에 의해 친구들은 다시 버스 통로를 술술 채워 갔다. 다들 흥겨운 분위기 조성에 적극적이었다. 흥이 극에 달할 즈음 진주휴게소에 도착했다. 아침에 먹다 남은 시래깃국에 밥을 말아 먹었다. 다들 배가 고팠는지 후다닥 한 그릇씩 깨끗이 비웠다. 미리 준비한 생선회와 배추로 소주 한 잔씩을 마시니 또 얼큰하게 취기가 올랐다. 술에 취했다가 깼다가 반복되는 하루였다.

　어두컴컴한 가로등 밑이라서 뭐가 뭔지 잘 분간이 안 간다. 그러나 이렇게 먹는 저녁이 최고의 맛이요 속 또한 든든하다. 이 모든 게 여자 친구들의 노고 덕분이다. 그리고 K 친구가 외국 출장 중에 사 온 양주 한 병을 가지고 왔고, 강원도에 사는 B 친구는 산나물과 함께 담은 술을 두 통이나 가져왔다. 그는 저번 문경세재 갈 때에도 생채 산나물을 가지고 와서 인기를 독차지했다. 친구들의 정성스런 마음에 나는 늘 탄복할 따름이다.

　함께 공부한 동기간이 아니고서야 이런 정다운 모습을 찾아보기 힘들 것이다. 새삼 남녀공학 학교를 졸업한 나 자신이 행복했다. 참 멋진 조화였다.

식사가 끝나고 다시 버스에 올랐다. 꽤 취했다. 버스 안이 절단 났다. 앞에서 차례로 나가던 술잔이 이제 앞뒤에서 마구 온다. 주량에는 관계없다. 한사람은 소주, 또 한 사람은 안주를 들고 다니며 권한다. 안주가 떨어졌는지 마지막에는 된장도 없는 생배추다. 그러나 다들 소처럼 잘 먹는다.

친구들의 모습을 바라보니 참 재미있었다. 밀감을 까서 먹여주는 친구도 있었고 무자비하게 술을 억지로 권하는 친구도 있었다. 다들 흥겨운지 빠른 음악에 맞춰 흔들어대는 율동과 서로 부딪치는 엉덩이, 때론 하얀 배를 내보이며 흔들어대는 친구도 있었다. 종일 마이크를 독무대 삼아 노래를 따라 부르는 극성팬도 있었고 통로가 막히다 보니 좌석위로 배를 깔고 기어 다니는 친구도 있었다.

술 한 잔에 온갖 시름을 잊을 수가 있었다. 이럴 때 술을 예찬하지 않는다면 나는 무미건조한 사람일 것이라는 생각이 들었다. 내 주량이 겨우 소주 반 병 정도인데 오늘은 몇 곱절을 더 마셔도 취하지도 않고 기분은 자꾸만 좋아졌다. 대부분 친구들도 나와 똑같은 모양이었다. 대개 술을 마시면 진솔해지고 대범해진다. 그래서 술은 외면을 당하면서도 인간사에 없어서는 안 될 음식이다.

마지막 휴게소인 진영휴게소에 들렀다. 용변을 본 후 다시 버스는 달리기 시작했다. 동래에서 부산 친구들이 하차하고 언양을 거쳐 울산으로 향했다. 친구들이 한 사람씩 빠져나간 자리에서도 온기가 느껴졌다. 아마도 이 기분은 며칠 갈 것이다.

눈을 지그시 감았다. 이런저런 일들이 머리를 스치고 지나갔다. 그간 쌓였던 스트레스를 한 방에 날리고 집으로 돌아가는 마지막 차 안에서 나는 지나온 삶을 생각해 보았다. 살면서 오늘처럼 즐거운 날이 며칠이나 될까.

양념 같은 오늘은 너무 많아도 안 될 것이고 너무 없어도 안 될 것이다. 이런 생각을 하고 보니 나는 지상에서 가장 행복한 사람이라는 생각이 들었다.

(2010. 12. 8)

사리암에서 생긴 일

　토요일 아침이다.
　여느 때나 마찬가지로 늦은 아침 시간대에 홍대에게 전화를 해본다. 별일 없으면 사리암이나 갔다 오자고, 9시 반에 문수고 정문에서 만나자는 약속을 한 후에도 MBC 드라마 재방송인 '에덴의 동쪽'을 보면서 뒤척였다.
　문수고등학교에서 정확히 9시 반에 만나서 새 국도를 타고 운문사를 향했다. 동창회 산행 등 그간의 일들로 얘기를 나누면서 운문재를 거쳐 포장된 꾸불꾸불한 도로를 달리다 보니 어느새 운문사 매표소에 도착했다. 사리암 신도증만 보여주면 사리암 주차장까지는 무사통과다. 매번 가지만 아는 사람 몇몇은 늘 만난다. 악수를 하고 가볍게 인사를 나눈다.
　사리암 주차장에서 사리암까지는 도보로 넉넉잡아 한 시간 정도의 거리다. 길목에는 벌써 막 봉오리를 잡은 산수유가 우리들을 반긴다. 산수유는 이른 봄의 전령사다. 날씨도 완연한 봄 날씨였다. 언덕에서 내려다보이는 운문사계곡은 언제 보아도 수량이 풍부하고 시원한 느낌을 준다.

이런저런 얘기를 나누면서 걷다보니 포장도로로 접어든다. 인도교를 거쳐 꼬불꼬불하고 빛바랜 길을 따라 사리암으로 올라갔다. 오가는 사람들은 다들 가지각색이다. 남녀노소는 물론 스님 몸빼를 입은 보살님, 배낭을 둘러맨 등산객, 가벼운 일상복 차림의 선남선녀 등 다들 밝은 표정들이다.

사리암은 울산시내에서 먼 거리도 아니다. 신도증만 있으면 운문사 관람료도 안 받는다. 사리암 주차장에서 사리암까지 산행시간도 왕복 1시간 30분이면 족하다. 약간 짧긴 하지만 5~60대들의 가족단위 산행코스로는 안성맞춤인 것 같다.

나도 홍대를 만나기 전에는 아내랑 자주 다니곤 했다. 애들을 위해 가끔씩 부처님 전에 불공을 드리기도 했다. 내가 사리암을 찾는 가장 큰 이유는 무엇보다도 맛있는 점심공양을 할 수 있기 때문이다. 이상하게 사리암에 가면 식욕이 당긴다. 다른 절에서도 점심공양을 하지만 사리암 점심공양은 많이 먹는데도 소화가 잘되기로 으뜸인 것 같다.

사리암 공양은 밥, 국, 3찬에 덤으로 떡이나 과일이 나온다. 찬은 콩나물, 시금치, 시래기 등 대부분 푸성귀이며 국은 미역국이나 된장국이다. 점심 먹으러 온 기분이 들 때가 많다. 왜냐하면 힘들게 올라와서 공양만 하고 바로 내려오는 경우가 많기 때문이다.

오늘도 홍대와 난 그냥 점심공양만 하고 되돌아오려고 한다. 주로 홍대는 얘기를 하는 편이고 난 홍대 말을 귀담아 들어주는 편이다. 홍대는 학교 다닐 때부터 의리가 있고 야성이 강한 친구로 인식되어 왔다. 때로는 선생님에게 대들기도 하는 나쁜 놈이었다.

이윽고 사리암에 도착했다. 오늘도 많은 사람들이 '나반존자'를 모셔놓은 신령전에서 불공을 드리려고 줄을 길게 서 있다. 우리는 불공엔 관심이 없다. 기도를 위해 깔아놓은 멍석에 앉아 쉬었다. 천천히 걸어 온 탓에 땀도 힘도 들지 않았지만 목적지에 도착했다는 이유 하나만으로 푹 쉬었다.

이제 11시가 막 지났다. 집에서 아침 먹은 지가 2시간도 채 안 되었지만 사리암의 공양은 우리를 기다리고 있었다. 공양시간은 11시부터다. 여느 때나 다름없이 줄을 서서 기다리다 일행들의 대열에 끼어 식판 가득히 밥과 국 그리고 찬을 담아서 배불리 공양을 마쳤다. 우린 공양실을 나와 자판기가 있는 장독대 앞에서 커피 한잔씩을 마시고 멀리 보이는 억산을 배경으로 기념촬영을 마친 뒤 바로 계단을 타고 내려가기 시작했다.

계단 마지막 지점 조금 넓은 공간에서 홍대가 문득 '식후 불연이면 3년 내 객사' 한다는 생각이 들었는지 담배에 불을 붙였다. 홍대는 좁은 길을 내려가면서 피우기보다는 여기서 한 대 피우고 가는 게 낫겠지라고 혼자 중얼거리며 폼 나고 아주 멋있게 담배연기를 뿜어대고 있었다.

일은 여기서 크게 벌어지고 말았다 홍대가 폼 나게 담배 한 모금을 빨고 있는데 우리 뒤를 따라오던 40대 중반의 남자가 시비를 걸어 온 것이다.

다음은 김홍대(50대)와 40대 남자가 실제로 싸움질한 상황을 옮긴 것이다.

40대 남자 : (짜증을 내면서 제법 큰소리로) "절에 와서 담배 피우는 사람이 어디 있노. 지나가는 사람 담배연기 다 마시게."
김홍대 : "이것 보시오. 여기가 금연 장소요?
그리고 지나가는 사람들 담배 연기 마시는 것까지 당신이

다 걱정하요? 담배 피우는 사람도 있는 거고, 안 피우는 사람도 있는 거지, 별 싱거운 사람 다 있네. 당신은 길에서 담배 피우는 사람 보면 다 입 대는교?"

40대 남자 : (혼자 앞서 내려가면서 큰소리로) "절에 와서 담배 피우는 사람이 어디 있노! 그 시발놈, 내하고 비슷한 연배 같으면 확 패 죽여 버릴 새끼 같은 놈이구먼." 하면서 지나간다.

김홍대 : "이 양반아. 남 탓 하지 말고 당신만 잘하면 되는 거요. 저런 놈이 다 있어. 별 희한한 놈 다 있네."

우린 그를 따라 사리암 주차장으로 향했고 얼마 후 인도교에 도착했다. 마침 40대 그 남자는 인도교에 서서 사리암을 향해 합장을 하고 있었다. 우리도 그곳에 도착했다. 홍대가 그 남자 앞으로 다가갔다.

김홍대 : "당신 뭐하는 사람이야?"
40대 남자 : "나, 사리암 신도요"
김홍대 : "그래 나도 사리암 신도다. 당신은 길 가는 사람 담배 피우면 입 다 대고 길 가는 사람 담배연기 마시는 거까지 다 걱정하고 사나?"
40대 남자 : "절에 와서 담배 피우는 사람이 어디 있어요? 그래?"
김홍대 : "내가 절에서 담배 피웠나? 절에서 피우고 싶었지만 계단 내려 와서 피웠다. 건방지게 큰 소리치고 있어."
40대 남자 : (거침없이 전과 같이 반복으로) "어이, 그 시발놈. 내하고 비슷한 연배 같으면 확 패 죽이뿌겠구마는" 하면서 씩씩거린다.
김홍대 : "이 자석아. 아직 너 같은 놈한테는 안 맞는다. 성질 같으면

버르장머리 확 뜯어고쳐 주고 싶다."며 혀를 끌끌 찬다.

40대 남자 : (혼잣말로) "시발놈. 지 버르장머리나 고치지." 하면서 자기 부인과 함께 내려간다.

김홍대 : (홍대가 한마디 툭 던진다.) "아이고, 저런 인간 데리고 사는 마누라가 불쌍타. 저것도 인간이라고 자~식!"

40대 남자 : (그 소리를 듣는 순간 부인과 내려가던 그 남자가 우락부락해지면서 자기 머리만한 돌을 들고 홍대 얼굴을 내려치려고 겨누면서) "이 새끼야. 우리 마누라는 왜 들먹거려? 돌로 대갈통 콱 찍어뿔라." (순간 화를 참지 못하고 씩씩거린다.)

김홍대 : (실실 웃으면서) "야 임마. 전주지 말고 그냥 내리 치뿌라. 야! 이 멍청한 놈아."

40대 남자 : (들고 있던 돌을 던져 버리고 갑자기 옆에 있는 지팡이를 집어 들면서) "이 시발놈. 확 때려 죽이뿔라마. 이 새 끼야. 가만히 있는 우리 마누라 욕은 와 하노? 시발새끼야!" 하더니 째려보면서 지팡이로 완전 풀 스윙 자세로 홍대를 칠 태세다. 이 찰나, 어디서 달려왔는지 그의 부인이 기겁을 하면서 달려들어 제지시킨다.

김홍대 : (웃으면서) "그래 전주지 말고 쳐 뿌야지. 난 그래 안한다. 성질머리 보니 마누라 고생깨나 하겠다싶어 그랬다 왜? 우얄래? 야 이 멍청한 놈아!"

40대 남자는 홍대에게 돌로 찍지도 못하고 몽둥이로 내려 치지도 못하고 화만 잔뜩 내고 있는데 그의 부인이 남편을 끌다시피 하며 내려간다.

김홍대 : "마누라 속께나 썩겠다. 이 멍청한 놈아!"
그러자 남편과 함께 내려가던 그의 부인이 한마디 한다.
40대 남자부인 : "골치 아픈 사람이라도 내가 데리고 사는 데는 아무 이상 없으니 아저씨는 길에서 담배나 피우지 마세요."

그 부인은 잽싸게 남편을 낚아채 듯 총총 내려간다.

강걸수 : "야! 홍대야. 니가 이겼다. 우리 둘 주말마다 사리암 오자." 우린 박장대소를 했다.

나는 은근히 그 사람과 홍대를 한 번 더 싸움 붙이기 위해 빠른 걸음으로 하산했지만 40대 그 남자는 끝내 볼 수가 없었다.

곰곰이 생각해 보면 오늘 40대 그 남자의 부인이 아니었더라면 어쩜 홍대는 사자(死者)가 되어 서 울산보람병원 영안실에 안치 되어 있었을 것이다. 나는 미필적 고의에 의한 살인방조죄로 경찰서에서 조사를 받고 있지나 않았을까 하는 생각마저 들었다.

언제나 평상심 나는 홍대친구가 참 좋다!

(2012)

고헌 박상진 의사

나는 한 번도 아닌 송정동장을 두 번이나 하고 있다. 처음엔 행정의 꽃이라는 사무관 승진과 동시에 1년 6개월간 송정동장을 하였고, 그 후 정확히 십 년 동안 북구청에서 여러 부서 과장으로 근무하다, 정년 일 년을 남겨놓고 2016년 1월 또 다시 송정동장으로 왔다. 38여 년의 나의 공직을 송정동장을 끝으로 마무리해야 한다니 송정동은 내 기억 속에서 많은 부분을 차지할 것 같다.

송정동하면 떠오르는 인물은 단연 광복회 총사령 고헌 박상진 의사다. 태어난 생가가 있고 무룡산을 받쳐주는 아름다운 '송정박상진호수공원'이 있다. 대한민국이 낳은 박상진 의사의 생애와 독립운동의 발자취를 더듬어 본다.

갑신정변이 일어나기 직전해인 1884년 음력 12월 7일 박상진은 울산광역시 북구 송정동에서 태어났다. 그는 15세 때 두 살 위인 최영백과 결혼을 했다. 박상진 의사 부인 최영백은 83세로 숨을 거두기 전까지 손주들이 잘못하면 "이놈들 너희들이 어느 어른의 자손인데 그렇게 행동하느냐"하며 호되게 야단쳤다고 했다. 그 만큼 남편의 정신을 높이 기렸다고 했다. 박상진 의사 처가는 "사방 백리 안에 굶어죽는 사람이 없게 하라"는 노블레스 오블리주(특권계층의 책임)를 실천한 경주 최 부잣집이었다.

박상진은 소년기에 왕산 허위 선생을 만나 인생의 전환점을 맞는다. 스승의 권유로 서울 양정의숙 법률·경제과를 졸업하고 그 이듬해 판사시험에 합격 평양지원에 발령받았으나 사임을 한다. 그 당시 시대적 배경은 1909년 10월 26일 안중근의사가 하얼빈에서 이토오히루부미를 암살한 사건으로 안 의사가 사형되면서 우리민족의 항일저항의식이 최고조에 달했다.

고헌 박상진 의사는 식민지 치하의 치욕스러운 벼슬길을 버리고 구국독립운동가로 변신한다. 만주와 중국일대를 다니면서 중국의 신해혁명을 거울삼아 국권회복 방향을 무장독립운동가로 앞장서게 된다.

박상진 의사는 집안의 재산을 저당해서 대구에 상덕태상회를 개설함으로써 본격적으로 독립운동에 나선다. 상덕태상회라는 상점을 가장 독립운동의 기지로 만들고 만주에 있던 독립 운동가들이 경영하던 상점들과 연계하면서 독립운동의 거점지로 자리 잡아갔다.

박상진 의사는 독립운동에 전념하기 위해 사촌처남인 최준에게 재산 관리를 맡겼다. 박상진은 상덕태상회에 이어 1914년 포목상 내외물산을 개설하였으나 6개월 만에 포목상 경영에 실패했다. 이때 외상거래를 위해 삼정물산에 집안전답으로 3만원의 근저당을 설정했다. 이후 외상거래액 3만원을 갚지 못하자 삼정물산에서 경매물건으로 내어 놓았다.

최준은 박 의사 재산을 관리하면서 3만원에 분할 상환 조건으로 경락을 받은 뒤 처음엔 명의신탁했다가 나머지 잔액 모두를 상환하면서 최준 앞으로 소유권을 이전해 버렸다고 했다.

 박 의사 순국 후 그의 아버지가 늦게 이를 알고 소유권반환을 요구하였으나 일제의 감시하는 눈이 있어 그냥 이전해주는 것은 곤란하니 소송을 통해 이전하라는 권유를 받고 소송을 제기했다고 한다. 최준은 이를 계기로 오히려 모든 재산을 자신의 소유로 기정사실화시켰다고 했다.

 재판을 둘러싸고 박상진과 최준 사이에 합법적으로 인수한 재산인지 아닌지 주장이 서로 엇갈린 것이다. 이에 박 의사 유족들은 십여 년에 걸쳐 억울함을 주장하였지만 패소하고 말았다.

 박상진은 영남일대를 주축으로 후방에서 독립군을 지원하는 조선국권회복단결성에 참여해 1915년 음력 7월 15일 대구 달성공원에서 비밀, 폭동, 암살, 명령의 4대 강령을 표방한 대한광복회를 조직하고 전략은 군자금을 조달, 만주에서 독립군과 혁명군을 양성하는 한편 국내에서는 100여개소의 잡화상을 설치하여 비밀리에 무기를 비축하며 조직을 확대해 가기로 했다.

 일본이 국제적 고립 위기에 빠질 때 전국적으로 일시에 봉기하여 독립을 쟁취한다는 것이다.

 박상진 의사는 청산리 전투의 영웅 김좌진과 평민의 의병장 신돌석과 함께 의형제를 맺었다. 신돌석 장군은 박상진 의사보다 여섯 살 위고 김좌진 장군은 다섯 살 아래다. 비록 한 날 한 시에 죽지는 못했지만 패망한 조국의 독립이라는 대업을 이루려 처참히 목숨을 잃었다.

 신돌석, 박상진, 김좌진은 도탄에 빠진 나라와 백성을 구하기 위해 서로 돕고 형제의 의를 배반하는 자는 천벌로써 그 명을 거두어 줄 것을 결의한 유비, 관우, 장비처럼 평생 그 의를 지켰다.

대한광복회는 우리 근대사의 암흑기라 불리는 1910년대를 대표하는 독립운동단체였다. 비밀결사로 은밀하게 운영될 수밖에 없었던 활동상의 한계와 결성된 지 5년도 채 안 돼 와해되는 짧은 기간 탓에 그간 정확한 연구가 진행되지 못한 것이 사실이다. 그나마 해방 후 살아남은 대한광복회의 몇몇 회원들에 의해 자신의 회고록을 통해 정통성을 뒷받침해주고 있다.

대한광복회 총사령은 박상진 의사가 맡았고, 부 사령은 평산 의병장 이진룡이 맡았다가 그가 일경에 체포된 후 후임으로 청산리 전투로 유명한 김좌진 장군이 임명되었다.

박상진은 일본이 경주, 영일, 영덕 세 고을에서 거둔 세금을 대구로 수송할 때 이를 탈취하여 군자금으로 활용하기로 했다. 이른바 일제 우편마차 운송 세금 탈취사건이다. 1915년 12월 24일 새벽 경주 광명리 소태고개에서 세금 8,700원을 탈취해 녹동리 박상진 집으로 운반하여 군자금으로 사용했다.

장승원은 박상진의 스승 왕산 허위의 도움으로 한말 경상도 관찰사를 역임한 인물이다. 그는 당시 허위에게 의병자금 20만원을 내기로 약속했지만 이를 지키지 않았고, 특히 그 내막을 관헌에게 밀고하는 등 친일행각을 일삼았다. 이에 박상진은 장승원을 처단하여 본보기로 삼기로 했다. 또한 지역주민들로부터 원성이 많았던 충남 도고면장 박용하도 역시 처단키로 하고, 바로 실행에 옮겨 대한 광복회의 이름으로 장승원과 박용하는 처단하였다.

그 후 장승원의 셋째아들은 그 유명한 장택상으로 미 군정당시 수도 경찰청장, 초대외무장관, 국무총리 등 요직을 두루 거치며 해방정국에서 좌익운동세력을 탄압했다.

그간 박상진 의사 대한독립운동업적이 제대로 평가받지 못한 이면에는 해방 전후 절대적 권력을 가진 장승원의 후손들과 무관치 않다는 것이 일반론이다. 장승원의 아들 장택상은 부와 권력을 장악했던 것과는 달리 박상진의 후손들은 한동안 사상범으로 몰려 이곳저곳을 전전하는 생활을 해야만 했다.

박상진 의사의 순국 당시 외아들 박경중은 21세 때 한학을 하다 신학문인 교남학교와 수원농림학교를 나왔으나 박의사의 손자 위동은 초등학교만 간신히 나왔다. 박의사 증손은 7남매 중 4남매는 겨우 중학교만 졸업했고, 그 후 독립유공자 자녀장학금으로 셋째아들 중훈, 딸 선희, 막내인 필훈씨 만 고등학교와 대학을 나왔다. 현재 셋째 증손인 박중훈(63세)씨가 생가를 지키면서 박의사 및 대한광복회에 대하여 연구 활동을 꾸준히 펼치고 있다.

친일부호 장승원과 도고면장 박용하 처단 등으로 대한광복회 정체가 서서히 일제에 들어나자 박상진 의사는 안동에서 피신 중 생모가 위독하다는 소식을 듣고 일경에 잡힐 줄 뻔히 알면서도 경주 녹동 집으로 달려왔다. 출상을 하루 앞둔 1918년 음력 2월 1일 일경에 체포되었다.

"내가 한 일은 정당한 일이므로 너희들에게 포박당해서 갈 이유가 없다. 내 자의로 너희들을 따라 갈 테니 내 몸에 손대지 말라."

박상진 의사는 자신이 타고 온 백마를 타고 일경의 안내로 경주경찰서로 갔다. 3년간 옥고를 치르다 1921년 음력 8월 11일 38세에 대구형

무소에서 순국했다. 감옥에서 총 여섯 수의 시를 남겼다. 사형집행을 바로 앞두고 만세삼창을 한 뒤 아래와 같은 절명시를 남겼다.

『 다시 태어나기 어려운 세상에
다행히 남자로 태어났으나
아무것도 이루지 못하고 가니
청산이 비웃고 녹수가 찡 그리네 』

박상진 의사는 1996년 8월 이달의 독립운동가로 선정되는 등 대한민국이 낳은 독립운동가다 그럼에도 그에 상응하는 역사적 조명은 미흡하다. 1997년 울산광역시 승격 동시에 박상진 의사 생가매입 등 조성사업을 추진 결과 십여 년 만에 생가복원도 마무리되었다. 2008년 12월 울산문화예술회관에서 '오페라 박상진'도 성공리에 공연되었고 근래에 '송정박상진호수공원'도 조성되었지만 아직도 풀어야 할 과제도 많이 남아있다고 생각한다.

고헌 박상진 의사 묘지는 경주시 내남면 노곡리 백운대 등운산 자락에 있다. 이곳은 원래는 고헌의 장인어른이신 최현교의 유택으로 마련해 둔 곳이었다. 그 당시 박 의사의 장례를 처가가 있는 경주교촌에서 치루다 보니 장인께서 독립정신을 높이 쌓아 양보했을 것이라 추측된다.

하지만 후손들은 고헌의 묘를 울산으로 이장할 의사가 있음으로 송정박상진호수공원이나 아니면 송정택지지구 내 조성하고 있는 역사공원으로 이장하였으면 한다. 이와 더불어 한창 이설 중인 동해남부선 복선전철화사업의 일환인 가칭 송정역 명칭도 '박상진역(驛)'으로 하자는 주장들도 상당히 설득력을 얻고 있다.

박상진 묘소가 우리지역에 성역화로 새로 단장되고 향후에 들어설 역사(驛舍)명칭도 "박상진역(驛)"으로 불리어진다면 울산출신 광복회 총사령 고헌 박상진 의사의 애국애족정신은 길이 빛날 것이다.

(2016. 8. 15)

※ 참고문헌 : 박중훈(박상진의사 증손)의 "이루지 못한 혁명의 꿈"
　　　　　　울산매일 고헌 박상진 의사 발자취에서

울산작가의 '덕혜옹주'를 읽고

　덕혜옹주는 고종이 환갑이 되는 해인 1912년 5월 25일 막내딸로 태어났다. 구한말 조선의 국운은 점점 쇠퇴기로 접어들어 마침내 일제 강점기로 접어들었다. 고종은 헤이그 밀사 사건을 계기로 1907년 아들 순종에게 왕위를 물려주었으나 순종 역시 아무런 실권이 없었다.
　고종은 을미 국모 시해 사건으로 왕비인 민비가 일본인들에게 살해당하는 등 갖은 수모를 겪게 된다. 고종은 오로지 막내딸 덕혜에게 모든 사랑을 쏟아 붙는다. 그러나 고종은 늘 불안했다. 영친왕처럼 덕혜옹주도 언제 일본에 볼모로 잡혀갈지 모른다는 생각이 늘 가슴을 조여 왔다.
　1919년 1월 21일 고종이 갑자기 승하하셨다. 덕혜는 어젯밤까지도 아바마마 곁에 있었다. 자애롭게 업어 주셨기에 믿기지가 않았다. 아바마마께서 저녁에 감주를 드셨다고 했다. 왜놈들이 나인들을 매수하여 독을 탔다는 말들이 궁중에서 떠돌았다. 의문이 풀리지 않은 채 일본식 제의로 국장이 치러졌다. 덕혜의 눈에는 분노가 가득했다.
　예측대로 총독부에서는 덕혜옹주가 황족이어서 일본식 교육을 받아야 한다는 명분으로 13살 때 일본으로 유학을 보낸다. 이미 영친왕은 일본 황실의 여자인 이방자 여사와 결혼하여 일본 육군사관학교에 다니고 있었다. 영친왕과 덕혜옹주는 배 다른 사이였다.

덕혜는 영친왕의 보살핌으로 일본에서 초등학교를 다니게 된다. 조선에서 황녀로 태어나 어려움 없이 지내다가 일본의 또래들에게 '조센징'이라는 놀림을 받으며 학교생활을 보낸다. 고종의 극진한 보살핌 속에서 성장하다가 갑자기 환경이 바뀐 일본에서 그곳 생활에 적응한다는 것은 여간 어려운 일이 아니었다.

학교에선 매일 놀림의 대상이었고 지옥 같은 학교생활이 되풀이되었다. 덕혜는 고종인 아버지와 큰어머니인 명성황후가 일본인에 의해 살해되었다는 사실에 늘 앙심을 품고 있었다. 일본에서의 어린 시절은 고종과 어머니인 양씨를 그리워하면서 보낸 한 많은 세월이었다.

몇 년이 지나 오빠인 순종황제의 병세가 악화되어 영친왕 내외와 함께 귀국하여 잠간 머물면서 어머니인 귀인양씨를 만난 게 마지막이었다.

덕혜도 결혼할 나이가 되었다. 어머니 귀인양씨는 딸의 결혼이 자기도 모르게 진행되고 있음을 알고 몹시 괴로워하고 있었다. 어머니 양씨는 유방암을 앓은 적이 있었던 터라 딸의 결혼 문제 등을 두고 마음을 앓아 온 것이 죽음의 원인이 되었다.

덕혜는 어머니의 비보를 듣고 바로 귀국했지만 일본은 그들의 법도에 따라 옹주의 복상을 금지시키고 만다. 귀인양씨가 왕족이 아니라는 이유였다. 덕혜는 나라 잃은 슬픔을 한으로 삭일 수밖에 없었다. 하나밖에 없는 딸이었건만 상복도 입지 못한 채 상주 역할을 했던 자신을 한탄했다.

덕혜는 일본으로 되돌아온 지 얼마 되지 않아 대마도 도주의 아들

다케유시와 강제로 결혼을 하게 된다. 첫날밤 덕혜는 누워 있는 남자를 내려다보았다. 이제 자신은 이자의 여자가 되어야 했다. 조선의 황녀가 왜놈의 아내가 된 것이다. 그것이 무엇을 뜻하는가. 눈물이 볼을 타고 흘렀다. 덕혜는 두 손으로 입을 막고 흐느꼈다.

다행히도 신랑은 속이 깊은 남자여서 처음에는 덕혜를 많이 이해해 주었지만 그렇다고 호락호락한 남자는 아니었다. 부드럽고 온화한 미소를 머금고 있었지만 자신의 주장을 쉽게 굽히지는 않았다. 덕혜 또한 지나치게 영민한 탓에 적당한 타협은 없었다.

덕혜는 기모노를 입으라는 말에 기모노를 갈기갈기 찢어버리는 등 신랑과 부닥치게 된다. 그런 가운데 딸이 태어난다. 딸의 이름은 정혜였다. 여느 어린애와 같이 사랑을 받으며 성장했다. 그런데 초등학교에 들어가면서 엄마와 조금씩 갈등을 겪게 된다. 학교에서 조선의 피가 흐른다는 이유로 놀림을 받았기 때문이었다.

정혜는 성장하면서 점점 삐뚤어진 사춘기를 보낸다. 신랑의 집안은 그 때만 해도 대마도의 도주로서 하녀를 거느리고 경제적인 어려움은 없었다. 하지만 태평양전쟁에서 연합국에게 패한 일본의 경제는 처참했다. 가정경제도 마찬가지였다. 그 때가 바로 제2차 세계대전이 끝나고 일본이 무조건 항복을 선언하던 시기였다.

마침내 1945년 8월 15일 광복을 맞이한다. 신랑은 하녀는 물론 집도 처분하고 조그마한 집으로 이사를 가게 된다. 그 무렵 덕혜는 딸과의 갈등으로 심한 정신적인 고통이 뒤따르게 된다. 덕혜는 자신도 모르게 정신병원으로 감금되는 신세가 된다. 딸은 끝내 엄마를 찾지 않고 자살을 하고 만다. 신랑이 재혼을 하면서 덕혜와의 인연도 끝이 나고 만다.

고종의 막내딸이었지만 볼모로 잡혀가 감내해야 했던 37년간의 비참한 생활, 강제결혼, 15년간의 정신병원 감금, 하나뿐인 딸의 자살, 조국의 외면, 조선 최후의 황녀였지만 지금은 아무도 기억하지 못하는 여자. 그녀를 기억하는 자는 누구인가.

덕혜는 감옥과 같은 음산한 공기가 감도는 시골의 정신병원 중환자실에서 15년간 감금 생활을 한다. 덕혜를 따르는 이들의 도움으로 이승만 정부에 귀환 요청을 했으나 이 요청은 왕정복고를 두려워한 당시 정부에 의해 거절당하고 만다.

귀환은 5·16 군사정부가 들어서고 나서야 이루어졌다. 박정희가 물었다. "덕혜옹주가 대체 누구요?" 덕혜가 대답했다 "조선의 마지막 황녀입니다." 덕혜옹주는 1962년 대한민국으로 환국하여 창경궁 낙선재에서 이방자 여사와 함께 여생을 보내다가 1989년 4월 21일 봄날 77세를 일기로 조용히 숨을 거두었다.

'꿈길이 꽃길이다. 눈이 부시도록 푸른 날이었다. 덕혜의 입가에 생애 처음 평안한 미소가 고였다. 조선의 마지막 황녀로 태어났지만 황녀로 살지 못했던 여인, 누구보다 귀한 존재였지만 모두가 외면했던 그 여인은 그날 영원한 자유를 향해 먼 길을 떠났다.'

— 「본문 인용」

(2012. 9. 24)

4부
함월산 신흥사

솔정자 · 강걸수 수필집

무룡산과 송정동 사람들

　나는 가끔씩 울산의 진산으로 알려진 무룡산을 오른다. 무룡산은 옛날부터 울산을 지켜온 수호산이다. 이 고을 사람들은 이 산을 신성시했고 가뭄이 들면 기우제를 지냈다.
　그 옛날 가뭄에는 암장 묘를 찾아나서는 등 성산(聖山)으로 대접받아 온 산이 바로 무룡산이다.
　이곳 송정동과 화봉동은 뒤에는 무룡산이 받쳐주고 앞에는 동천강이 흘러 배산임수의 땅으로 옛날부터 살기 좋은 고장이었다. 무룡산 자락에는 파평윤씨와 학성이씨들이 주로 많이 살았으며 그 외 분성배씨, 김해김씨, 고령박씨, 청송심씨들과 송정박씨라고도 불리는 밀양박씨 등도 이곳에서 뿌리를 내린 지가 오래되었다고 한다.
　송정동과 화봉동의 자연마을 내력을 살펴보면 사청, 화산, 화동, 지당, 대리, 곡리 등 대체로 6개 마을이다. 이들 가운데 사청이 가장 큰 마을로 90년 이전에는 파평윤씨와 학성이씨 일가들이 많았으며, 그 외에 분성배씨 등 다른 성씨들과도 함께 큰 마을을 이루었다고 한다.
　90년 초부터 도시계획이 이루어져 옛날 사청마을은 지금의 화봉사거리 일대와 동아청구, 대우, 한우리, 효성삼환 등으로 완전 도시화가 되어 옛 모습을 전혀 찾아볼 수가 없다. 하지만 그때 사청마을에 사셨던 분들의 이름을 일일이 비문에 새겨놓은 비석이 '화봉공원'에 있다. 그 비석이 그 당시 사청 마을을 대변해주고 있다.

　화산은 학성이씨와 송정박씨라고 하는 밀양박씨들의 집성촌이었고 이 마을 일부는 몇 년 전 화봉 택지에 편입되었다. 나머지는 송정지구에 편입되어 대형 장비로 밀어 허허벌판이며 개발이 한창 진행 중에 있다. '화산못'은 복선전철화부지에 편입되어 흔적 없이 사라졌고 송정택지지구가 준공되면 현재 성황당 부지에 화산마을의 유래와 그 때 거주자의 이름을 넣어 비석을 세울 계획이라고 한다.

　화동마을은 특정 성씨가 아닌 각성바지가 많이 살았었다. 화동저수지 수변공원으로 올라가는 길 옆 누리어린이 소공원에 마을의 유래와 그 당시 마을 거주자의 이름을 새긴 '화동부락성황재단비'가 세워져 있어 화동마을을 대신하고 있다.

　1902년에 창건한 동화정사는 학성이씨 재실이며 화산마을 동화산 밑에 있다. 울산읍지는 동화정사의 옛 이름을 영모암이라고 소개하고 있다. 학성이씨의 대표적 후손이라면 울산시 부시장을 지낸 분과 울산향교 전교 및 이사장을 지낸 분이 계시고 기초의원을 하신분도 계시다.

　지당마을은 고령박씨들이 많이 살고 있으며 임란공신 '박진남'의 사당인 지고사가 있었는데 옛날 서원철폐령에 의해 철거되었다고 한다. 국도 35호선과 맞물린 '박상진호수공원' 진입로 입구로 요즘 가구점과 원룸들이 들어서고 있는 마을이다. 지당마을도 철로가 이설되면 개발붐이 몰아닥칠 것으로 예상된다. 고령박씨의 대표적 인물로서는 울산시 의료보험 조합장을 지내신 분과 현직으로는 6선이신 중 울산농협

조합장님도 계시다.

  대리마을은 박상진 의사 일가인 송정박씨 집성촌이었으나 송정지구에 전부 편입되는 바람에 이곳 주민들은 주변아파트 등으로 뿔뿔이 흩어져 살아가고 있다. 대리마을에는 봉산정, 송애정사, 양정재 등 문화재에 버금가는 고가는 원형 그대로 보존해 박상진 의사 생가를 포함한 8천여 평 부지의 역사공원으로 이전할 계획이라고 한다.

  송정박씨라고도 하는 밀양박씨의 대표적 인물은 구한말 독립운동가이신 고헌 박상진 의사가 있으며, 최근에는 국회의원을 지낸 분과 울산광역시 예총회장 및 북구문화원장을 지낸 분도 계시고 현직 구청장도 있다. 화산 가는 길목에 송정박씨 문중 정자인 괴천정이 있다.

  곡리마을은 '송정박상진호수공원'의 아랫마을이다. 송정박상진호수공원으로 올라가는 길 오른쪽은 송정택지지구에 편입되어 개발이 한창이고 왼쪽 편에는 십여 호가 남아있다. 이 마을은 학성이씨와 청송심씨의 집성촌이었다.

  정부차관으로 송정저수지를 1974년 12월에 준공했다. 저수지를 막기 전에는 그 일대가 넓은 하천으로 60년대 중반까지는 자갈과 모래를 채취했고 이를 운반하는 철로가 깔려 있었다. 그 일대를 송정천 또는 내매기천으로 불렀다. 상부에 댐을 조성하면서 하천을 개간해 송정들판을 이루었다.

  무룡산은 골짜기마다 도덕골, 불맷골, 제피골, 초당골, 서당골, 용당골, 날개봉, 우음이곡, 등 전설과 같은 명소들이 많이 있다. 수백 년 동안 조상 대대로 이어온 삶 속에 이런 이름들이 붙여졌고 그 흔적들이 여기저기에 남아있다.

1. 화봉동 1번지와 서당골 및 용당골을 찾아서

필자는 2016년 11월의 마지막 날 이 곳 출신이자 '무룡산' 지리에 밝은 통장 두 분과 함께 서당골과 용당골을 찾아 나섰다. 박상진호수공원 상단부에 몇 년 전에 새로 달령댐을 축조했다. 달령은 해발 약 삼백 미터 정도로 농소에서 강동으로 넘어가는 고개로 내륙과 해안을 연결하는 물물교역의 임도로 큰 역할을 했다고 한다.

지금은 송정저수지에 수몰되었지만 그 옛날 날개봉 산 아래 몇 가구가 살았다. 달령을 오르내릴 때 목을 축일 수 있는 주막집도 몇 집이나 있어 강동에서 넘어오는 호계 장꾼들이 많이 애용하였다고 한다. 그 지점은 박상진호수공원 저수지 가장자리인 목재 산책로 옆 팔각정이 서있는 곳이라고 한다.

새로 축조된 달령댐 바로 아래에 있는 부지가 '화봉동 1번지'라고 한다. 산 1번지도 아닌 보통 1번지라 함은 시내 중심가에나 소재하는 것이 일반적인데 왜 '화봉동 1번지'가 여기 산골짜기에 있는지 다들 의아심을 자아낸다.

달령댐에서 10여 분 올라가니 서당골이라고 한다. 초입부터 허물어진 논(畓)과 고목이 된 감나무와 시너리 대(竹)도 들어 보여 옛날 집터였음을 알아볼 수가 있었다.

칡넝쿨 및 다래 덤풀들과 얼음나무들이 키 큰 나무들을 휘감고 있다. 우리 내년에 머루, 다래와 얼음 따러 오자며 가벼운 농담도 주고받았다. 숲이 우거져서 여름 등산코스로서는 정말 좋을 것 같았다.

거기서 조금 더 들어가니 안 서당골이라고 한다. 안 서당골에 들어서자 오백여 년도 더 되어 보이는 울퉁불퉁한 당수나무 한 그루가 위엄을 드러내고 있다. 이 당수나무 옆에 바로 서당(書堂)이 있었다고 한다. 고령 박씨 서당으로 오래전 에 모두 다 고인(故人)이 되신 박용서 어른신과 그의 아들 민효, 민덕 형제분이 스승이 되어 그들의 자손들은 물론 주변의 애들까지 가르쳤다. 그래서 서당골이라는 이름이 붙여졌다고 한다.

주위에는 아직도 늙은 감나무와 대나무 등 집터의 흔적들이 많이 남아 있었고 마을복판으로 보이는 곳엔 제법 큰 바위에 홈이 파인 디딜방아 터도 보였다. 최근 몇 년 전만해도 디딜 연자방아가 있었는데 세월 속에 썩어 없어진 것 같다고 말한다. 바로 인근에는 논에 축대를 쌓은 듯 전답(田畓)들의 흔적들도 많이 보였다. 이곳에서 4~50여 년 전만해도 농사를 지으면서 몇 가구가 살았다고 한다.

안 서당골에서 우측고개를 넘어서니 용당골이다. 아늑하고 제법 편편한 계곡에 돌탑 4기가 나란히 서있다. 불타(佛佗)의 염원인지 안정감과 무게감도 있어 보인다. 그 옛날 돌탑 인근 어딘가에 범(虎)이 살았다는 범굴도 있다고 한다.

돌탑 주변에는 제법 넓기도 하고 계곡 물도 졸졸 흘러 등산객들이 발도 담그고 쉬어가기에 안성맞춤이었다. 특히 한 여름에는 숲이 하늘을 가려 아담한 쉼터로 연상되었다.

용당골에서 우측 고개를 넘어서니 왼쪽은 매봉재요, 오른쪽은 화봉못으로 표시되어있다. 화봉못 방향 고개로 조금 내려가니 잘 단장된 가족묘기도 여러 곳에서 보인다. 등산로도 반질반질하다. 곧바로 돌배기재가 나오고 한 구비를 더 돌아서니 눈 아래 화봉 못이 보인다. 달령댐에서 서당골과 용당골 계곡을 거쳐 돌배기제를 돌아 화봉 못까지 편한 걸음으로 2시간 남짓 소요되었다.

2. 무룡산 자연인을 찾아서

그 다음날은 가칭 '무룡산에 자연인'이 있다고 해서 그곳을 찾아 나섰다. 연암동 산불초소에서 무룡산 임도로 차(車)를 몰았다. 그런데 태풍 '차바'로 중간에 임도가 끊겨 얼마 가지를 못해 차에서 내려 30분 정도 걷다보니 임도 조금 아래 나무도 없는 넓은 공터가 보였다. 자세히 내려다보니 사오천 평 정도의 넓은 경사진 밭(田)이었다.

지리에 밝은 통장(統長)이 바로 이곳에 팔순 노부부가 산다고 한다. 나는 순간 이 노부부야 말로 '무룡산의 자연인'이구나 하는 생각이 들었다. 초입 밭 경계는 철조망으로 쳐져있어 겨우 기어 들어갔다. 궁금했던 자연인노부부는 보이질 않았다. 밭 중앙에는 소담한천막집과 창고가 있으며 그 옆엔 어디서 끌어온 물인지 호수 관에서는 샘물이 흐르고 있었다. 주위에는 매실, 밤나무, 배나무, 오가피 및 가시오가피아 등 과실수들과 각종 채소 및 미나리 깡도 있었다. 전기도 안 들어오고 전화도 터지지 않는 오염되지 않은 도심 속의 오지였다. 자연인노부부는 출타 중인지 끝내 나타나질 않아 아쉬웠다. 통장(統長) 왈(曰) 여기 지명은 '우음이 다음골' 이라고 한다. 나는 내년여름정도나 팔순 노부부가 '나는 자연인이다' 라는 TV프로에 한 번 나왔으면 좋겠다는 생각이 들기도 했다.

옛날 이곳사람들은 처음에는 화전을 개간하고 초근목피로 연명하였을 것이다. 나아가서 야중림과 황무지를 일구어 전답으로 만들고, 하천을 옥토로 바꾸는 일들이 그들의 일상이었을 것이다.

무룡산에서 내려온 물을 가두어 만든 댐이 송정저수지다. 최근 송정저수지를 울산 시민들의 휴식공간으로 새롭게 단장했고 호수 둘레에는 산책로를 조성하는 등 수변공원으로 아름답게 가꾸어 울산의 명소로 자리매김하고 있다. 이름도 송정박상진호수공원이라고 바꾸었다.

지금은 송정들 중 반 정도가 송정택지구에 편입되었지만 불과 수년 전만 해도 이 댐의 원수를 송정들, 원지들, 창평들, 화봉들의 농업용수로 공급했다. 그러나 모두 개발되고 지금은 창평들에만 공급되고 있다.

3. 무룡산 정상을 향하여

흔히 무룡산 등산의 시발점이라고 하는 화동못은 전에는 초라했지만 근래에는 못 둘레에 산책로를 만들고 팔각정, 물레방아, 연꽃단지 등 볼거리도 많다. 무룡산을 찾는 이들은 시발점부터 기분이 좋을 것 같다. 물속에 누운 왕버들을 잘 살려 격조 높은 못으로 가꾸어 놓았다. 화동수변공원을 거닐 때면 전국적으로도 유명한 청송 주산지가 떠오르기도 한다.

등산로 초입에 있는 약수터는 십여 년 전 필자가 동장으로 재직할 때 동장포괄사업비로 수원을 확충하고 관로를 교체하는 등 개보수한 끝에 약수 물로 적합해 많이 이용되었으나 요즘은 물길이 끊어진 지가 오래된 것 같다. 내가 재직할 때만 해도 물을 받아가기 위해 줄이 길게 이어지기도 했다. 이를 보니 영원한 게 없다는 말이 생각나기도 한다.

S자형 고개를 따라 십여 분 올라가다보면 등산로 바로 옆에 가족 묘지로 보이는 3개의 묘지가 나란히 있고 돌빼기재에도 잘 다듬어진 산소가 있다. 비석을 보니 분성배씨 묘로 적혀있다. 배씨 일가들은 사청마을에 제법 많이 살았다고 한다. 오랫동안 북구 노인회장을 하셨던 분이 분성배씨를 대표하고 있다.

무룡산 대밭골에는 파평윤씨 울산 입향조 산소가 있다. 입향조 어르신은 오백여년 전 갑자사화 때 화를 면하기 위해 이곳으로 오셨고 여기서 뿌리를 내려 윤씨 집성촌을 이루었다고 한다. 많을 때는 오십여 호 일가를 이루었으나 지금은 십오 호 남짓뿐이다. 입향조 묘지 바로 인근에 봉현재라는 재실이 있다. 매년 음력시월에 시제를 지내고 있다. 대표적인 후손으로는 얼마 전 3선 국회의원을 지낸 분이 계시다.

또 다른 파평윤씨들의 행적을 보면 울산부사를 지낸 윤일선 부사의 '불망비'가 지금의 유아교육진흥원(구 송정초등학교) 서쪽 비석거리에 있었으나 파평윤씨 영은공파 사청문중에서 화봉사거리 한쪽으로 옮겨 놓았다고 한다.

비석 뒷면에는 1849년에 세웠다는 기록이 있다. 윤일선 부사는 사청문중의 직계는 아니지만 같은 윤씨라서 이곳 윤씨들이 비석을 관리해 왔다고 한다. 윤일선 부사의 공적은 여름에 큰 홍수가 왔을 때 이를 슬기롭게 극복한 것이라고 했다.

35호 국도를 따라 경주 방향으로 가다보면 울산공항 못 미처 왼쪽 국도 바로 옆에 무너져가는 '절부서씨 정려각'을 볼 수가 있다. 1937년 음력 시월 보름에 세웠다는 비석이다. 서씨는 21세에 김해김씨와 결혼했다. 남편이 축첩해서 별거했음에도 시부모를 극진히 모셨다. 아들을 출산한 지 7일 만에 내쫓겨 온갖 어려운 환경 속에서도 시부모를 봉양하며 재산을 모았다. 이후 가산을 탕진하고 병들어 오갈 데 없는 남편을 정성을 다해 치료하며 시부모를 모셨다.

남편 사후에는 사재를 털어 부녀자를 위한 야학을 열었고 불우한 가정에 학자금을 지원하고 춘궁기에는 가난한 사람들을 구휼했다. 이 사실이 널리 알려져 도와 군으로부터 표창도 많이 받았다. 한편 조선총독부는 효행 사상을 장려하기 위하여 정려각을 세워 주었다고 한다.

열녀각에는 50여 년 전만 해도 관리인 집이 옆에 있어 신위를 모시고 깨끗하게 관리가 되었다고 했다. 백일홍나무가 양옆에 있었고 연못과 연꽃이 활짝 피어있을 정도로 후손들이 관리를 잘했다고 한다.

필자가 현장을 탐방했을 때 정려각 비석과 2000년 10월에 설치된 안내간판은 풀섶에 가려져 거의 보이지 않았고 정려각 기와누각은 행정의 손길이 전혀 닿지 않았는지 참으로 서글펐다. 동 행정을 책임지는 동장으로서 죄책감마저 들었다.

돌빼기재에서 오른쪽으로 넓은 임도를 따라 십여 분 오르면 매봉재가 나온다. 매봉재 정상에는 팔각정이 하나 세워져 있고, 겨울에 바람막이라 할까 원형으로 나지막한 돌성이 둘러싸고 있다. 매봉재 정상에서 보면 현대자동차와 염포 앞바다, 최근에 개통된 울산대교가 훤하게 보인다.

최근 달빛산행 행사 장소로 이용되는 매봉산 정상에는 아담한 묘 한 기가 자리를 잡고 있다. 먼 곳인 이곳에 어떻게 유택이 들어섰는지 알 수가 없지만 분명 이분의 선조들도 무룡산 자락 어디에서 터를 내렸을 것이다. 이뿐만 아니라 무룡산 곳곳에는 소담하게 잘 가꾸어진 묘지들을 여기저기에서 볼 수가 있다. 이 자손들 역시 무룡산 자락에서 삶의 뿌리를 내렸을 것이다.

매봉재에서 무룡산 정상을 보면 언제부터인가 방송 삼사의 송신탑 등으로 온통 정상을 짓누르고 있어 그 옛날 성산(聖山)의 이미지가 무색할 정도라서 안타깝기가 그지없다.

매봉재를 뒤로한 채 무룡산 정상을 향해 내리막 사이 임도를 따라 십여 분 내려가다 보면 임도 삼거리에 운동시설들이 설치되어 있다.

거기서 임도를 따라 오 분 정도 가면 임도 바로 옆에 봉분은 없고 비석들만이 나란히 줄지어 있는 제법 큰 묘터가 있다. 여러 곳에 있는 묘를 이곳으로 모셔놓은 것 같다. 연암동 상방과 두부곡에 터를 잡은 김해 김씨들의 묘지라고 한다.

북구 노인회 사무국장을 오랫동안 하시다가 현재 북구 노인회장을 맡고 계시는 분이 대표적인 후손이라고 한다.

오른쪽으로 방향을 틀어 십여 분 올라가다 보면 산 정상으로 가는 목재 계단이 나온다. 그 길로 20여 분 오르다 보면 무룡산 정상에 도달한다.

KBS 중계탑 철조망 안에 무룡산 7룡이 살았다는 전설의 연못은 현재 그 자리에 연당의 형태로 보존되고 있다고 한다. '울산북구지명사'는 전설의 근거를 찾게 되어 다행한 일이라고 말하고 있다.

무룡산 정상에 서면, 앞으로는 울산 시가지가 뒤로는 동해 푸른 바다가, 저 멀리 토함산과 치술령도 보인다. 울산의 성산(聖山) 무룡산에서 조상대대로 이어져 왔을 민초(民草)들의 삶을 그려본다.

(2016. 11)

도움주신 분 : 박원희 (북구문화원 부원장)
　　　　　　이채만 (송정동 전 주민자치위원장)
　　　　　　허　운 (송정동 통정회장)
　　　　　　김동선 (송정동 제4통장)
　　　　　　윤승양 (송정동 제5통장)

함월산 신흥사

 글 마무리를 위해 찾은 곳은 신흥사였다. 학습휴가를 내고 노트북과 전기스탠드만 달랑 챙겨 신흥사로 향했다. 추석연휴를 막 지난 가을의 초입이다. 무룡터널을 막 통과하니 저 멀리 강동 앞바다가 희미하게 보일 뿐 사방은 울창한 숲들뿐이다. 자동차 전용도로라 속도를 내어보지만 십여 분 달렸을까, 신명을 빠져 대안동으로 접어든다. 황금들녘의 고개 숙인 벼들이 가을이 왔음을 알린다.
 몇 굽이를 돌아 함월산 신흥사에 도착하니 어둠이 내리기 시작한다. 앳되게 보이는 사무장이 주지스님에게 인사를 시킨 후 내가 묵을 방을 안내하면서 앉은뱅이책상까지 옮겨두었다고 귀띔을 한다. 세숫간과 화장실을 알려주고 하루 세 끼 공양시간까지 자세히 설명해 준다. 방은 휴식과 글쓰기에는 안성맞춤으로 보인다. 노트북을 켜고 인터넷을 연결하니 더없이 좋은 공부방으로 변한다.
 신흥사에서 묵는 동안 가벼운 산책도 하고 심신도 달래고 싶다. 이제는 욕심 낼 필요 없이 써 놓은 글만 다듬어야지라는 생각뿐이다. 우연찮게도 공양주 보살님이 수필 대선배라고 하신다. 다행히 글을 봐주시겠다며 초면인데도 선뜻 응해 주시니 한없이 고마울 따름이다.

신흥사는 신라 선덕여왕 때 명랑조사가 창건한 절로 처음에는 건흥사라고 했다. 문무왕 때부터 왜적의 침입을 막기 위해 승병을 양성했고, 임진왜란 때는 승병 100여 명이 기박산성에서 의병들과 합류해 왜적을 크게 무찔러 혁혁한 공을 세웠다는 호국 사찰로 유명하다.

첫날 잠을 이루지 못해 자정이 훨씬 지나서 겨우 눈을 붙였는데 새벽 4시 부처님 예불 목탁 소리가 잠을 깨운다. 그러다가 두 시간 후엔 아침공양 목탁 소리가 또 울린다. 부스스 일어나 아침공양을 대충 들고 산책을 나선다. 신흥사에서 기령재까지 가벼운 코스를 택한다. 몇 년 전에 한 번 와 본 적이 있어 그렇게 생소하지는 않다.

산책 코스는 함월산을 가로질러 강동과 호계를 잇는 빛바랜 콘크리트 임도다. 심심하지 않을 정도로 차량이 지나가고 우거진 숲이 온통 하늘을 가려 산책 코스로서는 적당한 거리다. 가을의 문턱임을 알리려는지 풀벌레들은 끊임없이 찌찌 소리를 내고 계곡물 흐르는 소리도 여기저기서 귓전을 자극한다. 생각 없이 걷다보니 짧은 거리여서인지 40여 분도 채 안 되어 목적지인 기령재에 도착한다.

평소에도 자주 들락거렸던 신흥 노점카페도 보인다. 이른 아침이어선지 문은 굳게 닫혀 있다. 기령재에서 역사 안내표지판 등을 기웃거리다 하산 길에 오른다. 20여 분 내려오니 길옆에 잘 단장된 비석이 보인다. 궁금해서 비문도 읽어 보고 이곳저곳을 두리번거리며 천천히 걸어왔는데도 모퉁이 하나만 돌면 신흥사다.

바로 앞에 염불암 표지석이 보인다. 염불암은 불교적 용어여서인지 어딜 가나 흔한 암자 이름이다. 발길을 왼쪽으로 돌려 염불암으로 향한다. 십여 분 올라가니 임도에 조막만한 밤들이 지천에 깔려 있다. 두 호주머니를 밤으로 가득 채운다. 나는 밤을 좋아한다. 먹을 것이 귀하던 시절 봄에는 진달래꽃으로, 가을에는 밤과 망개로 주린 배를 채웠다. 밤은 어릴 적 고향 생각을 떠올려 준다.

염불암을 찾으니 의외로 가까운 거리다. 비구니 스님 한 분만 계신다는 말을 얼핏 들었기에 궁금증이 인다. 법당에 들어가 삼배를 한 후 경내를 둘러본다. 대웅전 뒤뜰에 있는 약수까지 마셔도 인기척이 전혀 없다. 안내 간판을 보니 신흥사 큰절보다 염불암이 더 오래되었다고 한다. 궁금하던 비구니 스님을 뒤로 한 채 끝내 발길을 돌린다.

한 시간 반 정도 걸으니 다시 신흥사다. 적당한 산책이다. 샤워를 하니 심신이 맑아진다. 내 머릿속에는 오직 책다운 책을 내고 싶은 생각뿐이다. 글 작업은 고도의 집중력이 필수다. 잡념이 있으면 오히려 망치는 것이 글 아닌가.

오전 10시 책상에 앉아 마음을 가다듬어 노트북을 켠다. 수십 번도 더 보았던 글들이다. 퇴고를 수없이 해도 도무지 마음에 들지 않는다. 학교 다닐 때 이렇게 정성을 다했더라면 뭔가는 이루어 냈을 것이다.

글이란 머리로 생각하고 마음으로 정리하는 것 같다. 특히 산책할 때 이런 내용의 글을 써 보아야지라고 머릿속에서 정리한 후 글쓰기를 시작한다. 초안을 작성, 몇 번의 수정작업을 거치다 보면 글의 골격이 갖춰진다. 그런 후 정성을 다해 살을 붙이고 퇴고를 거듭하다 보면 서서히 작품이 완성되어 가는 것 같다.

집중력이 깊을수록 시간은 훨씬 빨리 가는 것 같다. 점심공양 목탁이 울린다. 아침을 대충 먹어서인지 점심공양은 배를 두둑이 채운다. 절간의 밥은 언제나 정갈하다. 점심공양 후 지엄하신 주지스님과 단둘이 차를 음미하는 일은 내 생애 처음이다. 어제저녁 못 다한 이런저런 얘기도 나눈다.

산사의 해는 짧다. 금방 저녁공양 시간이 오고 벌써 산그늘이 진다. 방안에 앉아서 명상에 들어가 본다. 잡념을 버리니 속이 편안하고 머리가 고요해진다. 그래서 속인들은 산사를 많이 찾는 것 같다.

집에 왔다 갔다 하며 신흥사에서 일주일 정도 묵을 생각을 하니 내 집처럼 아늑하게 느껴진다. 어느덧 저녁예불 목탁 소리가 울린다. 산사의 밤은 고요하다 못해 적막강산이다. 지금 이 시간이 가장 좋은 시간이다.

무슨 일이든 정성을 다하지 않으면 진정한 작품이 나오지 않는 법 모든 일에는 시작과 끝이 있어야 한다. 등 떠밀린 시작이 아니라면 내 영혼을 불어넣고 싶다.

신흥사의 밤은 깊어만 간다.

(2016. 10. 6 울산제일일보)

6월의 노송

오늘도 사리암을 향한다. 사리암은 비구니 도량과 승가대학으로 유명한 청도 운문사에 속한 암자다. 주차를 하고 한 시간 정도면 사리암에 도착한다. 사리암 중간지점 오른쪽에 백여 년 정도 된 예사롭지 않는 소나무 한 그루가 있다. 바위틈에서 뿌리내려 살아남기 위해 몸부림을 친 흔적이 역력하다. 북풍과 폭설에 부러지고 휘어져도 이에 굴하지 않는 소나무야말로 이 강산을 지키는 수호목이다.

나는 3년째 보훈업무를 담당하고 있다. 보훈가족들의 가려운 등을 긁어주는 것이 나에게 주어진 임무다. 그러나 그분들이 바라는 것들을 제대로 들어준 적이 한 번도 없다. 번듯한 보훈회관도 지어 드리고, 보조금도 많이 올려드리고 싶지만 마음뿐이다.

중학교 3학년 때 조국의 부름을 받고 학도병으로 총알이 빗발쳤던 안강전투와 철원전투에서 사선을 여러 번 넘나들다 결국 인민군 포로가 되어 죽을 고생을 하다가 다행히 포로교환 때 살아 왔다는 어느 노병의 눈물겨운 이야기를 들을 때면 나는 한 없이 숙연해진다. 그들은 때론 사선을 넘나들며 조국을 사수했는데 국가가 과연 '우리'들에게 무엇을 해주었냐고 따져 묻는다. 공격적인 발언도, 어린애들처럼 투

정도 부리지만, 나는 그들의 요구에 대해 말로만 받아들일 뿐이다.

내 고향에는 아름드리 소나무들의 늠름한 모습이 유난히 돋보인다. 검붉은 빛깔로 거북등처럼 갈라져 있어 마치 철갑을 두른 듯 당당하게 하늘을 찌르고 있다. 그런데 백여 년이 넘은 나이 많은 노송들은 한결같이 밑동마다 일제 강점기 때 송진을 채취하던 흉물스런 상처가 그대로 남아있다. 그 당시에는 스무 살도 채 안 된 어린 소나무였을 것이다. 이 어린 소나무의 생살을 낫으로 도려내어 하얀 속살에 톱으로 빗금을 질렀다. 이런 고통과 아픔에도 굴하지 않고 굳건히 이 강산을 지키고 있는 소나무야말로 국가 유공자나 다름없다.

내가 담당하는 보훈가족은 8개 단체로 구성돼 있다. 모두 국가를 위해 헌신한 값진 영웅들이다. '국가유공자 지원에 관한 법률'로도 명시되어 있다. 그들은 마땅히 국가로부터 예우를 받아야 할 권리가 있다. 일 년에 몇 번의 자체행사를 가진다. 호국영령들이 잠들어 있는 국립묘지나 충혼탑과 전적지 등 순례행사를 가며, 연말 고령위안행사가 있다. 6.25 참전용사들은 여든을 넘겨 아흔을 바라보는 나이다. 자기 몸조차 가누지도 못하는 노병들도 많다. 한 해에 수십 명이 세상을 떠나고 있다. 그들은 "내 죽고 나서 수당이나 보조금을 올려 주면 무슨 소용이 있나?"고 한다. 맞는 말이다. 하지만 보훈 단체만 예외로 대폭 지원할 수가 없다.

나는 행사 때마다 가슴 뭉클하다. 나이 때문인지 대부분 회원들은 구부정한 몸, 휘어진 어깨, 헐렁한 바지, 푹 눌러쓴 모자 등 노병들의 겉모습은 처량하기가 그지없지만 애국가가 흘러나오고 국기에 대한 경례 구호가 떨어지면 거수경례와 함께 '충성'이라는 그 우렁찬 목소리는 현역군인은 저리가라다.

이들은 잔혹한 일제치하에서 배고픈 보리 고개를 거쳤다. 그리고 민족 최대비극인 6.25전쟁의 최전선에서 총알받이가 되어야만 했었고, 조국근대화의 기수이기도 했다. 어디 그뿐이겠는가? 노병들의 사랑하는 누이들은 일제의 감언이설에 꼬여 코밑에 솜털도 채 가시기전에 위안부로 끌려가 갖은 수치와 일본 군인들의 성적 노리개가 되어야만 했다. 그러나 그들은 무엇보다도 자식들에게만은 가르쳐야 한다는 일념과 희생정신을 갖고 있었다. 그래서 오늘의 대한민국이 있다는 것은 누구도 부인하지 못할 것이다.

그런데 우리는 이들에게 얼마나 감사를 표하고 있는가. 전적지 순례 날의 간식은 빵과 우유 하나가 고작이다. 고령위안행사는 연말 회원들의 회식 자리다. 제법 분위기가 익을 때가 되면 먹던 고기를 그만 시키고 서둘러 된장에 공기 밥을 넣을 때면 가슴이 아리다.

유월이 되면 '충성'이란 메아리가 이 강산을 울린다. 백여 년의 세월이 흘러도 아물지 않은 노송은 말은 없다. 굳건히 내 조국 대한민국을 영원히 지키고 있다. 나는 노송 앞으로 다가가서 울퉁불퉁한 지난날의 상처자국을 어루만져본다.

(2011. 6. 14 경상일보)

작은 행복

월요일 아침이 참 좋다. 다들 월요병이라며 부산들을 떨지만 나에겐 전혀 그렇지가 않다. 출근하면 사랑하는 동료들과 오순도순 함께 할 수 있다는 기쁨이 더 크기 때문이다. "행복은 먼 곳에 있는 것이 아니라 가까운 곳에 있다."는 말에 나는 전적으로 공감한다. 반복되는 출퇴근길이지만 계절의 변화도 느낄 수 있고 하루하루가 늘 다르다.

북부순환도로 가로변에는 사시사철 푸르름과 시원함을 뽐내며 확 뚫린 공항 활주로가 있고, 삼일교를 막 지나면 벚꽃터널과 구청 뜰의 이팝나무 꽃이 새 봄을 알린다. 가을이 되면 형형색색 단풍 옷으로 갈아입고 겨울 채비를 할 때면 왠지 스산한 기운이 감돌기도 한다. 겨울에는 가끔씩 온 대지가 하얀색으로 변하기도 한다. 특히 가로수의 설경은 가히 장관이다. 도로 옆 혁신도시에서는 하루가 다르게 건축물이 쑥쑥 들어서고 있다.

KBS 휴먼 드라마 '인간시대'를 보면서 하루를 시작한다. 따뜻함이 느껴지는 아름다운 프로다. TV 속의 주인공이 되었으면 하는 바람을 가져 보기도 하지만 나는 왜 저런 삶을 살아가지 못할까 하는 회의에 젖을 때가 대부분이다. 특별한 것도 아니고 흔히 우리 주위에서 일어

나는 가슴 뭉클한 우리들의 이야기다.

　사무실에 도착해 오늘 해야 할 일들을 챙겨놓고서는 위층 헬스장을 찾는다. 낯익은 분들과 '안녕하세요!' 인사를 나눈다. 나이 탓인지는 몰라도 안타깝게도 건강을 잃어 우리 곁을 떠나가는 소중한 친구들도 간혹 볼 수 있다. 건강할 때 내 몸을 건사해야겠다는 마음으로 운동을 시작했지만 얼마나 갈지 모르겠다. 특별한 날을 제외하고는 빠지지 않기로 한 것이 나 자신과의 약속이다. 운동이란 별도의 시간과 돈을 투자하기보다 자투리 시간을 활용해야 가능할 것 같다는 생각이 들었기 때문이다. 적당한 운동으로 심호흡을 하고, 땀을 흘리고 나면 개운하기가 그지없다. 심신이 편안하고 하루가 마냥 즐겁다.

　KBS 장수프로인 '아침마당'을 방영할 시간대에 러닝머신에 오른다. 유명 인사들이나, 까마득하게 잊혀져가는 옛 연예인들도 출연해서 색다른 얘기들을 들려줄 때면 나도 모르게 웃음이 나온다. 자신들이 살아 온 인생 이야기다. 그리고 한동안 매주 수요일이면 공개적으로 사별 또는 이혼 등으로 홀로된 분들이 서로 짝을 찾는 이색적인 프로그램을 보는 재미도 쏠쏠했다.

　중년을 넘긴 분들의 구애작전 프로그램이 진행되면 내 맘도 설렜다. 언제 보아도 남녀 간의 사랑이란 시공을 초월하는 것 같다. 이 세상에서 사랑만큼 좋은 명약은 없는 것 같다. 마치 내가 아름다운 사랑의 주인공이 된 것 마냥 착각하기도 했다.

　'아침마당'을 보면서 먼저 가볍게 사십여 분 워킹을 한 후 시속 십 킬로미터로 올려놓고 이십 분 정도 뛰고 나면 육 킬로미터 정도의 거리가 된다. 이 정도면 온몸에 땀이 흠뻑 젖는다. 뛰는 도중 포기하고 싶은 충동이 나를 한없이 괴롭히지만 나 자신과의 약속이기에 끝까지 참고 이겨낸다. 2차로 윗몸일으키기와 물구나무서기를 하고 간단히 샤워를 하면 모든 운동이 마무리된다. 매일 운동을 한다는 것은 결코 쉽지 않다. 특히 러닝머신에서 20여 분 뜀박질을 할 때면 숨이 차고 인간의 극한상황과 맞닥뜨린다. 이럴 때마다 인생의 고비와 같은 거라는 생각을 하게 된다. 살면서 우리네 인생은 수많은 고비들을 극복했듯이, 오늘 하루도 이 어려운 고비를 무사히 넘겨야지 하는 일념뿐이다.

이제 아침운동을 시작한 지도 3개월 정도를 넘겼다. 운동을 하는 날이면 하루가 너무 개운하다. 주어진 업무를 처리하고 어떨 땐 틈틈이 책을 보거나 글을 쓸 때도 집중이 잘된다. 이게 운동의 효과인가 보다. '작심 3개월'에 그치지 않고 이제는 운동으로 내 몸을 길들여야겠다고 단단히 각오하지만 언제까지 지속될지는 솔직히 자신이 없다.

젊은 시절의 행복은 하드 부분에 많이 집중되는 것 같다. 새 집을 장만하거나 새 차를 구입하거나 승진을 하거나, 대부분 외형적인 쪽에 치우쳐 있지만 이런 부분들이 그렇게 오래가지는 않았다.

오히려 소소한 일상에서 찾아오는 작은 마음의 행복이야말로 진정한 행복이 아닐까 하는 생각이 든다.

정년이 가까워지면서 모든 것을 내려놓는다. 승진이나 선호하는 자리에도 목 맬 필요도 없다. 후배들에게 따뜻한 말 한마디를 건네고 애로사항을 들어주고 해결해주는 선배가 되어야겠다는 생각을 하니 다들 호의적이다.

공직에 입문한 지도 어언 40년의 세월이 가까워 온다. 그 당시에는 인기도 없었던 직종이 이렇게 상승세를 탈 줄이야. 별 생각 없이 공무원에 들어와 늘그막에 이렇게 환대받을 줄이야. 참으로 감사할 따름이다.

(2016. 9. 28 울산제일일보)

태종과 세조

역사는 현재학이자 미래학이다. 조선왕조 오백년사를 보면서 지존의 자리가 뭔지 조카와 형제를 죽인 임금도 있었고, 세자와 며느리 손자까지 죽인 임금도 있었다. 이런 임금들은 임종을 앞두고 한결같이 잘못을 뉘우치면서 통한의 눈물을 흘렸다고 했다. 어디그것 뿐이겠는가. 당쟁에 휘말려 비운에 간 임금들과 왕세자들도 그 얼마나 많았던가.

조선 개국 초기 태종은 처가인 민씨 일가의 도움으로 임금은 되었지만 임금이 된 후 권력은 나누어 가질 수 없다는 것을 인식하게 되었다. 걸림돌이 되는 민씨 일가들을 사정없이 내리치는 등 모든 정적들을 제거해 나갔다. 그 결과 세종 때는 정치적으로는 안정된 시기였다. 세종은 부왕인 태종이 내친 역적들의 자손들을 기용하는 등 선정을 베풀어 태평성대로 만든 성군으로 역사가 말해주고 있다.

하지만 세조는 달랐다. 최 측근들과 계유정난을 일으켜 조카로부터 왕위를 뺏었다. 세조는 아버지인 세종의 충신들이 자기편에 서지 않는다는 이유로, 역적으로 몰아 남자들은 씨를 말리는 듯 3대까지 멸하고 재산을 몰수하여 공신들에게 나누어 주었다. 정난공신들은 그것도 모자라서 몇 달 전까지만 해도 동료의 부인이었거나 딸이었던 여성들을 성적 노리개나 여종으로 삼는 등 패륜행위 등을 저지르기도 하였다.

세조가 죽자 그의 아들인 예종이 즉위하였다. 예종은 계유정난 공신들을 두고서는 도저히 올바른 정치를 할 수가 없다고 판단, 개혁드라이브 정책을 썼다가 2년도 넘기지 못하고 의문사하고 만다. 세조는 태종처럼 정치적 걸림돌인 정적들을 제거하지 못하고 정난공신들과 권력을 나누어 가진 셈이었다. 세조는 지존의 자리에만 연연했지 국가의 장래와 안위에는 안중에도 없었던 결과였다.

태종 역시 왕자의 난으로 세조처럼 많은 형제들과 개국공신들을 죽였다. 또한 아버지인 태조 이성계를 감금하는 등 인간으로서 해서는 안 될 짓들을 많이 했었지만, 훗날 역사는 그렇게 나쁘게만 평하지는 않았다. 그것은 개인의 영달만을 위한 것이 아니라 나라의 기강을 세웠고, 세종이라는 훌륭한 성군을 배출하였기 때문일 것이다.

태종 같은 강한 군주가 없었더라면 조선왕조가 어떻게 500년이라는 역사가 존재하였겠는가. 이웃 중국왕조를 보면 200여년의 역사가 고작인 것에 비하면 이를 단적으로 증명해주고 있지 않는가.

역사는 말하고 있다. 단종을 지키려고 끝까지 수양대군에게 맞서다 철퇴를 맞고 죽어 간 충신 김종서도 있었고, 난세의 영웅 이순신장군도 있었다. 반면 자기의 직속상관인 남이장군을 역적으로 모함하여 출세를 꿈꾼 유자광이 같은 간신도 있었다. 그리고 두 딸들을 임금에게 바쳐 세 명의 임금에게 빌붙어 권력을 남용한 한명회 같은 신하도 있었다.

가까운 현대사를 돌이켜보면 가난으로부터 완전히 해방시킨 지도

자가 있었는가 하면, 어수선한 시국을 틈타 국정을 유린한 지도자도 있었다.

역사의 수레바퀴는 끝없이 돌아가고 있다. 올해는 총선과 대선이 맞물려 정초부터 시끌벅적하다. 찬란한 민족문화를 꽃피웠던 세종 같은 군주가 다시 태어나기를 기대해 본다.

(2012. 2.9 경상일보)

광해군과 인조

역사는 승자의 기록이다. '광해군' 하면 우선 폐륜의 군주로 떠오른다. 영창대군을 증살하고, 인목대비를 유폐시켰다는 것이 역모의 이유였다. 하지만 지금의 역사학자들은 이는 인조반정의 정당성 확보를 위한 명분이지 사실과 많이 다르다고 주장하고 있다. 어떻든 광해군은 당파싸움에 희생된 비운의 폐주였다는 데는 재론의 여지가 없는 것 같다.

조선 왕조 오백년사를 보면, 왕으로 등극하면 맨 먼저 왕권 강화 작업에 들어갔다. 왕권을 위협하는 정적들을 제거하는 데는 한 치도 소홀함이 없었다. 광해군은 서인들이 난을 일으켰다는 사실을 알고 있었음에도 이를 진압하질 못했다. 여러 가지 정황으로 볼 때 광해군은 폭군의 기질과는 거리가 멀지 않았을까 하는 생각이 든다.

광해군은 세자 책봉 때부터 많은 어려움을 겪으면서 왕위에 올랐다. 그런데도 왕위 계승에 문제가 있다는 이유로 논란이 끊이질 않았다. 그 중심엔 선조의 적출인 영창대군과 친형인 임해군이 있었기 때문이다.

광해군은 준비된 왕이었다. 임진왜란 때 분조 임무를 기대 이상으로 잘해서 조정은 물론 백성들에게 신망을 얻는 등 세자 역할을 충실히 해내었다. 전란으로 도탄에 빠져 있는 백성들을 또 다시 전쟁터에 내몰지 않기 위하여 평화주의 노선을 택했고, 농민의 세금 경감을 위하여 대동법을 시행하는 등 새로운 민생정치를 펼쳐 나갔다.

이웃나라 중국에서는 명·청의 교체기로서 국내외 정치상황이 복잡했다. 광해군은 명과 후금을 두고 중립외교를 펼치면서 자신의 정치노선을 끌고 가다 한순간에 권좌에서 밀려났다. 쿠데타에 성공한 이들은 광해군의 치적을 철저히 폄하하고 은폐했다. 하지만 현대의 역사가들은 전란을 피하게 한 군주로 높이 평가되고 있다.

광해군은 거듭되는 상소를 물리치고 명나라와 신흥 강국인 후금을 서로 견제하는 탁월한 외교력을 펼쳤다. 그 결과 광해군의 집권기에는 안정을 되찾아가고 있었다. 광해군의 실리주의가 계속 유지되었더라면 대명관계도 청산되고, 국력도 신장할 수 있는 계기가 되었을 것이다.

하지만 인조가 집권하면서 조선의 평화는 물 건너갔다. 인조는 광해군의 중립적 외교정책을 지양하고 친명배금주의 정책을 내세웠다. 이 때 후금은 조선을 침입하여 정묘호란을 일으켰고, 국호를 청으로 바꾸어 다시 조선을 침범해 왔다. 이게 바로 치욕의 병자호란이다.

인조는 나라가 없어져도 좋으니, 청나라는 오랑캐의 나라라고 적대시하고 저물어 가는 명나라만 고집하는 등 국제정세를 제대로 읽지 못했다. 정묘호란과 병자호란 때는 도성을 버리고 강화도와 남한산성으로 도주하여 백성들로부터 원성을 듣는 등 대책 없는 군주였다.

인조는 병자호란에 패한 후 삼전도에서 청 태종에게 '삼배고구도'라는 항복례를 올렸다. 소현세자와 봉림대군이 볼모로 잡혀가는 등

50만 명이 넘는 민초들이 청나라로 끌려가서 갖은 수모를 당했다.

　인조는 신하로서 임금을 내쳤고, 부모로서 아들과 며느리 손자까지 죽였다. 즉위 기간 내내 굴욕과 고통의 왕위를 유지하였다. 서양문물을 받아들인 소현세자에게 왕위만이라도 물려주었더라면, 일제강점기라는 수탈의 역사도 만들어지지 않았으리라는 아쉬운 생각이 들기도 한다.

　지금 한반도의 국내·외 정세는 광해군 시대 이상으로 복잡하게 변해가고 있다. 북핵문제 등 분단국가로서 풀어야 할 숙제가 한두 가지가 아니다. 과거와 현재를 넘나들고 있는 '역사'는 우리들에게 산교육의 장이 되어야 할 것이다.

　유명한 역사학자 '아놀드 토인비'는 역사에서 교훈을 얻지 못하는 자는 반드시 실패한다고 했다. "역사는 되풀이되기 때문이다."

(2012. 6. 4 경상일보)

아름다운 주례사

예쁘게 꽃단장을 한 신부가 드디어 모습을 드러냈다. 신부를 보는 순간 세월이 유수와 같다는 말이 실감이 난다. 신부 아버지와는 고향 친구이자 입사 동기여서 가족 간에도 막역한 사이다. 오늘의 주인공인 신부는 어릴 때부터 줄곧 지켜봐 왔기에 감회가 남달랐다. 우리 애들과 소꿉놀이를 하던 모습이 떠올랐다.

요즘 결혼식장은 마치 어른을 만들어 내는 공장을 방불케 하는 것 같다. 주말이면 여러 개의 축의금 봉투를 지인들에게 부치기도 하고, 때론 하루에 두세 곳의 예식장을 뛰어다니기도 한다. 어떨 땐 축의금을 내기 위해 줄을 길게 서는 등 혼주에게 눈도장만 찍으면 할 일을 다 했다는 것이 오늘날의 결혼풍속도인 것 같다.

하지만 이번 예식만큼은 끝까지 지켜보기로 했다. 예식시간에 맞추어 자리는 거의 축하객들로 메워졌고 이윽고 안내방송이 흘러나왔다. 그런데 단상에 있어야 할 주례 선생이 보이지 않았다. 그래도 한복을 곱게 차려입은 양가 어머니는 사회자의 진행에 따라 화촉을 밝히고 있었다. 신랑신부가 서로 맞절도 하고 성혼선언문도 낭독하는 등 결혼식이 착착 진행되고 있었다.

주례 선생 없이 예식을 진행한다는 말을 얼핏 들어는 보았지만 막상 텅 빈 단상을 보니 뭔가 어색해 보였다. 여기까진 보통 결혼식이나 다름이 없었다. 그런데 예식이 거의 끝나 갈 무렵 예고 없이 사회자가 "다음은 주례사가 있겠습니다."라고 하면서 신부 아버지를 소개하는 것이 아닌가.

내 친구인 신부 아버지는 손 안에 조그마한 메모지 한 장을 들고 일어서더니 단상에 올라가질 않고 몇 발자국 앞으로 다가섰다. 그 순간 대부분의 축하객들은 신부 아버지가 무슨 말을 하려나 싶어 귀를 쫑긋 기울였고, 경청의 분위기가 무르익어 가고 있었다.

그는 긴장된 탓인지 떨리는 목소리로 먼저 양가 혼주를 대신해 축하객들에게 감사하다는 인사를 올리면서 말문을 열었다. "부모가 자식을 낳아 고이 길러서 혼례를 치르는 일은 참으로 경사스러운 일입니다."라는 말로 주례사를 시작했다.

"사랑하는 내 딸 유림아! 아빠 엄마는 너로 인하여 언제나 행복했었다. 너의 시어른들께서도 너로 인하여 행복하셨으면 정말 좋겠다. 그리고 사랑하는 우리 사위, 언제 보아도 든든하다. 지금까지도 잘해 왔겠지만 앞으로도 가장으로서 열심히 살아 주게나."

평범한 주례사였지만 축하객들의 마음을 사로잡기에 충분했다. 딸과 사위에게 아버지가 직접 한 주례사인지라 입체적으로 전달되는 것 같았고, 딸은 아버지의 말을 듣고 금세 눈시울이 붉어지는 것 같았다. 순간 나 자신에게도 잔잔한 감동이 와 닿았다. 다른 분들도 나와 비슷한 마음이라는 것을 확연히 읽을 수가 있었다.

어릴 때 성장하는 모습들을 하나 둘 얘기했고, 부모로서 더 잘해 주지 못해서 맘 아파했을 땐, 마치 내 자식인 양 착각을 하기도 했다. 짜

임새 있고 세련된 주례사는 아니었지만 결혼식다운 분위기로 좌중을 충분히 압도하고도 남음이 있었다. 하객들 모두가 공감하는 분위기였고, 다들 그 어떤 주례사보다도 알차고 훌륭했다는 말들이 자연스럽게 흘러나왔다.

짧은 주례사 도중에 엄마와 딸이 한 속이 되어 울컥하는 모습도 몇 번 비쳐졌다. 그럴 때마다 친구도 얼굴을 제대로 들지 못한 채 맘을 추스르는 모습이 역력했다. 아마도 자신마저 감정이 북받치면 주례사를 끝까지 할 수 없다는 생각이 들어서일 것이다. 그 순간 가족이 한 덩어리가 되었다는 느낌을 지울 수가 없었다.

신랑신부에게는 아버지가 직접 해준 행복한 주례사를 오래도록 간직할 것이고, 아버지와 어머니로서는 평생 잊을 수 없는 딸자식의 결혼식이 되었을 것이다. 나 역시도 축하객의 한 사람으로서 한 동안 따뜻한 결혼식으로 기억될 것 같다.

삼십여 년 전의 내 결혼식이 떠올랐다. 그 땐 주례 선생이 직장 상사였다는 생각만 날 뿐 무슨 말들을 했는지 전혀 기억이 나질 않는다. 비록 긴 세월이긴 하나 감동이 없는 일상적인 주례사로 내게 와 닿는 말들이 없었기 때문이었을 것이다.

부모와 자식만큼 서로가 잘 아는 사이는 없을 것이다. 많은 일가친척들과 축하객들이 지켜보는 가운데 눈시울을 적실 수 있는 감동의 스토리가 있는 주례사가 아름다운 주례사가 아닐까.

(2012. 7. 12 경상일보)

왕이 된 광해

　천만관객을 돌파한 요즘 흥행하고 있는 '광해'를 보았다. 역사적으로 볼 때 광해군은 패륜의 군주로 전락되었으나, 근래에 역사학자들에 의해 올바르게 재평가되어 가는 것 같아 흐뭇했다. 픽션과 역사적 사실이 적절하게 희석된 영화 '광해'는 시사하는 바가 많았다.
　왕은 고독한 자리였다. 여인의 분 냄새 없이는 쉽게 잠들지 못했고, 죽음의 공포에도 많이 시달렸을 것이다. 스트레스를 심하게 받으면 누군가의 품에 기대고 싶을 때가 많았을 것이다. 왕은 인간의 가장 원초적인 대·소변조차도 마음대로 누지 못했을 것이다.
　조선은 신하의 나라였다. 왕을 마음대로 갈아치울 수 있는 세도정치가 이를 증명해주고 있지 않는가. 정해진 세자는 궁궐의 법도와 신하들에 의해 왕으로 다듬어지고 만들어졌기 때문일 것이다. 조선은 신하들이 반대하면 왕도 아무것도 할 수가 없는 나라로 점점 변해만 갔다.
　영화 줄거리를 요약하면 광해군은 우여곡절 끝에 선조를 이어 조선의 15대왕으로 등극한다. 하지만 재위기간 내내 적자도, 장자도 아니라는 이유 등으로 정통성 시비에 늘 휘말렸다. 신료들로부터 사사건건 강한 반발에 부닥치게 된다. 급기야 재위 8년째가 되던 해에 궁중에서 역모를 꾸미고 있다는 흉흉한 소문들이 나돌기 시작한다. 광해군은 극소수의 측근 외에는 믿을 신하가 없다는 등 심신이 극도로 쇠약해진다.

신변에 위협을 느낀 광해는 자기를 닮은 광대출신 '하선'에게 왕 노릇을 하게 한다. 광해군 자신은 중전도 모르게 궁을 빠져나가 사가에서 심신치료에만 몰두한다. 가짜 '광해'는 처음엔 도승지가 시키는 대로 어설프게 '경들이 알아서 하시오.'라고 말하는 등 꼭두각시놀음만하게 된다. 하지만 점점 자신의 목소리를 내는 왕으로 변모해 갔다.

빗발치는 상소에도 굴하지 않았다. 진짜 광해가 할 수 없었던 일들을 척척 해낸다. 토지소유와 관계없이 소작농도 똑같이 세금을 내야만 했던 공납제에서 땅을 가진 만큼 세금을 내게 하는 대동법을 단행했고, 억울한 누명으로 옥살이를 하고 있는 중전의 오라비를 과감히 석방시킨다.

조선왕조 오백년 동안 유일하게 중국과 맞장을 뜬 배포, 외교에선 철저히 명분보다 실리를 택하였다. 여진족은 오랑캐의 나라라고 무너져가는 명나라만을 고집하는 대소신료들에게 '이 양반들아! 좀 부끄러운 줄 아시오.' 호통 칠 땐 내 속이 다 후련했다.

서민의 아픔을 달래주는 왕이었다. 관료의 횡포에 아비를 잃고 어미는 노비로 팔려가 생사를 모르고 있는 궁녀인 사월이에게 어머니를 찾아주겠다는 약속을 끝까지 지키려는 모습에서 내 눈시울이 붉어졌다.

가짜 '광해'는 정의롭고 따뜻했다. 오로지 백성을 먼저 생각하고 아랫사람들까지 챙길 줄 아는 인간미에 감동을 불러일으킨다. 특히 도

승지로부터 진짜 왕이 되어보지 않겠냐고 제안을 받지만, 고심 끝에 왕으로 인하여 주변사람들이 다치는 게 싫다며 씁쓸하게 거절하는 장면에선 내 콧등이 찡했다.

건강이 회복되어 광해군이 궁으로 돌아오는 날. 가짜 '광해'에겐 궁을 빠져나가게 하지만, 한편에선 죽이라는 어명이 떨어진다. 뒤를 쫓는 병사들 사이에 한바탕의 칼부림이 벌어진다. '그대들에게는 가짜일지 모르지만 나에겐 진짜 왕이다.'라고 하면서 가짜 왕 '광해'를 위해 싸우다 도부장은 장렬하게 죽음을 맞이한다. 정말 압권이었다.

대선을 앞두고 정국이 요란하다. 우리 모두가 올바른 가치관을 가지고 본분에만 충실한다면 경제민주화와 복지강국을 만들 것이다. 우린 반세기 만에 고도의 경제성장과 민주화를 동시에 이룬 대단한 민족이 아닌가.

웃음과 해학이 넘치는 감동의 정치 드라마 '광해'를 보면서 이 시대가 요구하는 그가 바로 진정한 지도자의 모습이 아닐까.

(2012. 11. 2 울산신문)

최영과 이성계

역사는 흥망성쇠의 연속이다. 최영과 이성계는 고려 말 충신이었다. 왕실을 보호하고 외적을 물리치는 등 두 분 모두 문무를 겸비한 재상이기도 했다. 최영은 권문세력가 출신으로 문하시중까지 올랐다. 하지만 이성계는 변방의 무장출신에 백전백승의 용감한 장수이긴 하였으나 항상 최영의 지휘를 받을 수밖에 없는 위치에 있었다.

이 시기 이웃 중국은 원·명의 교체기로서 혼란이 거듭되고 있었다. 이때 최영과 이성계는 힘을 모아 약 백여 년간 원나라에게 빼앗겼던 함경도지역인 '철령 이북의 땅'을 되찾는 등 고려의 자주성을 확보해가는 반면, 원나라는 명나라에 밀려 중원을 포기하고 북쪽 몽골지역으로 쫓겨 가는 등 약소국으로 전락해 갔다.

명나라가 중원의 주도권을 차지하자 바로 고려가 원나라로부터 되찾은 철령 이북의 땅인 함경도지역을 자기 내 영토라고 우기면서 되돌려달라는 억지주장을 부렸다. 이에 격분한 최영은 '철령 이북의 땅' 수복으로 군의 사기가 충만되어 있었던 터라 명의 요구에 크게 반발하고 나섰다.

최영은 명나라가 신흥국으로서 전쟁에 전력을 다할 수 없다고 판단,

이번 기회에 요동까지 정벌하여 고구려의 옛 땅 만주까지 되찾자는 주장을 폈다. 그러나 최영과 함께 민심을 얻고 있던 이성계는 최영의 요동정벌에 반대했지만 어쩔 수가 없었다.

조정과 최영의 명령으로 요동정벌에 나섰던 이성계는 압록강 위화도에서 장마를 만나 더 이상 진군할 수 없게 되었다. 이때 이성계는 잘 알려진 바와 같이 작은 나라가 큰 나라를 칠 수 없다는 요동정벌 4대 불가론을 내세워 여러 차례 회군의사를 조정에 보고하였지만 우왕과 최영은 이성계의 회군을 허락하지 않았다.

애초에 원치 않았던 이성계는 결국 군대를 돌렸다. 이게 유명한 위화도회군이다. 왕명을 거역한 이성계의 살 길은 쿠데타 외엔 별 다른 대안이 없었다. 요동정벌에 군사를 모두 내어준 터라 최영은 이성계에게 속수무책 당할 수밖에 없었을 것이다.

이성계는 그해 개성을 점령하고 우왕과 최영을 내쳤다. 그리고 4년 후 고려 오백년의 사직도 막을 내렸다. "황금 보기를 돌 같이 보라."는 말로 유명한 최영은 형장의 이슬로 사라지면서 "내게 죄가 없음은 하늘이 알고 있다."고 결백을 주장하면서 "내 무덤에 풀이 나지 않으리라."는 유언을 남겼다.

역사는 반복되고 있다. 육백여년 전 '철령 이북의 땅'을 자기네 것이라고 우겼듯이, 동북공정으로 고조선과 고구려, 발해의 역사를 왜곡시키고 있다. 차제 중국은 붕괴 후의 북한까지 넘보고 있지나 않을까.

한반도와 일본, 중국 등 영토분쟁이 끊이지 않고 있다. 우리 것을 되찾기 위해 요동정벌을 꿈꾸었던 애국명장 '최영 장군'이 떠오른다.

(2013. 1. 14 경상일보)

설과 정월대보름

설과 정월대보름의 풍속이 너무나 변했다. 내가 초등학교에 다닐 땐 설날에는 사촌 형제들과 동네 친척 어른들을 찾아뵙고 '과세 편히 쉿능교?'하면서 큰절을 올렸다. 이렇게 좋은 미풍양속들이 하나둘 사라지고 있어 안타깝다.

시대의 흐름이라지만 요즘 사촌지간은 얼굴조차도 잘못 알아보고 남이나 다름없이 지내는 것 같다. 일 년 중 명절 때 한두 번 보고 나면 만남 자체가 거의 없기 때문은 아닐까.

이는 전통이 무너지고 세태가 많이 각박해졌다는 것을 말해 주는 것 같다. 또한 갈수록 공동체가 사라져가고 핵가족화 경향이 더해가는 것 같다. 초등학교 시절 방학이 가까워 오면 도회지에 사는 사촌 형제들이 언제 오는가 싶어 손꼽아 기다렸다.

어릴 때 설이 다가오면 읍내 튀밥 아저씨가 매년 오셨다. 양지쪽에 튀밥 튀는 기계를 차리면 그때부터 그 주위는 우리들의 놀이터가 되었다. 집집이 쌀과 강냉이를 가져와 순서를 기다렸다. 아저씨가 튀밥 기계를 십여 분 돌린 후 핀을 꽂아 잡아당기면 뻥 소리와 함께 하얀 김을 내뿜으면서 쌀이 튀밥으로 변해 망태기 안으로 마구 쏟아졌다. 그때 우리는 망태기 밖으로 떨어진 튀밥을 서로 주워 먹으려고 우르르 모여들었다. 우리 또래는 쌀을 한 홉씩 거두어 튀밥을 튀겨서 밤새 먹었던 기억들이 생생하다.
   설을 며칠 앞두고 어머니는 외양간 쇠죽솥에 물을 데워 우리 형제들을 차례로 목욕시켰다. 형이 먼저 한 탓에 나는 항상 땟물이 둥둥 떠 있는 뜨거운 솥 안에 들어가기가 무척 싫었다. 소가 연신 큰 눈을 껌벅이면서 나를 지켜보고 있었다. 어머니는 쇠죽솥 안에서 김이 무럭무럭 오르는 뜨거운 물속에 깔아놓은 판자에 나를 앉혀 놓고 내 몸을 구석구석 씻겼다. 그럴 때마다 나는 아프고 간지럽다고 아우성을 쳤다. 그러면 어머니는 큰소리로 "가만히 있어. 가만히 있어."라는 말을 반복하면서 내 엉덩이를 철석철석 때렸다.
   어머니는 설맞이 조청을 만들었다. 조청을 만들 때면 방이 뜨겁도록 장작불을 때었다. 조청이 완성되면 튀밥을 버무려 강정을 만들었다. 강정은 우리들의 고급 간식이었고 그 강정은 정월 보름날까지 갔다.
   설 전날에는 솥뚜껑을 뒤집은 채 뜨겁게 달구어 하얀 쌀가루로 떡을 구워냈다. 우리는 이를 '굽은떡'(= 구운 떡)이라고 했다. 설날 아침에 구운 떡을 달착지근한 조청에 찍어 먹기도 하고, 떡국도 해 먹었다. 요즘 가래떡국은 매끄러워 잘 넘어가지만 구운 떡 떡국은 입안에 떡떡 달라붙었다.
   설날이 되면 엄마는 나보다 큰 치수의 옷과 운동화를 사다 주었다. 운동화를 사 주는 날이면 방에서 수십 번도 더 신어 보면서 '나 홀로 패션쇼'를 하기도 했다. 우리가 어릴 때 설이면 새 옷에 새 운동화를 신는 날이라 신이 났지만, 요즘 아이들의 설날은 학교에 안 가는 날이자 삼촌, 숙모들에게 용돈 받는 날이어서 신이 나는 것 같다.

설날 이른 새벽이면 사촌들과 이웃 종갓집에 갔다. 종갓집 마당에 깔아 놓은 멍석에 언 발을 동동 굴리면서 차례를 지낸 후, 우리 집에 와서도 똑 같이 차례를 지냈다. 차례가 끝나면 우리 집 큰방에서 8촌 이내 대가족이 옹기종기 모여 아침밥을 먹었다.

그리고 작은아버지와 함께 사촌들과 조상님들을 뵈러 갔다. 뒷산에 흩어져 있는 조상 묘를 일일이 찾아다니며 큰절을 올렸다. 고조부부터 아버지 산소까지 그 내력에 대해 자세히 설명해 주셨다. 이럴 때 작은아버지의 말에는 사촌지간도 친형제처럼 잘 지내라는 뜻이 흠뻑 담겨 있었다.

조상 인사를 마치고 가까운 집안 어른들에게 세배까지 올리고 나면 맘이 홀가분해진다. 이렇게 공식 행사가 끝이 날 무렵이면 약속이나 한 듯 자연스럽게 동네 어귀에 또래 친구들이 모여든다. 어떨 땐 학교에 가서 위 각단과 아래 각단 대항으로 공을 차면서 오후를 보내곤 했다.

칠흑 같은 어두운 밤이 되면 우린 몰래 폭음탄을 터트려 또래 여자 친구들을 놀라게 하고 숨어서 깔깔 웃는가 하면 건빵 따먹기 화투놀이로 밤을 새기도 했다. 어떨 때는 형들에게 밀려 놀 방이 없어 이리저리 돌아다니다가 우리 동네에 있는 학교 창문을 뚫고 교실에 몰래 들어가 촛불을 켜 놓고 밤을 지새운 적도 많았다.

설이 지나고 나면 초승달이 차츰차츰 돋아 반달이 되고 또 그렇게 일주일이 지나면 정월대보름이다. 정월대보름 새벽이면 엄마는 대문 앞에 황토 흙을 뿌리고 들릴 듯 말 듯 무슨 말을 하면서 치성을 드렸다. 그것은 미신이라기보다 자식을 위해 소원을 비는 간절한 몸짓이었다.

보름날에는 집집마다 지신을 밟았다. 소리 잘하는 동네 아저씨는 고깔모자를 쓰고 꽹과리를 쳤다. 마을 장정들은 흥을 돋우면서 함께 다녔다. 우리 또래들도 신이 나서 따라다녔다.

'귀신은 물알로 만복은 이리로'

집안 구석구석을 누비면서 지신을 밟으면 엄마들은 쌀을 조금씩 내어 놓았다. 한 집도 빠지지 않고 지신을 밟은 후 어른들은 마을회관에서 술을 곁들여 둥실둥실 춤을 추면서 대동놀이로 막을 내렸다. 거둬들인 쌀로 떡과 밥을 지어 동네 어귀 솔정자에 까치설날 차례상을 차렸다.

오후가 되면 우린 짚단을 여남은 단씩 갖고 동네 뒷산 최고봉인 '구름디 만디'로 올라갔다. 형들의 달집 짓는 일을 도왔다. 달집은 키 큰 소나무를 베어 삼각형으로 기둥을 세우고 그 안에는 생솔가지와 잡목도 넣고 또 불이 잘 붙는 '싹다리'와 '솔갈비'도 끌어넣었다.

달집 밖에는 생솔가지와 짚으로 엮은 이엉으로 겹겹이 옷을 입히고, 마지막에는 새끼로 둘둘 묶으면 달집이 완성된다. 달이 뜰 시간이 가까워 오면 약속이나 한 듯 온 동네 사람들은 '구름디 만디'로 몰려들었다.

우리는 삼삼오오 모여 달이 뜨는 산 너머 먼 곳을 향해 지켜보았다. 오후 여섯 시가 가까워 오면 저 멀리 산 너머에서 하얀 달님이 솟아올랐다. 그때 달집에 불을 붙였다. 이웃 마을 여기저기서도 약속이나 한 듯 동시에 시커먼 연기를 마구 뿜어댔다. 먹구름 같은 검은 연기를 많이 뿜어내는 마을이 이긴다고 했다.

어떤 해는 아들을 낳지 못하는 어른들은 형들이 지어 놓은 달집을 돈을 주고 사기도 했다. '달집을 산다'는 말은 달집을 산 사람이 달집에 불을 붙인다는 의미다. 달집에 불을 붙이는 사람은 그 해 아들을 낳는다는 속설이 있었기 때문이다.

　달이 떠오르고 훨훨 붙은 달집을 중심으로 원을 그렸다. 어른들과 함께 우리도 징과 꽹과리 소리에 취해 덩실 덩실 춤을 추다가 우린 흥이 나서 "달집에 불이야!"하면서 산에서 마구 뛰어 내려왔다. 곧장 들로 나가 쥐불놀이를 했다. 쥐불놀이는 작은 깡통에 구멍을 내어 나무토막을 넣고 불을 붙여 줄을 매달아 빙빙 돌리면서 온 들판 논두렁에 불을 붙이는 놀이였다.

　논두렁을 태우면 그 속에 있는 유충들이 죽기 때문에 그 해 농사는 병충해가 없어 풍년이 든다고 했다. 그렇게 우리는 시간 가는 줄을 몰랐다.

　휘영청 보름달이 중천에 떠오르면 나는 집으로 돌아왔다. 그때 어머니는 우리 집 장독대에 정안수를 떠 놓고 달님을 향해 자식 잘 되기를 두 손 모아 빌고 있었다. 정월대보름 하면 둥근 달과 추억의 달집이 떠오른다.

　설날에 시작된 축제는 보름달이 뜨고 지면서 그렇게 끝이 났다.

(2015. 3.1 경상일보)

삼국지를 읽고 나서

나는 청소년기 때 소년소녀 '삼국지'를 읽었다. 그 후 사십 년이 훨씬 더 지난 예순의 나이에 진순신이 쓴 삼국지를 다시 보게 되었고, 점점 삼국지의 매력에 빠져 이문열의 삼국지를 연거푸 두 번이나 보았다. 삼국지 동영상, 만화, 인터넷 강의 등 아직도 삼국지에서 손을 놓지 못하고 있다.

삼국지는 아무리 읽어도 지루하지가 않다. 거대한 지리적 배경과 백여 년에 걸친, 당대만이 아닌 그 후대까지 엄청난 등장인물과 천태만상의 인간심리를 잘 다루고 묘사한 것들이 특징이라 하겠다. 더 흥미로운 것은 긴장감 넘치는 스토리와 상상을 초월하는 권모술수들이 삼국지의 더 큰 매력 포인트라는 점이다.

후한 말 황건적의 난을 평정하는데 공을 세운 무장들을 뒤로한 채 십상시들에게 아부 떠는 자에게만 관리에 중용하는 등 부패가 만연했다. 이를 못마땅하게 여긴 주동적 인물이 대장군 하진이다. 하진은 하태후에게 십상시들을 제거코자 건의하나 거절당한다. 결국 대장군 하진은 하태후와 조정의 반대를 무릅쓰고 물리적 힘을 가하기 위해 이십만 서량정예 병사를 가진 동탁을 끌어들이는 과정에서 환관들에게 먼저 살해되고 만다. 이를 지켜본 하진의 부하인 원소는 군사를 이끌고 궁궐 안으로 진입해 환관들을 모조리 죽여 버린다.

이 때를 틈타 동탁은 하진의 밀서를 받고 조정으로 진입해 자연스레 대장군 하진의 병사들까지 끌어들이니 그에 대응할 만한 세력은 그 어디에도 없었다. 동탁은 얼떨떨해하는 황제 소제를 폐하고 나이어린 헌제를 옹립하면서 모든 권력을 장악한다.

이에 맞서고자하는 원소, 조조, 원술 등 십팔 제후들이 반 동탁 연합군을 결성해 동탁과 대항하자 동탁은 수도 낙양을 버리고 장안으로 옮기면서 낙양에 불을 지르고 사대부들의 재물을 약탈하는 등 온갖 만행을 저질렀다. 동탁은 장안에 왕궁보다 더 호화로운 미오성을 지어 거기에서 머물면서 폭정을 일삼았으나 결국 얼마 못가 왕윤의 수양딸 초선을 이용한 이간계에 걸려 양아들 여포에 의해 살해당한다.

서기 192년 동탁은 죽었지만 한나라 황실의 미래는 그리 밝아 보이지 않았다. 우여곡절 끝에 어린 황제인 헌제가 동탁에서 벗어나 조조의 보호를 받게 되면서부터 조조에게 모든 권력이 집중된다. 이에 맞선 제후들인 원소, 원술, 공손찬, 유표, 유언, 유장, 유비, 손권 등은 이십여 년 간 대부분 조조의 대항마로 영토 확장 등을 위해 서로 싸우다가 차례차례로 몰락되고 결국 조조, 유비, 손권만 남게 된다.

조조는 관도대전에서 원소를 물리치고 화북 지방의 강자가 되나 적벽대전에서 손, 유 연합군에게 대패한다. 그 후 중국대륙은 화북의 조조, 형주의 유비, 강동의 손권으로 천하삼분지계로 나누어지면서 삼국지의 중반으로 넘어간다.

천하삼분지계에 의한 삼국 중 영토나 군사 면에서는 조조의 위나라가 가장 강했고, 다음은 손권의 오나라와 유비의 촉나라 순이었다. 오와 촉은 수시로 동맹을 맺어 위를 견제했다. 삼국의 군왕인 유비, 조조, 손권의 공통점은 우수한 인재 육성이다.

촉의 유비는 물려받은 유산도 뛰어난 무용도 없지만 인의군자로 평가받은 인물이다. 제갈공명을 얻기 위해 '삼고초려'라는 유명한 말을 만들어내기도 했다. 유비의 참모들은 제갈공명 외에도 관우, 장비, 방통, 조운, 황충, 강유, 마초 등이 있다. '유비' 하면 우선 관우와 장비가 함께한 도원결의가 생각난다. "한날한시에 태어나지는 못했지만 죽을 때는 한날한시에 같이 죽자!"라는 약속은 동지로서의 의리를 끝까지 지키겠다는 강한 의지의 표명이다.

유비의 성품은 부드러운 것 같으면서도 강했고, 강한 것 같으면서도 부드러웠다. 고개도 적당히 숙일 줄도, 때를 기다릴 줄도 알았다. 가슴속엔 천하를 도모하겠다는 큰 뜻과 정열을 품고 있었지만 오히려 표현하지 않은 것이 유비의 매력인 동시에 강점이다.

장비는 턱없이 순진하면서도 가진 힘에만 의존하는 직선적이고 다혈질적인 인물이며 관우는 문무를 겸비한 인물로서 당대는 물론 후세에서도 크게 칭송을 받았다. 난세의 간웅 조조마저 관우를 자기 사람으로 만들려고 백방으로 노력했으나 실패했다. 반면 장비는 제대로 된 평가를 받지 못하고 있다는 느낌이다.

제갈공명의 출사표 또한 유명하다. 공명은 후주 유선에게 위나라를 치러 가면서 두 번의 출사표를 유선에게 올린다. 이는 유비에 대한 충성서약이다. 가히 눈물겨운 장면이다. 제갈공명은 죽을 때도 선주인 유비를 생각하면서 촉을 걱정했다. 이제 촉의 운명도 다했구나 아쉬운 생각이 앞섰다.

제갈공명이 빨리 죽지 않았더라면 삼국통일은 촉이 이루어내지 않았을까 하는 아쉬움이 많았다. 유비는 갑작스런 관우와 장비의 죽음으로 오직 복수심에 불타 오나라 정벌에 나서지만 결국 이릉전투에서 젊은 장수 육손에게 패한 후 백제성에서 죽음을 맞았다. 그 때 유비의 나이는 예순 셋이었다.

유비는 관우, 장비의 죽음 때문에 판단력이 흐려지고 충언들이 받아들여지지 않는 등 오직 복수심만이 가득 차 천하의 일들을 그르치게 되고 끝내 생을 마감하면서 유비는 제갈공명에게 의미 있는 유언을 남기게 된다.

아들인 유선이 군주의 자질이 모자람을 알고 유비는 언젠가 아들을 대신해 공명에게 나라를 맡아 달라고 한다. 이 말을 들은 제갈공명은 유비 사후에도 끝까지 의리를 지키고 유선에게 황제의 예를 깍듯이 갖추고 성심껏 모셨으나 유비 사후 십일 년 만에 제갈공명도 쉰셋의 나이에 병사한다. 제갈공명이 죽자 촉은 바람 앞의 등불과 같았다.

다음은 조조에 대해 살펴보기로 하자. 삼국지의 매력남은 유비가 아닌 조조라고 생각한다. 조조는 뛰어난 정치가이자 장군이며 문인이다. 조조를 흔히 난세의 간웅이라고 한다. 조조는 동탁을 살해하려다가 실패하고 쫓기는 신세가 된다.

진궁과 함께 도망다니다가 여백사 일가를 무참히 살해한다. 이를 지켜본 진궁은 실수로 여백사 가족을 살해한 것까지는 이해가 되지만 여백사까지 죽인 것은 지나치다고 조조를 나무라자 조조는 "내가 천하를 버릴지언정 천하가 나를 버리게 하지는 않겠다."는 뻔뻔한 말을 했다. 오랜 세월이 지난 지금 시점에선 웃지 못 할 조조의 명언으로 내려오고 있다.

다음 조조는 숨은 인재를 잘 발굴하는 냉철한 군주였다. 실례로 겉으로 드러나지 않은 사마의를 기용해 제갈공명의 거듭되는 공세를 막아내는 데 성공한다. 실패로 돌아갔지만 관우에 대한 지나친 욕심으로 공을 많이 들였다는 것도 볼 수 있고 유비조차도 자기 손아귀에 넣으려고 했다. 조조 주변에는 순욱, 가후, 공용, 정욱, 전위, 순유, 조인, 조홍, 하후돈, 하후연 등 수많은 책사와 장수들이 구름처럼 모여들어 인재 관리에도 탁월했다는 평가다.

조조는 후계자 선정을 위해 참모들로부터 많은 자문을 받았다. 특히 조비의 군왕 자질을 시험하는 과정에서는 손에 땀을 쥐게 했다. 조비에게 죄를 뒤집어씌워 자백을 강요했다. 옆방에서는 조비와 내통한 자를 불러내 고문을 가하는 연극을 했고, 그 고통의 신음소리가 조비에게 들리게 했다. 전모가 다 드러날 것이니 자백을 하면 살려주겠다는 것이다. 조조는 조비가 얼마나 강한가를 시험한 것이었다.

조비는 사실이 아니라는 것을 끝까지 주장한 끝에 후계자로 낙점을 받는다. 조조는 강한 자만이 살아남을 수 있다는 것을 확인한 셈이다.

관도대전에서 원소군과 싸울 때 모자라는 군량 때문에 병사들의 불만이 고조되었다. 이를 반전시키기 위해 군량관이 군량미를 착복했다는 죄를 뒤집어씌워 죄 없는 군량관을 죽여 병사들의 불만을 잠재웠다.

조조는 평소 주위 사람들에게 말하곤 했다. 누군가가 칼을 감추고 나를 해치려고 내 곁에 다가오면 이상하게 가슴이 두근거린다고 했다. 그러나 그 말을 아무도 믿어주지 않자 조조는 꾀를 내었다.

조조 자신에게 절대적인 충직무사 한 명을 불러 가만히 말했다. "너는 여럿이 모였을 때 칼을 품고 내게로 다가오너라. 그러면 내가 가슴이 뭔다며 너를 문초할 것이다. 그때 너는 겁내지 말고 나를 죽이려 했다고 실토하여라. 그러면 너의 목숨도 보장할 뿐만 아니라 나중에 높은 벼슬을 주고 네 가족들에게도 후한 재물을 내리겠다."

그 말을 믿은 무사는 조조가 시키는 대로 따랐다. 그러나 조조는 그 실토가 있기가 무섭게 그를 끌어내 목을 베게 했다. 그 무사는 끌려가면서도 조조가 어떻게 해주겠거니 믿었고 결국 목이 떨어지는 순간에야 속은 줄 알았다. 참 어이없는 일이었다. 아무것도 모르는 사람들은 조조의 신통력에 감탄했고, 소문이 나자 암살을 시도하려던 사람들은 겁을 먹고 포기하지 않을 수가 없었다.

조조 아버지 조숭이 서주 도겸의 부하들에게 살해당하자 조조는 자기 아버지를 죽였다는 복수심에 가득 차 수십만의 서주 사람들을 무차별적으로 죽이고 심지어 개와 닭 등 가축들도 모조리 죽였다.

조조의 단점은 사람의 생명을 너무 쉽게 생각하고 목숨을 담보로 삼는다는 것이다. 인간의 양면성은 누구에게나 존재하듯 조조에게도 이런 극 잔인함과 함께 그에 버금가는 훌륭한 업적들도 많았다.

조조는 넷으로 분열된 중국대륙을 통일시켜 기반을 닦아 중앙집권제를 강화하고 둔전제를 실시해 나라 경제를 살렸다. 지연이나 혈연이 아닌 모범적 인재 등용을 실시한 군주였다. 조조 같은 군주가 없었더라면 중국도 지금 유럽처럼 많은 나라들로 쪼개졌을 것이다.

조조는 부하들이 죽으면 그의 가족들을 책임져 주는 세계 최초의 원호정책을 시행하고 전쟁 중에도 군인들이 스스로 군량미 등을 확보하도록 했으며, 세재개편을 단행하는 등 직접 서민들에게 와 닿는 선정을 펼친 정치가이기도 했다.

조조는 사욕에 눈이 멀어 주인을 판 자는 조조 자신에게 아무리 큰

이익을 주었다 해도 추호도 용서하지 않았다. 어릴 적 벗이자 힘겨운 원소를 이겨내는 데 결정적인 공을 세운 허유조차도 끝내 제 명에 죽지 못했다.

조조는 일관되게 자기가 모시는 주인을 팔아먹은 자는 가차 없이 목을 베게 하는 한편, 아무리 조조 자신에게 매섭게 저항해도 옛 주인을 위해 끝까지 저항하는 자는 해치지 않고 어떻게 해서든 자기 사람으로 만들었다.

조조가 항복한 장수의 숙모인 추씨 부인의 미모에 빠져 며칠 밤낮을 헤어나지 못하고 있을 때 장수는 조조의 책사 가후를 이용해 호위대장 전위에게 술을 먹여 취하게 한 후 조조의 침실을 덮쳤다. 조조는 간신히 살아남았지만 이로 인해 장남 조앙 및 조카와 호위대장 전위를 잃고 만다.

조조는 많은 병사들 앞에 자식인 조앙의 죽음보다는 전위의 죽음을 더 슬퍼했다. 훗날 조조는 전위가 전사한 곳에 사당을 세우고, 그곳을 지날 때마다 몸소 슬프게 울며 성대한 제사를 올렸다. 이를 지켜본 부하 장수들은 조조의 따뜻한 부하 사랑에 감동해 더욱 더 충성을 다짐했다.

간혹 끝내 항복하지 않아 죽인 적도 있지만 그 때조차도 상대의 깨끗한 이름을 지켜주기 위해서 힘썼고 그 뒤에는 후한 장례 또한 잊지 않았다. 이를 보면 조조는 순전히 간웅 또는 권모술수의 사람으로만 몰아붙일 수 없게 만드는 남다른 품성이 있었다.

관도대진에서 원소를 격파하고 노획한 기물 중에는 조조 편에 섰던 참모들이 전세가 원소가 유리하게 돌아가자 원소에게 잘 보이기 위해 각종 정보를 제공한 문서들이 나왔다. 이를 안 참모들이 극형에 처하자고 제안했지만 조조는 끝내 그 문서조차 확인하지 않고 불 지르게 했다. 이로 인해 그들은 조조를 위해 평생 충성을 다하게 되었다.

조조는 말년에 관우와 자신에게 죽은 영혼들이 밤마다 나타나는 등 악몽에 시달리다 죽게 된다. 그때 나이 예순여섯으로 신하들에게 "내가 죽거든 내 무덤을 일흔두 개로 만들어 내가 묻힌 곳을 모르게 하라."는 유언을 남겼다.

조조는 형식상으로는 끝내 한나라 헌제를 찬탈하지 않았다. 조조 사후 조비가 헌제로부터 선양 형식으로 왕권을 이어받으면서 한나라는 결국 망하고 위나라가 세워진다.

조조가 죽은 후의 삼국지는 긴장감이 확 떨어져 재미가 없었다. 마치 앙꼬 없는 찐빵이나 다름없었다고 할까. 삼국지의 주인공은 유비가 아니라 조조라는 인식을 갖게 되었다.

조조, 조비, 조예, 조방에 이르러 위나라를 이어가더니 어린 조방이 즉위했을 땐 측근인 조상이 실권자였으나 사마의의 쿠데타에 의해 모든 실권이 사마의에게로 넘어간다.

마지막으로 손권은 19세의 어린 나이에 아버지와 형으로부터 대업을 물려받아 오나라를 지키기 위해 아버지의 동지들인 창업공신들을 우대해 왔다. 장소, 주유, 노숙, 여몽, 육손으로 이어지는 우수한 인재들을 육성했다. 손권은 실사구시 정신에 입각해 생각이 유연했고, 감정에 따라 의사결정을 하질 않고 실리적인 외교를 추구하며 오나라를 끝까지 사수했다.

손권의 인재관은 능력주의다. 적벽대전에는 주유를 발탁해 승리로 이끌었고, 형주 탈환 때는 여몽을, 이릉전투 때는 젊은 육손을 사령관으로 기용해 촉의 70만 대군을 괴멸시켰다는 것들이 돋보이는 대목이다.

집권 말기에는 거듭된 실정으로 충신들을 의심하고 능력 있는 후계자들을 차례로 죽였다. 겨우 여덟 살 아들에게 왕위를 계승케 하여 스스로 몰락하는 계기를 만들었다. 손권은 조조, 유비와는 다르게 수성형으로 창업자인 아버지와 형으로부터 내려온 구 공신들을 잘 다루고 탁월한 외교로 위와 촉 사이에서 많은 실리를 챙겼다는 평가가 있다.

손권은 나라는 잘 다스렸지만 가정은 잘 다스리지 못한 것 같다. 천성이 온화한 그는 자식들을 맹목적으로 사랑한 나머지 엄한 아버지는 되지 못했다. 말년에 판단력도 문제가 되었겠지만, 후계자 선정에 큰 오점을 남겼다. 오나라는 어이없이 멸망으로 이어졌지만 손권은 온화한 성품 때문인지 칠십까지 천수를 누렸다.

삼국지의 삼대전쟁은 관도대전, 적벽대전, 이릉전투다. 한나라 쇠망의 결정적 계기는 황건적의 난이었고 이런 상황을 빚어낸 것이 동탁과 18제후의 전쟁이었다. 그리고 각지를 종횡하던 군웅들의 시대를 끝내고 조조와 유비, 손권이라는 유력 군웅들의 대결로 정리되는 계기를 마련한 것이 관도대전이다.

관도대전은 서기 192년 동탁이 살해된 지 8년째 되던 해에 실질적인 중원이라 할 수 있는 화북 일대의 패권을 놓고 원소와 조조가 관도에서 일으킨 전쟁을 말한다. 헌제 옹립을 통해 대권을 손에 넣은 조조는 관도대전에서 패권을 차지함으로써 조조라는 거대 세력에 맞서 싸우는 유비·손권 연합의 대결구도로 자연스럽게 이어진다.

관도대전은 화북의 원소와 조조간의 전투이다. 원소가 조조보다 모든 면에서 유리했으나 원소의 우유부단한 성격과 원소 수하에 있던 군사 허유가 조조에게 투항해오면서 원소의 군량지 습격을 제안하면서 사정이 달라진다. 그를 받아들인 조조는 화북 일대를 성공적으로 장악하게 된다.

적벽대전은 조조가 손권·유비의 연합군과 싸웠던 전투다. 원소를 무찌르고 화북을 평정한 조조는 중국을 통일하려고 약 백만 대군을 이끌고 남하해 적벽에서 손·유 연합군과 대치했다. 손권은 장수 황개의 화공계략에 의해 조조의 전선(戰船)을 불태우자 조조는 패해 화북으로 후퇴한다. 그 결과 손권은 강남을 확실히 지배하게 되었고, 유비 또한 형주에서 세력을 얻어 3분의 형세가 확정되는 계기가 되었다.

이릉전투는 관우와 장비의 죽음으로 인한 유비의 복수심 때문에 일어난 것으로 애당초 무리한 전투였다. 결국 유비는 육손에게 패해 백제성에서까지 물러나 죽음에 이르게 된다.

서기 184년 황건적의 난을 시작으로 220년에는 후한이 멸망하고 위나라가 건국한다. 234년에 촉이 망하고 265년에는 사마염이 위를 멸망시키고 진(晉)을 건국한다. 280년에는 진이 오를 멸망시키면서 사마염의 진나라가 중국 전체를 다시 한 번 통일하게 된다. 삼국지의 무대도 이를 끝으로 막을 내린다.

"삼국지" 정말 세월이 갈수록 빛을 더하는 것 같다. 1,800여 년 전의 일이지만 다양한 인물 묘사 하나하나가 매력덩어리다. 삼국지를 다시 읽게 된 것은 세상의 참된 가치는 겸손, 믿음, 의리에 있고 이러한 가치들이 살아가는 데 바탕이 된다는 것을 재확인하는 계기가 되었다. 인간만사의 모든 형태는 삼국지란 불후의 고전 이 한 권에 다 들어있다고 나는 확신한다.

(2016. 7)

일용직 남자

선강 김 홍 대(詩人)

해 저문 어두운 골목길
유령의 집처럼 아가리 벌린 채
우두커니 서 있는 불 꺼진 창
터벅터벅 이층 계단을 올라
현관문을 들어서면

싸늘하게 느껴지는 차가움
습관처럼 더듬어 불을 밝히면
옷걸이마다 주렁주렁 매달린 옷가지들
주름 흐트러진 바지
방바닥에 뒹군다.

옷가방 둘러맨 채
발끝으로 저만치 밀어내고
전기장판 위로 풀썩 주저앉아
초점 잃은 눈빛으로
슬픔에 저려진 한숨을 쉬어
길게 담배 연기 품어낸다

사랑의 대상도
그리움의 이유도
삶의 의미조차 잃어버린 날들
오늘이 내일과 다르지 않는
반복되는 가난과 외로움에 찌들어버린
삶의 종착지는 어디쯤인가?

창틈 사이로 찬바람이 날아든다.
작업복 입은 채로
이불 속을 파고들고
차가운 밤이 깊어 가면
또다시 내일은 밝아 올 테지

Nov. 06. 2015
　* 저자의 중학교동창 친구가 보내온 詩.

■ 발문

제2인생의 출발

강 인 수

부경대학교 명예교수, 소설가

　흔히 자기 늙은 줄은 모르고 남의 나이 든 것만 생각하나 봅니다. 걸수가 공무원 시험에 합격했다고 그 어머니가 좋아하던 것이 엊그제 같은데 벌써 정년을 한다니 세월의 빠름을 다시 한 번 느낍니다.

　걸수 동생과는 같은 고향이고 특히 이름에서도 잘 나타나듯이 강인수(姜仁秀), 강걸수(姜杰秀)로 항렬이 같고 가까운 집안 동생(族弟)이다보니 너무나도 잘 아는 사이라 발문 쓰기를 쾌히 승낙했습니다.

　이제 정년을 눈앞에 두고 최 일선에서 洞長을 하고 있는 가 봅니다. 아무튼 성실한 공무원으로 39년을 봉직하고 퇴임에 앞서 축하를 보냅니다. 걸수가 문학에 뜻을 두고 오랜 기간 동안 글쓰기 공부를 꾸준히 한 것 같습니다. 그 결과 2016년 7월 문단에 등단한 수필가이기도 합니다.

　이러한 노력들 끝에 여러 곳에 발표한 글들을 모아 책을 내려고 준비 중에 있는 가 봅니다. 문학은 "인생의 반영"이라 하는데 특히 수필의 경우는 자신의 삶의 족적이라고 할 수 있습니다.

작품 속에 고향의 냄새가 짙게 깔려 있는 것도 고향을 사랑하고 고향에서 오래 살았기 때문입니다.

"신불산 나물 없으면 언양 장도 안 선다." "건설비" "솥정자" "효자리(孝子里)" "약물탕" "안골새" "이팝나무" "소 먹이기" "영감탕구" 등 그 단어 하나만으로도 바로 고향입니다.

수필집 〈솥정자〉 원고를 일독하고 나니 내가 금방 고향에 다녀 온 것 같습니다. 그 만큼 이 수필집은 향수와 사람 냄새가 물씬 풍깁니다.

나 역시 같은 마을에서 자라 중학교를 다녔고 걸수는 집안 동생이지만 17년의 나이 차이 때문인지 호동댁 둘째 아들로 인사정도는 주고받는 사이지만 걸수 어머니 호동댁은 집안 아지매로서 필자가 고향에 가면 자주 만나곤 했습니다.

〈이팝나무〉 작품 속에 나오는 어머니는 그 택호(宅號)가 호동댁입니다. 필자의 집 뒷집은 나의 중부님댁이었고, 그 뒷집이 바로 호동댁이었으며, 그리고 필자의 집 남쪽 담장 아랫집이 걸수 작은아버지이신 계산댁이었습니다.

호동아지매는 일본 히로시마에서 중학교를 졸업하여 일본말과 한자를 많이 아시어 시골에서는 지식인이었습니다. 호동아지메 친정은 향산 뒷동산 함박산(炸藥峰) 너머 마을 못안(池內里)으로 성씨는 엄씨(嚴氏)였고 아버지가 사진사였습니다.

아랫마을 학교 동편의 당수나무 곁에는 이팝나무, 팽나무(포구나무), 느티나무가 각각 두 그루씩 우람하게 서 있었는데 대부분 그 밑동치만 남았고 이제는 이팝 한 그루 뿐입니다. 이 이팝나무가 작품속의 〈이팝나무〉입니다.

〈고모님과 보도연맹〉에 나오는 걸수 고모님도 내가 잘 아시는 분으로 그 전에 살았던 산 아래 집은 지금 없어졌지만, 필자는 소년시절 그 집 앞을 경유하여 아랫마을 산 밑 만당 할매 집에 살구 따 먹으러 자주 갔습니다. 우리가 어릴 적 마을에는 살구나무가 많았습니다.

필지가 마흔 살 때(1978년) 웅천읍 곡천에 낙향하여 계시던 유명한 소설가 오영수 선생님을 처음 뵈었을 적에 고향이 향산이라고 하자 선생님이 "향산! 살구꽃이 많이 피는 마을이지."하신 게 기억납니다. 필자의 장편소설 〈아버지 어렸을 적에〉(서울 집사재, 1997년 출간)에는 향산을 행촌(杏村)으로 변용하였습니다.

〈또래 친구 강원회〉를 보고 새삼 옛 생각이 났습니다. 그때 필자인 나는 대학생으로 방학이어서 집에 와 있었는데 "쾅!" 하는 소리에 동네 앞 들판에 나가 보니 명촌댁 아들 원회의 손목이 포탄폭발로 날아가 버렸는데 지혈을 한 후 떨어져 나간 손 일부를 수습하여 명촌아지매와 함께 십리 길을 달려가 언양에서 유일한 김태진병원에서 치료를 받게 했습니다.

고향마을은 40여 호 인데 시대의 아픔을 겪은 분들이 많았습니다.

특히나 걸수 아버지이신 호동아재와 금촌 아재는 일본에 징용까지 갔다 왔습니다. 좌, 우익 사상문제로 빨치산이 된 분도 두 사람이나 있었고, 6. 25 전쟁에 참전하여 전사자가 된 분도 두 분이나 있었습니다.

걸수아버지 호동아재는 오십여 년 전에 작고하셨지만, 그 옛날 지게를 지고 필자의 집 앞으로 소를 몰고 골목길을 자주 나왔습니다. 말수가 적었으며 아주 성실한 농부였습니다.

곧 정년을 함에 있어 연배로서 조언하고 싶은 것은 첫째 건강이요, 둘째는 시간을 잘 활용하는 것입니다. 정년 후에는 너무 자유로워 규칙적인 생활이 무너지기가 쉽습니다. 건강을 잃으면 모든 걸 잃습니다. 놀아도 규칙적으로 놀고 시간 활용을 잘 해야 합니다.

바둑과 등산 같은 취미활동을 살리고 틈틈이 떠오르는 생활담 등을 집필하는 문학 활동도 계속하길 바랍니다. 욕심 같아서는 무슨 일이든 직장을 가져 월 몇 십만 원이라도 돈벌이가 있었으면 더욱 좋겠습니다.

정년 후 제2인생을 잘 사는 분이 진정한 인생의 성공자입니다. 수필집 〈솥정자〉의 출간을 진심으로 축하드리며, 새로운 제2의 인생을 잘 가꾸어 나아가기를 바랍니다. 감사합니다.

2016. 10

솔정자

강걸수 수필집

초판 1쇄	|	2016년 12월 15일
2쇄	|	2016년 12월 26일
지 은 이	|	강걸수
발 행 인	|	李憲錫
발 행 처	|	오늘의문학사
출판등록	|	제55호(1993년 6월 23일)
주 소	|	대전광역시 동구 대전로 867번길 52(한밭오피스텔 401호)
전화번호	|	(042)624-2980
팩시밀리	|	(042)628-2983
전자우편	|	hs2980@hanmail.net
카 페	|	cafe.daum.net/gljang(문학사랑 글짱들)

공 급 처	|	한국출판협동조합
주문전화	|	(070)7119-1752
팩시밀리	|	(031)944-8234~6

ISBN 978-89-5669-789-5
값 15,000원

ⓒ 강걸수.2016

* 이 책은 ㈜교보문고에서 E-Book(전자책)으로 제작하여 판매합니다.
* 잘못 제작된 책은 바꾸어 드립니다.
* 본문에 사용한 종이는 친환경 재생지 '그린라이트' 80g/㎡을 사용하였습니다.